近代中國的合作經濟運動：

1912-1949

賴建誠　著

臺灣 學生書局 印行

修訂版序

　　此書於 1988 年 5 月經兩位評審通過後，7 月和教育部聯合出版委員會簽約，交由正中書局印行。那時的正中書局是國民黨的出版機構，執行編輯是軍職轉任，不易溝通，一直拖到 1990 年 10 月才出版。拿到自己的第一本學術著作時，我心中涼了一大半：錯字多得讓人汗顏、紙張薄得兩面互透、排版粗糙得不像話、封面設計得像舊書攤的地貨。

　　那時期的研究工作壓力大，我把這本書塞進櫃子裡，就忙別的事去了。之後每半年會收到版稅通知，知道初印的一千本已逐漸售完。在這十幾年間，我收到好幾封大陸同行人士的來函，有向我索書的，有稱讚的，也有異議的。整體而言，這本外貌與編排都不吸引人的書，似乎沒那麼讓同行失望。

　　到了 2007 年初，想到已有多年未收到版稅通知，電詢正中書局得知已售罄，但他們沒有重印的計畫。我轉向新竹清華大學出版社，詢問重印的可能性，答案是：如果通過兩份外審的程序就可以考慮。我從 4 月初等到 9 月初，有一位評審「積極建議出版」，認為「本書在作為學術參考上的價值是無庸置疑的」。這位評審詳讀之後，提出一些改正的失誤。第二位評審認為，「本書收集相當多的材料，……具有學術參考價值。……立論也有說服力，切合主

題。」建議「依審查意見修改後出版」。

依據這兩位的建議，加上自己找出的許多錯誤，我做了許多文字和數字的改正。修訂此書與重新排版，所耗費的時間和精神遠遠超過當初預期；原書的架構與主要論點，基本上保留原狀。2008年10月清華大學出版社決議，要我增寫1945年之後的部分，這是我做不到也不想做的事，只好另尋出版機會。

讀者或許會疑問：初稿在1987年11月完成，到2007年末重校時已過了20年，難道不需要大幅修正？我的回答是Yes，因為臺灣的經濟史研究者中，幾乎無人投入這個小領域；大陸的年輕歷史學者發表過一些相關文章，但都沒能搖撼我的基本見解。❶

近20年來大陸有不少關於合作制度的研究，有理論性的，有實證性的。從經濟史角度來研究的文章也不少，尤其對陝甘寧邊區的合作運動，更有相當豐富的原始資料彙編與論文。在此我只介紹王洪春（2007）等著《中外合作制度比較研究》，安徽：合肥工業大學出版社。這本較學理性的專著，參考書目內有許多中國合作經濟運動的成果：一方面可以當作2005年為止大陸對這個領域的研究縮影，二方面也補充了我在第5章內對中共合作經濟研究的不足。

我偶爾會讀到一些零星的合作經濟史研究，但都沒感覺到我的基本認知有必要修正調整。隨著年齡的增長與經驗的累積，我愈來愈看重基本認知的合理性、核心命題的適切性、主要論點的成立

---

❶ 劉紀榮（2005）〈「烏托邦」還是「理想國」：《全國合作化方案》析論——兼與賴建誠先生商榷〉，《歷史教學》，5:29-33。

性，對枝節性和技術性的小瑕疵反而較不看重。幾番思考之後，我決定還是讓之後的研究者，來修正或否證本書的架構與論點。

我從 1985 年元月到清華大學經濟系任教，至今已滿 26 年。我從精力旺盛的青年，變成禿頂駝背的中年人，從孤家寡人變成兒子已就讀清華本科與碩士班的家長。我非常感謝清華大學提供這麼好的研究環境，讓我全心全力投入自己喜愛的工作，也讓我全家人依靠在這個大家庭上。

2011 年 3 月

· 近代中國的合作經濟運動：1912-1949 ·

初版序

　　這項研究前後經歷過不算短的時間，有過好幾次的修正與擴充。第一個階段，是 1980 年初至 1982 年夏完成的部分，呈交給法國(巴黎)高等社會科學研究院(Ecole des Hautes Etudes en Sciences Sociales)之內的合作學院 (Collège coopératif) ，當作第三階段博士❶的學位論文。所處理的內容，是以國民政府大陸時期 (1928 至 1949) 的合作經濟制度為主，雖然也參及北洋政府時期，和中共早期的合作經濟組織，但只限於輔助性的說明。這份論文的摘要，1985 年 6 月以法文刊載於比利時布魯塞爾自由大學的《東方國家研究》上。❷

　　1982 至 84 年間，因為在進行另一項研究工作，就把這個題材暫時擱置，但仍密切注意相關的材料與新的研究文獻。1985 年初回臺任教之後，有機會重新檢視這項研究，一方面把注意力擴增到日據臺灣、東北、華北等地區，另一方面補充許多過去沒有用到的

---

❶　所謂的三個階段，是學士、碩士、博士三級，之後另有「國家博士」。大約在 1984 年取消國家博士學位，現只剩與英美系統相似的博士學位，修業期間為五年。

❷　C.C. Lai (1985): "Le mouvement coopératif chinois: 1912-1949", *Revue des Pays de l'Est*, 26(2):85-130, Université Libre de Bruxelles.

文獻。趁著 1986 年夏中研院近史所區域史研討會❸，把六個政權下的合作經濟制度，做了特質性的比較，得到一些有幫助的指正。1987 年度承國科會給一年的研究補助❹，得以全力擴充修改成為目前的形式；在架構、內容、寫法各方面，和學位論文相較都不同。

　　合作制度只是近代經濟史上的一個小環結，在時代的動盪過程中，內容竟然這麼錯綜複雜。希望這項研究能綱舉目張地，把它的結構與特質析述得夠清楚明白。這項研究成果，敬獻給我的老師吳克剛教授（1903 年生於安徽，1999 年逝於臺灣），感謝他對我的深遠影響。我也對 1920 年代前後，從西歐引進合作思想的人士表示敬意。

　　書稿在 1987 年 11 月完成，呈交教育部大學聯合出版委員會審核。承兩位評審給予詳細的修正意見，後於 1988 年 7 月簽約。初版內必然有許多內容與校印方面的失誤，敬請指正。

1990 年 8 月

清華大學經濟學研究所

---

❸　賴建誠（1986）〈中國合作經濟運動在不同政權管轄區內的特質比較：1912-1949〉，《中央研究院近史所近代中國區域史研討會議論文集》頁 433-73。

❹　NSC 76-0301-H007-02。

致　謝

　　本書各章曾在下列學術刊物發表，編印成書時略有增刪，並依各刊物的版權規定辦理。

章別	篇名	刊物
1	近代中國合作經運動的研究：方法與綜述	合作經濟，1990, 24:5-19
2	歐洲經濟結社主義對中國的影響：民初的合作經濟思潮與運動，1912-1927	食貨，1988, 17(1-2):21-41
3	華北的合作經濟運動：1920-1945	合作經濟，1988, 16:13-27
4	國民政府的合作經濟運動：1928-1949	清華學報，1988, 18(1):71-111
5	中共早期的集體化合作組織：1931-1945	合作經濟，1988, 21:25-42
6	日據東北時期的合作經濟制度：1937-1945	合作經濟，1987, 15:14-35
7	日據時期臺灣的合作經濟制度：1913-1945	清華學報，1988, 18(2):345-64
2	European cooperativism in Chinese perspective	*Annals of Public and Cooperative Economy*, 1988, 59(3):369-77
4	The structure and characteristics of the Chinese cooperative system: 1928-1949	*International Journal of Social Economics*, 1989, 16(2):59-66
7	The role of cooperatives in colonial Taiwan	*South African Journal of Economic History*, 1990, 6(1):81-90

提　要

　　合作制度是 19 世紀中葉西歐社會改革論者，為求改善不公正
的經濟狀況，所擬創的理想經濟形式。這個烏托邦式的理想，在屢
次實驗失敗之後，轉化落實成為民間自由結社的互助性小型經濟社
團，從英、法、德等國向各地流傳。中國在清末民初，從西歐和日
本引進這套實用的制度。

　　這項原為民間自發性的經濟組織，在中國的政治與社會基礎
上，變成為了達到不同目標的政策性工具。在北洋政府、國民政
府、中共蘇區（邊區）、日據東北、華北、臺灣等政權內，合作運
動扮演相當不同的角色，發揮不同的功能。本研究從結構、特質、
績效三個角度，系統地分析比較 1912 至 1949 年之間，上述六個政
權的合作經濟事業。

　　1950 年以後，在臺灣和在大陸的合作組織型態很不同，性質
迥異，需要另以兩本專著的篇幅才能解析清楚。

近代中國的合作經濟運動：
1912–1949

表目次

圖目次

第一章　緒論與綜述

　　本章分五節析述這項研究的主旨、範圍與主要結論。第一節旨在說明，民國以後由西歐傳入的合作經濟組織，要從哪個角度來切入，較易彰顯出它的結構性面貌；這項研究所要呈現的命題、視角、題材與層次，大致在哪個範圍。

　　概述主要的內涵後，在第二至第五節中，分論正文中所未觸及，必須在緒論中呈現的背景題材：中國傳統的民間經濟互助組織，在廣大的地區內有過哪些不同的型態，它們是如何運作的，效果如何？有哪些特質？（第二節）然後以簡要的方式，說明西歐式的合作經濟制度，它的起源、歷史背景、傳佈過程大致如何？（第三節）第四節從分析觀點，說明合作經濟組織在本質與運作方式上，和其他經濟制度（資本主義、中央計劃）有何異同？這是較原則、學理性的解說，同時也分析合作經濟學的文獻。第五節以表格的方式，綱舉目張呈列本研究的主要結果。

壹、命題與視角

一、楔子

先從一項金融風暴，來呈現本研究的題材與範圍。1985 年 2 月，臺北第十信用合作社因違規經營，財政部函知十信暫停營業 3 日清理業務。此事引發戰後臺灣金融史上最嚴重的事件，15 名官員受到不同程度的處分，財政、經濟兩部長下臺，對政經界產生強大的衝擊。

民間的部分更是影響深遠。行政院與監察院的調查報告（見《聯合報》1985 年 8 月 15 日）指出：1984 年 6 月至 1985 年 2 月間，十信的違規放款額，由 3 億增加到 57 億。主要的方式，是偽刻人頭私章向十信借款，之後放款給和十信有密切關係的國泰關係企業和人員。民眾對十信的存款有安全顧慮，引起擠兌也波及國泰信託和蔡萬春家族（十信班底）的相關企業。一時間社會激動，經濟秩序混亂，歷時半年多才逐漸平息，餘波仍盪漾不已。

十信只不過是臺北市區的民間金融體系中，許多家信用合作社之一，竟然會引起臺灣政經界的大風暴。為什麼？這是有歷史軌跡可循的。日本 1895 年據臺後，在金融經營發展方面，引進他們從德國學來的合作經濟組織。在農村鄉間，是德國雷發巽（F. W. Raiffeisen, 1818-83）式的民間信用合作組織，與官營的銀行體系並存。

臺灣的這種民間信用合作機構，彌補了殖民政府金融體系的不足：或因地方上的業務規模不足，不合經營效率，就由信用合作社

補此缺漏；或因偏遠或因官方銀行無法遍顧，民間的信用合作社就可以發揮功能。在此設計下，殖民政府一方面控制民間金融界與地方人士的活動；另一方面，它減低官方金融機構的負擔，對政府而言是一舉兩得之事。戰後臺灣的地方民意代表，有許多人是出自此一系統，或得自此系統之支持：例如曾任臺北市長的周百鍊先生、立法院院長的劉闊才先生、高雄（三信）名人林瓊瑤先生。（詳見第七章三節「政治作用」。）

引發這麼強烈後果的信用合作社，它的法令基礎，最直接的是1954 年公佈、1964 年修正的「信用合作社管理辦法」，共 21 條。再往上追，更高一層的法律依據，是 1934 年公佈、1954 年最後一次修正的「合作社法」76 條，以及其「施行細則」44 條。這些法令都已經相當老舊，早已脫離時代與經濟結構的快速變遷。

還可以往更上面的層次追溯：1947 年頒布施行的中華民國憲法第 145 條第 2 項，規定「合作事業應受國家之獎勵與扶助」。這裡面就大有文章了：從外國傳入的合作經濟組織，為什麼會「列憲」？一個臺北市信用合作社，為什麼有那麼大的本事？這些都不是偶然的。

有了這些基本線索，我們可以把「十信事件」當成一項經濟命題，賦予「時間的縱深」與「地理的幅度」，探討這項外來的民間經濟組織，在動亂的歷史過程中，在不同的地區、不同的政權下，扮演過哪些經濟、社會、政治的角色。換個方式來說，這種單純的民間經濟結社，在西歐原本只是自助、自願、自決的社區性組織，引進中國後橘逾淮為枳，在不同的政權下，依時代的不同，在不同的地區被當成目標與手段迥異的政策性工具。從全世界合作經濟運

動發展的歷史來看，這是相當奇特的情景。

二、方法

　　本研究的範圍，是在呈現 1912 年（民國元年）至 1949 年國民政府遷臺之間，在廣義的中國地區（包括日據東北、臺灣）：(1)合作經濟運動的內容；(2)分析它的結構特性；(3)評估它的績效與影響。換個角度來說，這項研究從龐雜混亂的文獻資料中，以系統的方式來清理這項經濟制度的發展過程，並做「結構」、「特質」、「績效」三方面的比較分析。我著重較「總體」（宏觀）的層面，輔以「個體」（微觀）的數字資料，力求提綱挈領，避免細節的詳述❶，以免擾亂議題的清晰度。

　　也就是說，在研究的整體照顧面上，我「有意識」地忽略各種合作社的業務析述，也就是把「行為」這個環節去掉了，只剩下結構、特質、績效三個環節。理由是：如果把各種合作事業的業務納入，篇幅至少要增加一倍。在社會經濟史的研究中，這部分只要能萃取出它的特質，在註解中載明相關文獻，就可免除冗長蔓蕪的細節描述❷，以求「正文輕快，腳註詳細」。

---

❶　但也盡量在註釋中載明相關資料，供進一步查索。

❷　以一個曾經有過相當重要性的合作事業為例：1938 至 1945 年抗日期間，中外人士與國民政府，積極倡導工業合作運動，收容難民並維持基礎的日用品、軍用品生產（毯、鞋、肥皂等）。這項運動發揮相當大的社會與政治效果，文獻也很豐富，甚至有以此為題材的博士論文：陳繼恩（Dzung, Kyi Ung）：*The Chinese Industrial Cooperative Movement*，美國普林斯頓大學，1944。我收集相當的資料，幾經考慮還是不列入，因為與它平行也很重要的，至少有 1934-37 年間，華中、華北諸省的棉花運銷合作社。在求全文結

　　資料上，可引用的文獻實在相當龐雜，散佈在不同國家。經過幾年的累積，較具代表性的文獻已都掌握，但內容類似的資料仍然太多。所以各章的書目僅止於直接引用，且具有指證、佐證或反證功能者為主。

　　另一個問題是，由於現象實在太複雜，例如國民政府的合作行政、法律、金融體制，短短 20 年間經過好幾次變化，若用文字敘述，對讀者而言既不清晰也無大用處，所以就盡量以圖表陳列比較，文字說明減縮到輔助性的地位。這個方式在全書中常常出現，用以替代繁雜的文字，幸勿責以「略其所應詳」，這是幾經考慮的設計。

　　經濟史的寫作方式，作者常依自己的偏好與風格，提出各式各樣的史觀與歷史面貌。本研究的手法，是整理爬梳龐雜的資料，分析比較 1912 至 1949 年間，六個政權下的合作經濟運動，希望把無機、零散的文獻組合運用後，呈現一個有機的軀體架構。這牽涉到作者的主觀詮釋，自有偏倚之處，需要接受不同角度的評論。這項研究還是屬於傳統的寫法：歷史背景的分析敘述、文獻與史實的整理編排，然後做綜合分析。

　　西方的合作經濟組織，從 19 世紀中葉起至今，約經過 150 年的發展，經濟、社會學者可以從史實和特徵中，抽離出較特殊的特質，然後在實證上與理論上，和其他經濟制度（尤其是資本主義制度）相比較，逐漸形成一門「合作經濟學」。但若把這個學門的分析架

　　構的平衡下，這些複雜、值得另外深入研究的個別業務題材，只好列而不論。

構，應用來分析中國的合作經濟制度史，會遭遇很大的困難。原因是：西洋的合作經濟運動是自發的，有較可靠的時間序列資料來評估績效，它的理論與實證研究之間是相連貫的。

而中國的合作經濟運動是移植的，是政府推動的，民間處於被動的地位。西洋的合作經濟理論，絕對不能套用來解釋中國的情形，雖然兩者都是以「合作經濟」為名，但本質上完全不同。況且1949年之前的合作經濟資料，較不可靠也不完整：合作社的資本額、生產量、雇用人數，都沒有長期的統計資料。就算有西方的架構可套，也無可靠的統計可用。

因此原本可以拿來運用的現代合作經濟學理，不得不退縮成只用文字與數字來描繪出歷史特質，這是不得已的次佳途徑，而不是沒有意識到經濟分析性的角度。另有一點，本研究的性質，是屬於社會經濟史的範疇，因為合作經濟制度在西歐，本來就是非常社會性取向的經濟組織。

中國近代社會經濟史的研究，通常會先說明當時的經濟背景，與一些總體經濟的統計資料。一因我考慮這類的資料已多❸；二因合作經濟在國民經濟（GNP）中，所佔的比重太輕，關係甚微；三因在每章相關處，也多少說得夠明白，因此就不在緒論中另闢一節分述這點。

---

❸ 例如馮和法（1935）編《中國農村經濟資料》上下冊，臺北：華世書局影印。

貳、傳統的經濟互助組織

　　從古埃及的灌溉分工合作，到 20 世紀的先進國家中，都有相互協助的經濟組織。本節旨在提示，中國傳統的互助組織有過哪些主要形式，然後和從西歐傳入的合作經濟組織比較，彰顯雙方特質上的差異。

　　中國經過長時期的發展與變亂，在廣大的地區出現過許多名稱不同，但宗旨原則類似的互助組織。例如為了防禦土匪而組的「聯莊會」、「防匪會」，為旅遊而設的「番火會」、「都市社」，為喪葬準備的「白帶子會」、「老人會」。以下僅限於經濟性的互助組織，標示其特性，至於運作的方式以及各地的情況，在表 1-1 的參考資料中，都有詳細資料可查考。

　　我們從戰國以後的救濟互助性倉儲制度說起，主要的原因是這套制度具有歷史性、可行性、民間性，一直到民國以後仍有人倡導恢復❹。單是在經濟互助的領域內，歷代各地都有很多不同型態的組織。因為經過長時期的變化，很難給各類組織描繪出一個「理想型」。再說，此處的主要用意只在點明互助組織的特質，所以表 1-1 是「示意圖」之用❺。

　　依現代經濟學的分類，先分成公共部門與民間部門。由公共部

---

❹　賈士毅（1954）《民國財政經濟問題今昔觀》，頁 181-3 有「民國二十二年九省糧食會議復興倉儲之建議」，顯示民國 17 年 7 月國民政府曾頒義倉管理規則；19 年 1 月內政部修訂為地方倉儲管理規則。

❺　有許多不同組織型態的名稱在此未列出，表 1-1 所引的文獻中有詳細陳述剖析。

門（略分為國家、地方政府、鄉紳地方人士）主持的經濟互助組織，是賑
災濟貧、是非營利的、是公共目的的。民間部門（粗分為金融、勞
動、商品三個市場），基本上是追求經濟個體（家計單位、商家）之互利
與團結，是追求利益的，是自發自治的，通常也都是臨時短暫的
（如標會、撥工）。

表 1-1　歷代各地的經濟性互助性組織

性質	名稱	年代	分佈地區	功能與特質	文獻資料
賑災濟貧公共部門	常平倉	漢宣帝五鳳 4 年（西元前 53 年）	初在邊郡，後流傳清代初期廣佈各地。	調節穩定市場穀價，儲糧備荒（賑糶）。	陳岩松(1983: 21-2)；鄧雲特(1978:442-7)
	義倉	隋開皇 3 年（西元 583 年）	水旱災區，曾傳至日本。	收穫之日，隨其所得，課徵粟麥，每年收積，荒年給糧（賑濟）。	陳岩松(1983: 23)；鄧雲特(1978:447-50)。
	社倉	南宋乾道五年（1169 年）	南宋至清初期，廣佈各地。	以低利貸米給農民，收取息米，幫助農民儲蓄，解決困難（賑貸）。	梁庚堯(1982: 1-7，278-304)。
金融市場	合會（各地名稱不同，約三百餘種）	大約在唐朝寺院經濟發達後，才有較具體型態。	全國各地。	大約類似臺灣目前的標會，是民間互濟有無的自發性組織。	曹競輝(1980)；周宗賢(1983:79-105)。

勞動市場	調工、撥工、變工、紮工（各地名稱不同）	各地農作情形不同，型態相異，原則互通。	農業地區，尤其在勞力、獸力不足之處。	農忙時相互調動勞動力與獸力，再依當地習俗計算，支付差額。	史敬棠(1957)等編：412-25、600-14。
商品市場	商業幫派（新安商人、山西商人、寧波商人）	明清時代至1940年代。	全國各地大商業都會。	相當於長程貿易商人集團，以地緣為結合互助的基礎，在各地有會館。	藤井宏(1953-54)；寺田隆信(1972)。

本表由作者整理製作。參考文獻：

史敬棠（1957）等編《中國的農業合作化運動史料》，北京：三聯書店。

寺田隆信（1972）《山西商人の研究》，京都大學東洋史研究會。

周宗賢（1983）《臺灣的民間組織》，第 4 章〈金融互助組織〉，臺北：幼
　　　獅書局。

曹競輝（1980）《合會制度之研究》，臺北：聯經。

梁庚堯（1982）〈南宋的社倉〉《史學評論》第 4 期。

梁庚堯（1985）《南宋的農村經濟》，臺北：聯經。

陳岩松（1983）《中華合作事業發展史》，臺北：商務印書館（上下冊）。

鄧雲特（1978）《中國救荒史》，臺北：商務印書館（臺三版）。

藤井宏（1953-54）〈新安商人の研究〉《東洋學報》36 卷 1-4 期。

　　表 1-1 列舉的民間經濟互助組織中，和百姓日常生活密切關係
者以金融方面為主。勞動市場、商品市場、公共部門中的互助組
織，是為了特殊地區、特殊行業、特殊時期組設的。大部分的農民
生活，民國以後各地區的農業經濟調查顯示，還是生活在「貧窮
線」之下。濟急的方式，仍多求助於傳統私人貸款來源，可貸額

低、貸款期短、利率高。「印子錢」是常聽見的地區性名詞，類似的不公正民間經濟活動在文獻上常有所聞。民國初年社會改革者想引入西歐、日本的合作經濟制度，也是很合邏輯的事。

　　表 1-2 從不同的角度，對照傳統中國式的互助組織，和從西歐引入的合作經濟制度，性質上有哪些基本差異。此表已夠明白，不另解說。

表 1-2　傳統的互助組織與西歐式合作組織的比較

項目	傳統的互助組織	西歐式的合作經濟組織
發展時期	見表 1-1。	19 世紀中葉在西歐興起，傳遍世界各地。
組織設計	具地緣性，消極性地增加經濟效益，以求較有效率的流通、運用經濟要素(人力、資金、糧食)。	反對資本主義制度之流弊，積極改善平民經濟，所發起的新經濟運動。
規模大小	通常是地域性、宗教性，規模小。	消費性的合作社規模較大，生產與信用性的較小。雖然也有地緣的傾向，但以專業需求為主，規模可擴到全國性（消費、信用合作社）的聯合社。
法律基礎	大多數為約定成俗的不成文規定，主要為民法的債篇或商法的部分條文，並無專業立法。	有合作社法（母法）與專業（如信用）合作社法，法律地位明確。
服務範圍	在較小的團體內，短暫、臨時性地調配生產因素，以濟急、互助為主。	包括經濟活動中的多種層面（消費、生產、運銷、信用、保險），社員可積極主動結社或解散。
經濟效益	以節流、重分配為主，開源性的功效較小。	結合社員的少數基金，共同開創新經濟機會，較積極主動。

| 特質與功能 | 這是開發中國家農業經濟內，互助求生存的方式，在現代部門不發達之處較易存在。 | 原是西歐民間自助的團體，移植到開發中經濟體系裡，當作政府的經濟建設工具。因缺乏相同的背景，接受困難，產生變質現象。 |

本表由作者整理製作。

參、歐洲的合作經濟制度

本節從兩個角度（思潮的發展、實務的推廣），呈現歐洲合作經濟制度的起源，與傳佈到各地的過程。

一、思潮與實務

古今中外都有知識分子在描述「美麗的新世界」。中國古代有「大同世界」，近代有康有為的《大同書》❻；西歐在這方面的文獻更是豐富❼。有文獻指出，烏托邦著作出現的頻度，和國家勢力的衰退與社會的不安成正比❽。從學說的起源來看，合作經濟思潮是從社會經濟烏托邦引申出來的。

西歐中世紀封建體制崩壞，重商主義抬頭，資本主義制度逐漸

---

❻　例如北京中華書局 1959 年出版的文獻彙編《中國大同思想資料》。

❼　各種社會科學的百科全書中，都有相當篇幅介紹烏托邦的基本理念與演變。在此僅引一本有相當評價的著作。F.E. Manuel and F.P. Manuel (1979): *Utopian Thought in the Western World*, Harvard University Press.

❽　E. Kiser and K. Drass (1987): "Changes in the core of the world system and the production of utopian literature in Great Britain and the United States, 1883-1975", *American Sociological Review*, 52:286-93.

興起，在人權、社會福利尚無基本的概念與措施時，兩三百年間「追求最大利潤」的行為方式，透過工廠制度的壓榨，累積了一大筆「有待清算的社會賬單」❾。在當時工業較先進的英法兩國，都有社會改革者、政治家、甚至資本家，批評那個不公平的世界❿。

合作經濟學界對思想的先驅，已有不少介紹⓫，兩本經典名著也有中譯本⓬，在此只需說明歷史過程的角色變換。

1.在改革社會的出發點下，較具代表性的人物，有英國的歐文（Robert Owen, 1771-1858）⓭、法國的傅立葉（Charles Fourier, 1772-1837）⓮，提倡組織新的合作共同生活社區，透過相互合作而非剝削的經濟活動，逐漸改良人類社會，但這些理想都失敗了。

---

❾ 勞動階級所受的待遇（工時、工資、惡劣環境），在雨果（Victor Hugo）的小說《悲慘世界》中可略見一斑。較學術性的描述，在 Robert Heilbroner 的 *The Worldly Philosopher*（《俗世哲學家：改變歷史的經濟學家》，臺北：商周，2010）第 5 章〈烏托邦社會主義者的夢想〉有詳細的評估。

❿ 這方面的文獻實在太多，中文部分較完整的歷史回顧，見雷岱爾著、鄭學稼譯：《社會主義思想史》（臺北：帕米爾書店），第 8 章〈法國的烏托邦社會主義〉、第 9 章〈勞勃·歐文的前驅〉。

⓫ 例如尹樹生（1986）《合作經濟概論》，第 1 章第 2 節；E. Roy (1981): *Cooperatives: Development, Principles and Management* 第 4 章；Henri Desroche (1976): *Le projet coopératif* 第 1、2 章。

⓬ 姆拉德拉茲《合作經濟思想史》，臺北：中國合作事業協會譯印（1952）；Paul Lambert (1964): *La doctrine coopérative*，第 3 版（吳克剛譯《合作學說》），中國合作事業協會（1966）。

⓭ 《臺灣經濟金融月刊》（1971 年 7 卷 7 期），以專輯介紹他的生平、著作、合作實驗社區。

⓮ 對 Fourier 合作理想較詮釋性的著作，有 Henri Desroche (1975): *La société festive: du fouriérisme écrit aux fouriérismes pratiqués*, Paris: Seuil.

2.這些理念流傳四方，影響各國的知識分子。英國的「費邊社」，主張用漸進和平的手段改良社會，許多菁英加入這個集團，例如蕭伯納、Webb 夫婦。他們的經濟主張中，有一部分是合作經濟制度❺。這也影響到孫中山，他在《三民主義》內提到消費合作制度，就是沿著這股思潮來的。以合作方式重建人類新社會的思潮，也影響俄羅斯的托爾斯泰（1828-1910）、日本的武者小路實篤（1885-1976）、中國的梁漱冥（1893-1988）。他們在各國試辦「新村」，雖然效果不彰但已可見這股潮流在知識分子間的影響力。

3.從實際政治的運作來看，英國的工黨基本上是托附在工人社會主義的思潮上，提倡工人合作自辦工廠、自主管理、免除剝削。法國的情形也類似，只是後來因為有共產主義與其他政治勢力加入，使得合作思潮在現實的社會運動與政治勢力中消退。現在東歐、西歐、北美國家中的合作經濟部門，佔全國經濟的比重不高，性質上已退化為日常業務的操作，與 19 世紀中葉改革社會的理想脫了節。但這種脈承的關係，還是有上述的歷史軌跡可循。

4.合作經濟制度從崇高的社會經濟改造理想，落實成為目前的合作社，又被移植到開發中國家，當作建設國民經濟、農村經濟的政策性工具。就層次而言，它從烏托邦理想，降為日常生活機構（員工消費合作社、信用合作社）；它的古典社會改革理想、社會主義運動，在一百多年後的今日，在資本主義或中央計劃經濟下，只能

---

❺　見張明貴（1983）《費邊社會主義思想》，臺北：聯經，序言部分與頁 81-3。簡言之，即是 20 世紀初英國社會主義思潮。Webb 夫人有一名著《英國合作運動史》，吳克剛譯，商務印書館（1931）。

扮演有限的輔助性角色。

二、發展與傳佈

　　歐文和傅立葉等人的構想，在西歐和北美的幾次實驗都失敗了。一因他們誤估了人類在現實中的經濟爭奪本性，二因他們的資金、內部組織方式、經濟成果的分配方式都出了問題。但合作結社的思潮，在英、法、德等地仍有許多社會改革者，在各地依地區情勢做不同的宣傳。到了 19 世紀下半葉，合作社的形式逐漸落實生根，不再具有烏托邦的社會改革目標，而是較低層次地求改善社員經濟生活利益，例如消費合作社、農業生產、運銷合作社，在西歐逐漸擴散開來，成為一種民間經濟運動❶。表 1-3 示意說明它的發展過程。

表 1-3　各種合作經濟組織的起源

	消費合作	生產合作	信用合作
發源地	英國	法國	德國
年代	1844 左右	1831 左右	1862 左右
主要人物	Rochdale 公平先驅社的 28 位工人；William King (1786-1865)等人。	Charles Fourier (1722-1837)、Ph. Buchez (1796-1865)	Raiffeisen (1818-88); W. Hass (1839-1913)

---

❶　在北美這麼資本主義的社會中，仍然有過數百個追求新社會理想的「新村」（見 *Dictionary of American Communal and Utopian History*, Greenwood Press, 1980）。當初歐文就是在新大陸試驗過他的新村，後來有人以較小規模繼續試行。

| 主要做法 | 約集消費者共同集資自辦商店。 | 由手工業者或勞動者集資自辦工廠。 | 由農民或貧民聯合組社，互濟有無，或共同向外貸款。 |
| 影響與傳播 | 英國境內有全國性的「英國批發合作社」（CWS），傳播到世界各地都有消費合作社。 | 是工人自立的組織，西歐各國目前仍有，但比重不高。 | 幾乎已遍及各地。 |

說明：

1. 基本文獻見註❶所列的三種。

2. 當然還有其他類型的合作組織，如運銷、住宅、保險。本表中的三種是「原型」，其餘是這些形式的衍生。

　　這種民間經濟組織，在 19、20 世紀交接時急速傳向東歐、斯拉夫國家；往南到西班牙、義大利等拉丁國家；北美更是農業合作社的盛行地；往東方則到日本再到中國。1850 年代到 20 世紀初期，在世界主要國家及其殖民地（如印度）都有蓬勃的發展。傳往東歐、斯拉夫國家的合作組織，以（集體）農業和消費合作為主，俄國革命（1917）後更成為集體化的組織，已背離西歐民主式的合作社原則。

　　西歐的合作組織在各國傳佈的時間與型態不同，經濟社會背景亦異，在各個發展期產生過不同的變化，很難從這些異質體中描繪出代表的模式。西歐的合作組織大致有下列共同點。(1)門戶開放（股金與社員人數隨時可以增減）；(2)民主管理（一人一票，不以股金多寡決定其權利）；(3)按交易額分配盈餘（而非以股金多寡為標準）。這幾項原則成為國際合作聯盟用來判別，是否為「真」合作社的最低標準。

除了東歐和斯拉夫國家，都是承襲這套理念，但各國的執行程度有異。

西歐與開發中國家的合作社，另有一項主要差別。在西歐，除了戰時、經濟恐慌時期，是民間自發的自由結社，政府只管登記以及在融資上支援，這是由下而上的組織型態。在民間資源、能力有限的開發中國家，政府扮演由上而下的多重角色：制定合作政策、建立合作金融系統、培植合作運動人才。

日本在明治維新時，從西歐（尤其是德國）引進這套民間經濟組織，協助農民與消費者組織農產運銷、信用、消費等合作社。這是典型由上而下的合作政策。他們也引進 18、19 世紀，西歐推行合作運動的社會改革思想。合作經濟運動的硬體（合作社制度）與軟體（合作社會思想），就是透過日本這塊跳板，在清末民初時傳入中國。之所以稱為「運動」而不稱「事業」，是因為此項組織經歷過啟蒙、策動、挫折，而且在那段時期內的成果，也還達不到可以稱做「事業」或「制度」的階段。

讀者不禁會問：經濟的互助合作組織，表面上雖有洋土之分，但基本原理應該是相通的。既然已有傳統民間自發性的互助經濟組織，又何必引入目標相通的歐式合作制度？那是因為在五四運動前後，理想主義的社會改革者，認為可以引入這套平民經濟制度，重新規劃、抽換掉民間傳統上較無效率、不完全公平的組織（如高利貸），使之法律化、制度化、管理化、普遍化、效率化。本書的研究結果顯示，雖然經過知識分子、政府機構的推動，但中國實在太貧困，戰爭、天災多，政府資金有限、教育程度不夠，經過 30 年的努力還是事倍功半。

肆、合作經濟的學理

　　本節旨在：(1)從比較制度的觀點來看，合作經濟、資本主義制度、中央計劃制度，三者的特質有哪些差異。(2)從較個體（微觀）的角度，比較合作社與公司組織，說明性質、結構、運作上有哪些不同。(3)目前研究合作經濟學的文獻，較具代表性的著作與專業期刊有哪些？它們的性質與關懷面為何？

一、合作經濟組織

　　西元第五世紀羅馬帝國滅亡後，西歐進入封建社會時期，一直延續到 15 世紀左右才崩壞；取而代之的，是以民族國家為核心的重商主義。這些王室的收入來源，部分得自於出售專利權的特許，鼓勵以資本為中心，以追求最大利潤為目標的資本主義，一直持續發展到今日。

　　但資本主義制度的手段造成社會不公，誘發了社會主義試圖改造社會和經濟制度。其中的一支，就是 19 世紀中葉發展出來的共產主義，以較激烈的方式在實際政權上有積極的進展。1950 年代時，世界有一半人口生活在這種制度下。這是今日兩種主要經濟制度的簡要演變過程。

　　歷史學者、社會學者、經濟學者、政治學者，不知已投入多少心力，寫過多少名著，從各種角度來討論這兩種經濟制度的優劣。簡約地說，一般認為資本主義是人在自利心的驅使下，在追求自己最大利益的同時，也會使社會達到更好的境界。但事實證明這種制度下，吃牛肉的狗和餓著肚子上床的人，卻生活在同一個社會裡。

中央計劃（社會或共產主義）經濟，雖然可以使資源在國家的計畫分配下，做更公平的運用，不會有上述的情形。但缺點是因為缺乏激勵因素，會產生制度性的怠惰，造成生產性的不效率，例如超級軍事強國的百姓竟然要排長龍買麵包。一個理性的經濟人，如果有選擇權的話，應該選擇哪種制度較好呢？沒有確切的答案。

資本主義和中央計畫經濟的特質，在表 1-4 中略做比較。這只是為說明、對照方便所列的「理想型」，現實的世界裡沒有國家是「純型」的資本主義或中央計劃。此表的目的不在做價值判斷，只在比較特質上的異同。依目前的成就來看，是資本主義比較成功。

表 1-4　不同經濟制度的特質比較

	資本主義	中央計劃	合作經濟
生產工具的所有權	私人	國家	私人或國家
對企業的管理與控制權	出資者及（或）其所雇用的專業經理人	國家中央計劃控制	社員自身
市場訊息的傳遞方式	價格	由中央設計控制	價格
激勵生產活動的誘因	利潤	不以利潤為主，而以「國家整體利益」著眼。	社員所得的增加與工作的滿足感。
經濟目標	企業（或資本家）利潤極大化。	資源有效利用、公平分配。	參與者的所得極大化。

| 目前狀況（1980年代） | 在自由世界中有主宰地位，但也意識到要用社會福利措施，來改善缺點。 | 在社會主義國家中運作，開始以利潤的激勵，矯正不效率的問題。 | 還在試驗階段，南斯拉夫是主要例子。在資本主義社會的重要性不高。 |

說明：每本比較經濟制度的教科書，都會比較這三種形態，在此僅舉一本簡明而且用現代經濟分析工具來呈現的著作：T. Buck (1982): *Comparative Industrial Systems: Industry under Capitalism, Central Planning and Self-Management*, London: MacMillan.

　　但從制度的演變史來看，也不知道合作經濟還能持續多少年；唯一可以確定的是，它不是超越時空的最佳制度。撇開中央計劃制度不談，目前的北美、西歐、東歐各國，已都有人在知識分子圈內，以及在實際的運作上，積極推動第三種可能的經濟制度：合作經濟。它是否能成功，還有待長時期的考驗。不容忽略的是，1970年代以後，這股潮流愈來愈明顯，下面的文獻介紹，略可顯示出合作經濟在知識界受到的注意。

二、合作社與公司的不同

　　公司組織是資本主義的基本單位，合作社也是合作經濟制度的基本單位。表 1-5 對比公司和合作社的特質與異同。兩者的主要差異，是公司以「資本」當作營運與分配利潤的核心，合作社是以「人」為考慮的中心，注重人與人之間的共同合作，把資本的地位降低：公司是資本雇用人，合作社是人雇用資本。

表1-5　合作社與公司的異同

	合作社	公司
出現時代	1844 年有完整明白且沿用至今的 Rochdale「合作原則」。	約 17 世紀在義大利、法國，已有較現代意義的公司。
社會基礎	大部分是由經濟弱者組成，目的在改善經濟生活。	資金所有者為追求更多的利潤而結合。
結社的中心體	人	資本
目標	以經濟目的為主，但在理想上也不忽略社會的改進。	利潤
經營方式	由社員共同組織、決議、經營、管理。	由出資者本身或聘僱專業人員經營，所有權與經營權可以分離。
加入方式	自由、自願加入或退出，滿足合作社的章程規定即可（門戶開放原則）。	購買上市股票即自動成為股東，可自由退出（出售股票）。
權力分配	一人只有一票，與出資額大小無關（民主管理原則）。	權利（力）與出資額成正比。
盈餘分配	按照與合作社交易的比例分配盈餘（依交易額分紅原則）。	依出資的比例分配盈餘。

參考文獻：

尹樹生（1986）《合作經濟制度概論》第 1 章。

E. Roy (1981): *Cooperatives: Development, Principles and Management*, pp. 14-16, 272, 290.

　　有個較核心的問題：如何從學理來解釋，合作社在當今世界上，為什麼還是以小規模、投資率低、集中存在於較傳統的部門（因而地位較低），目前也看不出將來有可能發展，取代其他的制度？

Ward（1958）和 Vanek（1970）的研究發現，在簡單的靜態模型裏，以固定的幾項要素來分析，存在一種現在稱為「Ward-Vanek 效果」的結構性缺陷。問題出在目標函數上。為了簡便說明，假定投入要素只有工資一項。圖 1-1 說明：在資本制度中，為了追求極大利潤，企業家會使邊際產值等於工資成本，兩者相交於 I_2。而合作社的目的，是在求個人社員的收入極大（而非合作社本身的利潤極大），所以最佳狀態，是邊際產值交於平均產值最高的那一點（I_1）。因此，合作社在這種目標下，所雇用的人數會比資本制度少（$I_2 - I_1$）。如果全國都合作制度化，就業人口就會不足，投資意願不夠，國民所得降低。這是簡易版的 Ward-Vanek 效果。

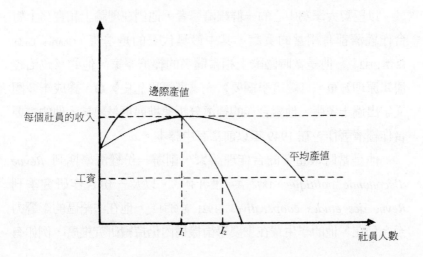

圖 1-1　Ward-Vanek 效果

合作經濟學家當然不會滿意這種失之簡略的解釋。一直有新的研究成果發表，把這種單一變數、短期、部分均衡、靜態的分析，擴充為長期、多項生產要素、無進入退出障礙、一般均衡的模式，在理論上的爭論仍持續發展。總而言之，現在的理論和實務研究，都是分析的層次，無法在學理上證明哪種經濟制度是最好的。真實世界的經濟制度，是社會選擇過程的產物，不能從學理證明或預測。

三、合作經濟學的研究

19 世紀末和 20 世紀初，英國有聞名的「費邊社」在支持合作運動，這是屬於政治與社會學性的。有關費邊社及其影響的文獻很多，註⑮附了一些，現在先評介另一股重要的合作經濟推廣者。

以巴黎大學為中心的一群經濟學者，他們在理論上和實務上對合作經濟都有相當的貢獻，其中最具代表的是季特（Charles Gide, 1847-1932）。他是當時國際上相當聞名的經濟學家，他的《政治經濟學原理》⑰、《經濟學綱要》、《經濟思想史》⑱，譯成十多國文字出過十多版。他對合作的經濟分析與推展更是熱誠，他的主要合作經濟著作，在 1949 年以前都有中譯本。

他是當時最重要的合作理論家，創辦一份經濟學期刊 *Revue d'économie politique*（1877 年，雙月刊），以及一份合作研究季刊 *Revue des études coopératives*（1921 年創刊）。他在法語區的影響力至今仍在，他的學生輩在主要學術機構內仍持續研究推廣，例如有

---

⑰　吳克剛譯，臺銀經濟學名著翻譯叢書第 116 種，2 冊。

⑱　樓桐孫譯，5 冊，臺北：中華文化事業出版社。

個研究機構叫做「合作學院」（Collège coopératif），出版 *Archives de sciences sociales de la coopération* 季刊（1954 年創刊）。比利時的 *Annals of Public and Co-operative Economics*（1908 年創刊），也在這個法語的合作經濟圈內。他們的特色，是包容社會學和經濟學的方法，除了分析性的研究，也刊登區域性的實證研究，在全世界的法語圈內，這是最主要的理論研究中心。

　　但他們的缺點，是較少採用現代經濟學的數學模型、迴歸分析方法，這些是英國和北美系統的拿手工具。我對德語、西班牙語系的動向了解有限；日本的方向，大致上也以描述分析為主，經濟分析性的較少。以下評介以英美為主的合作經濟分析。

　　1970 年以前的經濟學專業期刊，只有很少數合作經濟的文章，以敘述分析為主，其中最重要的代表作是 Ward（1958）的論文。❿真正以一套（一般均衡）體系，來分析合作經濟學的，是 Vanek（1970）的創作。❷這本書和其後的文章，已使他列入 20 世紀名經濟學者。他的特色是把現代總體、個體經濟學理論，用來分析一個「勞動者管理」（labor-managed）的部門。也就是說，他以「勞動者管理的企業」這個名詞，來替代「合作組織」（因為可以較中性地一般化）。所以 cooperative 與 LMF（labor-managed firm）是通用的，LMF 較特定用在生產者合作社上（尤其是分析東歐國家的生產合作工廠）。

---

❿　　B. Ward (1958): "The firm in Illyria: market syndicalism", *American Economic Review*, 48(4):566-89.

❷　　J. Vanek (1970): *The General Theory of Labor-Managed Market Economies*, Cornell University Press.

　　因此合作經濟學從 1970 年代起，正式成為分析經濟學的一支，也出現專業期刊。除了散佈在綜合性的經濟學期刊，如 *American Economic Review*、*Economic Journal*、*Quarterly Journal of Economics*，合作經濟學的專業刊物大致有三種：*Journal of Comparative Economics*（1976 年創刊，季刊），*Annals of Public and Co-operative Economics*（1908 年創刊，季刊，比利時列日大學主編），*Economic Analysis and Worker's Management*（1966 年出刊，在南斯拉夫以英文向全世界各地發行，已停刊）。這三種刊物都是分析與實證並重，是這個學門的主要成果發表處。

　　到目前為止，合作經濟學研究的專書，在純理論分析（顧及各部門：勞動、貨幣、商品，考慮不同分析法，如不確定性、福利）方面，較具代表性的有 Ireland and Law（1982）：*The Economics of Labour-Managed Enterprises*。在實證研究方面，Jones and Svejnar（1982）eds.: *Participatory and Self-Managed Firms*，這本會議論文集最具代表性。以上大致說明，合作經濟學從 19 世紀至今，在各國以不同分析工具所得到的研究成果。這個領域還在發展中，還沒有完整的體系，有可能成為一門「社會經濟制度學」。

伍、綜述與結論

　　如前所述，本書以結構、特質、績效三個觀察角度，來比較六個政權下的合作經濟組織。各章將有詳細分述，在此綜合成表 1-6，以求一目了然。

表 1-6　中國合作經濟運動的特質比較：1912-49

	萌芽實驗期 1912-27	國民政府 1928-49	日據華北 1937-45	中共 1931-49	日據東北 1931-45	日據臺灣 1913-45
制度來源	英、法、日	英、法、日	日本	蘇聯	日本	日本
基本動機	民間自發實驗，求改進平民經濟。	政府由上而下在全國推動，是救災與復興經濟的工具。	在華北植棉，供日本紡織業用，並統制華北農村經濟。	紅軍對抗國民政府與日本軍隊時的動員方式。	供應日本在東北所需物品，統制東北農村金融與經濟。	民間自營，以補官營金融機構之不足。
組織方式	自由結社。	由中央逐層責成地方政府出資，派指導員輔導設立。有一部分為「人頭合作社」。	日本與中國的利益團體共同出資，組織農民。	把農民編成互助組，以合作社的名義重組、分配人力、物力。	由上而下，在縣、鎮、市強制設立合作社。	由民間出資自組，受政府監督管理。
服務性質	小型日常消費、儲蓄、生產的組織。	以農村信用貸款為主。	提供農民所需資金、植棉種子、技術。	調節糧食的供給、分配，民兵與耕種系統結合。	提供消費用品及農業金融，透過合作社銷售日本產品。	提供消費者、中小工商業資金。
經濟效果	無	不佳，因貸款額低且不易取得，多用在非生產性的用途上。	不佳	著重於分配效果。	經濟統制下的一環，效果尚可。	民間資金流通的重要機構。
社會效果	引起知識分子及社會人士注意。	被視為貸款機構，合作社易被把持，引起反感。	無	農民消極抵抗。	引起反對合作社的運動與心態。	成為被統治者與殖民者之間的緩衝。

政治效果	無	合作組織被用來控制農村、對抗中共。	很少	用合作社把根據地人員動員編制化。	較不重要。	給當地菁英有社會參與的出路。
成敗之因	社會經濟條件不足，加上政府敵視。	不算失敗，但內外在困難與詬病不少。	農民興趣不大，日方資金不足。	以強制手段推行，無所謂成敗。	殖民政府有足夠力量控制合作社。	成功：是殖民統治的良好經濟、社會工具。
影響	給日後國民政府的合作運動，奠下初步基礎。	對中國農村經濟打強心劑，但仍屬杯水車薪。	不顯著	成為日後中共經濟體制的藍本。	在中日戰爭中，維持東北農村的運作。	臺灣今日的合作事業，是這套體制的延續。
總評估	社會改革的熱忱強，實際運作時阻力大，成零散狀態。	開發中國家在政治、經濟、社會條件不足下，甚難有效改革經濟。	政治、軍事的意義，大於經濟效益。	強調工農兵階級與集體化制度。	典型殖民統制經濟下，控制生活資源的中介。	效果甚至比日本國內好，是落後經濟中少見的例子。

本表由作者編製。

　　表1-6可簡述成5點。(1)在萌芽時期，合作社被用來實驗，當作改革經濟體制的基本單位。推行者本身力量有限，意識型態明顯，不見容於政府，乃至無功。這和西歐前輩的命運相同。(2)國民政府時期，或因救災或因戰亂後，需要復興農村、爭取鄉村，打算透過合作社達到經濟、社會、政治等多重目標。結果是政治與社會效果優於經濟效果，尤其在抗日戰爭期間更是如此。(3)日本在華北、東北的殖民統治，合作社成為控制物資、主宰農村社會的組織，經濟的功能反而次要。(4)中共在長征之後，積極在根據地組織集體化的互助社、合作社。那是控制有限資源、分配糧食、勞動

力，作為取得兵源的組織。在意義上、型態上，與上述的合作組織迴異。(5)日本把合作事業引到臺灣，得到相當的成功。信用合作社與官營金融機構並行，滿足平民金融需求，效果良好，甚至對 1980 年代的金融界仍有舉足輕重影響力。

第二章　萌芽與實驗期：
1912-27

壹、問題與視角

一、命題

　　本章旨在說明源自西歐的合作經濟運動，在清末民初時期：
(1)透過哪些不同的管道；(2)運用哪些不同的方式在中國試行推
廣；(3)碰到哪些阻礙與困難，為什麼最後失敗了？這個命題，牽
涉到兩個子題：(1)一套西洋經濟（結社）思想傳入中國的過程，(2)
新的經濟體制為何不容易在中國移植。這是個經濟思想史與經濟史
混合的題材。

　　在中國長久的歷史過程中，有好幾次受到外來文化思想的衝
擊，大都被吸收轉化成為漢文化的一環，佛學思想即是顯例。那是
因為明朝以前的中國在文化上還處於優勢地位，所以能「有容乃
大」。鴉片戰爭後景觀大異，中國是在追求「富強」的動機下，以
複雜的情結來吸收西洋與日本思潮。嚴復是個很好的參照點，他以

獨特的方式譯介十本西洋著作，其中大部分是經典名著，對知識界產生廣泛深遠的影響。❶約在 1900 年前後，對西洋經濟學說與經濟政策方面的譯介，開始伴隨著許多人文、自然科學等領域大量引進。❷

　　合作經濟的思想面與制度運作面，是在這股潮流下，經過留歐、美、日的學生，以「雙管間接傳入」的方式引進中國。留歐與赴歐洲考察的人士，引進合作思想與合作運動的方法；留日人士則以引進合作實務、合作法規為主，所以是「雙管」的。之所以是「間接」的，因為這不像歐陸各國之間，合作經濟體制的傳播是直接接觸來往，而是透過日本實行 30 多年之後才引入，所以只能算是間接的。

　　還有一種特色，就是這套制度的社會改革性。動盪的中國，尤

---

❶　關於嚴復對中國思想界的影響，最主要的著作是 Benjamin Schwartz (1964): *In Search of Wealth and Power: Yen Fu and the West*。他所要呈現的是個「嚴復現象」：晚清積極向西方學習富強的機動下，譯介人文思想方面的重要著作，給中國知識界帶來了啟蒙與衝擊的現象。嚴復對中國經濟思潮的影響，詳見賴建誠（2002）《亞當史密斯與嚴復：《國富論》與中國》，臺北：三民書局（英文摘要刊在 *Journal of European Economic History*, 18(2):371-82）。

❷　目前所知最早譯成中文的著作，是 Henry Fawcett (1863): *Manual of Political Economy*, 由同文館總教習 W. Martin（丁韙良）口譯，汪鳳藻筆述《國富策》3 卷（1880 年）。見彭澤益（1949）〈評《晚清五十年經濟思想史》〉，《中國社會經濟史集刊》8 卷 1 期，頁 172。該文也略述及晚清對西洋經濟學的譯介情形，以及如何透過日譯本傳入。這時期經濟學界的出版品甚多，只要從《東方雜誌》的書籍廣告，以及其他幾家大書局（如商務、中華）的出版目錄，就可了解大致情況。基本上是各種學說思潮並存，英法德日文都有，雖然層次不很高，但層面很廣。

其在辛亥前後，提供各派改革人士一個「可能性無限大」的變革空間。保守派者，在舊典籍中找尋文化的護殼；洋務派者，「向西方追尋真理」，想徹頭徹尾改造衰敗的帝國。合作制度在歐洲屬於社會主義，五四時期正值蘇聯 1917 年大革命成功，依照著社會主義的藍圖，要建立一個「人間天堂」的國度。再加上西歐當時知識界的主流，正是社會主義當道（例如費邊社），所以五四時期前後的知識分子引進社會主義思潮，以及作為其「兄弟」的合作經濟制度，是必然而且是「合乎世界潮流」的事。

　　第二節說明，民初引進的這套合作思潮，在世界經濟體系中的位置；它是透過哪些不同類型的人事（革命派或經濟派或理想派），以哪些不同的方式（譯介哪些學派的理論，以及哪些國家的制度），做了哪些努力。第三節分析這套制度，在不同的階層（知識界、社會界、經濟界、政治界）中，用了哪些方法，得到哪些成果。第四節綜合評析，民國初年合作制度碰到哪些社會、政治、經濟上的阻礙，以至於沒有明顯的成效。有「中國合作導師」之稱的薛仙舟先生，1927 年提出一套「中國合作化方案」，他的理想、思想背景、此方案的結構與可行性各又如何？這是藉以了解當時思潮的重要文獻，放在章末當附錄。

二、文獻檢討

　　研究近代中國經濟史與思想史的學者，目前為止，還沒有認真探索西洋合作的思想史與運動史，對中國影響的方式與層次。而合作經濟學界的研究，一方面較少注意到歷史的動態過程，另一方面也較少有思想史的研究取向。

　　目前的文獻大約可以分為兩類：一是史料的保存，沒有詮釋或解釋的內涵，例如國民黨黨史委員會的《革命文獻》，第 84 輯頁241-304，收錄薛仙舟〈中國合作化方案〉，以及戴季陶草擬的〈產業合作社法草案〉。

　　另一類是較敘述性、說明性的。第一本有系統敘述、評估早期合作運動的專書，可能是壽勉成與鄭厚博（1937）編著《中國合作運動史》❸。此書的內容寬廣，由清末記至中日戰爭之前，以北洋政府和國民政府時期為主，第二章收錄初期合作運動重要而不易尋得的史料。Hsu Yan-kee（1933）在法國 Caen 大學，以《中國合作運動》❹為博士論文，內容較廣，以敘述為主。以上這兩本著作完成時，合作運動尚未完全開展。另一本是陳岩松（1983）編著《中華合作事業發展史》，上下兩冊，第五、六章抄錄相當可供佐證的資料與紀錄。

　　敘述民初合作制度的資料，較著重史實的鋪陳。日本學界在不同的目的上（純學術研究或為戰時目的），對中國的合作組織做過基本研究，大都根據當時的資料作綜合解說，尤其以「滿鐵調查部」做得較多。在《滿鐵調查月報》內，常可見到這方面的文章，茲舉一例：石井俊之 1934 年時，曾在該刊物連續三期以一百多頁的篇幅，綜述剛發展不久的合作運動，層面包含很廣。❺這些文獻的另

---

❸　壽勉成、鄭厚博（1937）編著《中國合作運動史》，正中書局。

❹　Hsu Yan-kee (1933): *Le movement coopérative en Chine*, Thèse pour le doctorat, Université de Caen, Faculté de Droit, Paris: Librairie Rodstein.

❺　石井俊之（1937）〈支那に於ける經濟復興運動：協同組合＝合作社運動を中心として〉，《滿鐵調查月報》17 卷 7 號頁 67-112（上）；第 8 號頁 67-

一特色，就是資料來源相當類似，以敘述事件的過程，和統計數字
的說明為主。

貳、西方思潮的傳入

一、思潮來源

　　清末的「京師大學堂」（日後的北京大學）已設有「產業組合」
這門課，但尚無資料可確知當時的教材內容與取向。依目前可見的
資料❻，它的性質是從日本學界轉介西洋的合作制度，大約是在講
授的層次，與實務運作並無關係。同樣地，從上述資料也看不出這
套源自西歐社會主義的制度，和社會主義傳入中國的過程有何密切
關係，❼然而還是有蛛絲馬跡可以追循幾個要點。

　　第一、19 世紀末與 20 世紀初，是西方社會主義思潮興起，主
宰西歐主要知識圈的時期，日本的社會與經濟學界正值明治維新之
後不久，很受這股世界潮流的影響。例如著名文學家武者小路實
篤，1918 年在九州的宮崎縣兒易郡木城村，約集 15 位同志創設
「新村」，就是受這股潮流以及俄國文豪托爾斯泰類似行動的影
響。這是改造社會的烏托邦層次，雖然並未成功但已深刻影響知識

104（中）：第 9 號頁 77-116（下）。

❻　見註❺石井俊之（1937），第 7 號頁 69；壽勉成、鄭厚博（1937）《中國合
　　作運動史》頁 22；陳岩松（1983）《中華合作事業發展史》頁 124。

❼　這個命題值得探究，但牽涉到社會主義傳入中國的過程。一方面因為離本文
　　的主旨較遠，二因作者對這方面的文獻與認識有限，故僅止於指出問題。

界。

實務運作方面，日本很受德國信用合作與農業合作制度的影響，在鄉村推行得很順利有相當績效❽。在沒有文獻的指證或反證下，我們暫時可以推論說，清末京師大學堂時期，少數知識分子已經知道這種西方的經濟制度，而且在日本實行過。在思潮方面，仍處於剛開始接觸，還未到探討與評斷的層次。

第二、我們也知道在西歐留學的學生中，有不少受到各種主義的吸引與影響，已知的有無政府主義（如巴金）、社會主義者❾。他們的基本態度是排斥資本主義，傾向於由民間（工人）自由結社，合作社就是經濟結社主義的一種。

第三、當時大都是零星地介紹一些單篇短文，是敘述性、倡導

---

❽ 日本在 1891（明治 24 年），已提出「信用組合法案」；1900 年正式頒布「產業組合法」。日本合作事業的發展史，略見宮城孝治（1940）《產業組合讀本》，東京：千倉書房，第 2 章；伊東勇夫（1960）《現代日本協同組合論》，第 2 章及附錄的合作事業歷史年表記載：1877 年時，日本已有現代意義的合作組織。中國受日本深刻影響最直接的證據，是戴季陶於 1920 年所試擬的「協作社的效用」，以及附錄的「產業協作社法草案理由書」、「產業協作社法草案」（收錄於《革命文獻》第 84 輯，頁 256-304），很明白地說：「本法案條文編制，係以 1917 年 3 月 20 日俄國里俄夫內閣所發佈之產業協作社法為模範，而參以日本明治三十三年（1900）所發佈之產業組合法。」戴季陶在民初推廣合作運動的角色是：「（民）八年，仙舟先生囑余在復旦大學，作理論政策之經濟學講演約七、八次。並將其時講義大要，撰為論文。」

❾ 目前以有限的資料不易描繪出全盤景觀，但若以臺北帕米爾書店重印該時期的幾本思想性著作，大概可窺知當時思潮的流向：如巴金譯克魯泡特金的《互助論》、天均等譯的《無政府主義》、《工團主義和基爾特社會主義》。

性的，尚未達到以專題著書的能力。目前所知最早以專書介紹完整
合作思想的，是樓桐孫在巴黎讀書時譯介合作理論主將季特❿的演
講集：《協作》（*La coopération*，12 篇，第 4 版，1922），中譯本於
1924 年完成，1925 年印出（詳見表 2-4）❶。

　　我得到的綜合面貌是，如表 2-1 所示，中國對合作經濟這個概
念最先是來自日本，其後到德國考察，但思想來源是法國的。因為
那時法國在這方面的成就最好，中國合作學說界的主要人物，大都
是留法人士，如樓桐孫、鄭彥棻、吳克剛、彭師勤。

表 2-1　民初合作思潮的影響來源（舉例）

傳入國	日本	德國	法國
主要人物	戴季陶、覃壽公	薛仙舟	樓桐孫、吳克剛、彭師勤
主要著譯	產業組合法、信用合作	消費合作、〈中國合作化方案〉。	譯介查理・季特的合作學說與各國的合作運動。

---

❿　Charles Gide（1847-1932），巴黎大學教授，是法國諾貝爾文學獎得主紀德
　　（André Gide）的叔父。有關季特的著作與生平，見樓桐孫（1957）《查
　　理・季特》，臺北：中華文化事業出版委員會。

❶　《革命文獻》第 84 輯頁 55-7 的記載，《協作》似乎是第一本譯成中文的專
　　著。當時尚稱為「協作」，現在的「合作」這個名詞，有過下述的變革過程
　　（摘自陳岩松 1983，前引書，頁 73）：「早時，英語的 cooperative society，
　　日譯為『產業組合』，國人譯名不同：戴季陶、樓桐孫兩氏譯為協作，覃壽
　　公氏譯為產業結合，或消費、生產、販賣互助；徐滄水氏譯為消費公社；朱
　　進之氏譯為信用互助；湯蒼園氏譯為信用結合，亦有直以日語而稱為信用組
　　合者，迄今薛仙舟創用合作社後，其名定矣。」

| 主要論點 | 介紹日本民間的經濟結社實施方式。 | 從基層的合作社，到全國經濟社會的合作化。 | 學說的介紹，較少有實務參與。 |
| 影響方式 | 實務面的引介，但無親身參與。 | 合作理念與實務並行，親自參與。 | 使合作界學認識較學理、理想性的學說。 |

本表由作者編製。

二、主要人物與方式

　　表 2-2 綜述民國初年幾位傳播合作思想、倡導合作社的人物，他們的訴求與論點。表 2-2 中的人物在政治立場上或許很相近，但有必要區別他們對合作制度的期許，以及他們與合作運動的關係。清末民初積極介紹合作思想的人士，大致可歸類成革命派、經濟派、理想派、政黨派。

表 2-2　萌芽時期引介合作思想的代表人物（舉例）

類型	革命派	經濟派	理想派	政黨派
代表人物	孫中山 (1866-1925)	覃壽公 (1877-1938)	薛仙舟 (1878-1927)	陳果夫 (1892-1953) 戴季陶 (1891-1949)
出身背景	醫學院、革命家	留學日本專攻經濟學，曾任國會議員。	激烈的革命者，回國後成為溫和的社會改革者。	參與革命行動，在國民黨居要職。
思想來源	英國的「費邊社」	受日本推行德式合作制度的影響。	留學美、德、英諸國，考察信用合作制度。	陳果夫主要受薛仙舟影響，戴季陶留日期間熟習合作社組織。

基本論點	約略提及西歐各種合作制度的優點。	認為（信用）合作制度是改革中國經濟的良方。	擬〈全國合作化方案〉，試圖建立「合作共和國」。	較偏向實務的推動。
影響程度	在〈民生主義〉中提示的合作制度，給北伐後的國民政府提倡合作運動時，提供政策的思想基礎。	民前五年已著書介紹合作制度，但未引人注意。	不只在理論上介紹，也親自組織推廣各種合作社，有「中國合作之父」之稱。	戴是初期思潮的引進者與日後的贊助者，陳是國民政府時期的主要決策推動者。

說明：這是作者為求簡明而做的歸類。陳岩松（1983）《中國合作事業發展史》第 5 章，詳述民初幾位主要推動者的生平與事蹟甚詳，本表是根據這章製作的。其他資料中也有類似的敘述，如石井俊之（1934)〈支那に於ける經濟復興運動〉，《滿鐵調查月報》17 卷 7 期頁 69-72。

　　革命派人士中以孫中山的著作影響力最大，他在辛亥之前已屢提及西歐（英國）的消費合作社；民國 13 年的民生主義講演中，再度提及此制度的優點。他所熟悉的是費邊社，尤其是 Webb 夫婦的那套說法❿。在他龐雜的革命學體系中，這部分雖非核心，但已向跟隨者表明他的注意範圍。更重要的，是他在民生主義所記載的合作制度，給北伐之後的國民政府在提倡合作運動時，鋪下可供訴求權威的道路。

_____

❿　見張明貴（1983）《費邊社會主義思想》，臺北：聯經，序言部分與頁 81-3。簡言之，即是 20 世紀初英國社會主義思潮。Webb 夫人有一名著《英國合作運動史》，吳克剛（1931）譯，商務印書館。

　　經濟派的人物，如覃壽公（1877-1938），早歲留學日本專攻經濟，民國前五年已出版兩本經濟著作，是中國最早介紹合作制度的書。他認為當時的情況與 19 世紀中期德國近似，對日本引入德國農村（信用）合作制度尤感興趣，認為：「唯有推行合作，才可解決我國的產業問題，唯有推行合作，才可以救中國於危亡中，以獨立世界。」❸這是當時人的筆調，難免陳義過高。

　　另有署名「闕名」者，也是從日本介紹合作制度，認為中國商工業家「無家業合同之力，故資力亦散而不聚，故外貨滔滔流入，靡所底止……。而尤望我國小企業家能自為救濟，起而為各種產業之組合。」他介紹信用組合、販賣組合、購買組合、產業組合，「以上四種組合，實我國今日中等社會之人民，從事於小企業者當一一模仿，實力猛晉，不特足以對抗外來之加爾特爾及托拉斯，並足以預防中國將來之加爾特爾及託拉斯。」❹

　　理想派的人士，尤以「中國合作運動之父」薛仙舟（1878-1927）為代表。他是激烈的社會改革主義者，曾謀刺清廷大使未遂被捕，當事者憐其才而釋放。之後遊學美、德、英研究銀行學與合作制度。民國 8 年曾借復旦大學之地，創辦第一個信用合作社「上海國民合作儲蓄銀行」（去世後因經營困難而關閉）。他鼓勵復旦學生於民國 9 年發行《平民週刊》宣傳合作主義，並與曾跟他學習德文的陳果夫同年發起「中國合作同志社」，研究策進合作思想與運

---

❸　陳岩松（1983）前引書頁 94。

❹　沈雲龍主編《近代中國史料叢刊》，臺北：文海出版社影印，民國經世文編（492 集）總頁 4759-64。

動。民國 16 年，薛仙舟擬〈全國合作化方案〉，請陳果夫呈蔣介石、胡漢民兩先生。時值北伐，且他本人病逝，因而成為歷史文件。他是個理想「合作共和」、全國合作組織化的人物，受西歐思潮的影響很大。除了崇高的合作理想，他也組織過合作社，這是同時期知識分子中少見的（詳見本章附錄）。

　　政黨派的人士中，以陳果夫（1892-1953）和戴季陶（1891-1949）最有影響力。陳果夫直承薛仙舟的熱誠參與合作運動，北伐後歷任黨政要職，終身未脫離合作運動的主要領導角色。國民政府由北伐到抗戰結束之間他的角色相當重要，從〈合作社法〉的起擬，到中央政校及合作學院培育合作人材，到憲法第 145 條中規定：「合作事業應受國家之獎勵與扶助」，他都積極參與。

　　另一位是戴季陶，留日時已注意日本的產業組合法制及組織。五四期間演講鼓吹此制度，編著《產業合作之組織》，參考俄國、日本、德國之法律，草擬中國的〈產業協作社法草案〉。雖然未曾親身參與合作運動，但在民初思潮引介中對合作經濟制度積極鼓吹過。

三、思想與實務

　　合作制度在五四運動時引進，但在北洋政府時期（1927 年北伐之前）並沒有可稱讚的成就。相反地，是在以反對社會主義為基本路線的國民政權下，才得到大力支持、策動、推廣。這個現象要怎麼說明？以下嘗試提出一些解釋。

　　從經濟思想的角度來看，合作制度是社會主義運動落實的兩種主要方法之一：工會運動是社會性的，合作運動是經濟性的。在這

個認知下我們有兩個問題：第一，民初引入這套體系的人士，他們
是社會主義者嗎？他們是在哪一套想法上來接納合作運動？第二，
如果他們是社會主義者，或是無政府主義者或甚至是共產主義者，
那麼他們日後在意識型態上，如何與國民政府的合作政策相結合？

　　表 2-1 與 2-2 提到早期合作運動的主要人物，以及影響他們的
思想來源。從合作運動人士的言論和著作，可以感受改革社會的熱
忱，遠大於對社會的成熟見解，而且也偏重於實務（如戴季陶、薛仙
舟）。

　　目前文獻所透露的訊息，是早期引入合作思潮的人士，很受西
歐社會主義的影響，例如克魯泡特金的《互助論》，以及巴枯寧的
著作，無政府主義的色彩濃厚，主張經濟自由結社（合作社）主
義。以最早也最有影響力的譯述工作者樓桐孫為例，他譯介季特的
主要合作著作，而季特在法國是立場明顯的社會主義者。樓桐孫為
《協作》（1924）寫的譯序中有下列說法：

　　茲將《協作》全書的綱要摘述如下：

　　宗旨：改造經濟：解放勞動界，擁護消費者，廢除利潤，芟
　　除寄生。

　　方法：組織協社：自由結合，和平進行，直接貿易，自消。
　　依此看來，可見協作主義的宗旨，與什麼共產主義，集產主
　　義，及工團主義等無不大體相同，所異的全在方法——共產
　　主義的方法是革命；集產主義的方法是沒收：或假公家的政
　　權，或用工人的武力，前者可謂強制，後者也是革命；工團
　　主義的方法是罷工：至於協作主義的方法，卻是依照演化的
　　自然律而行和平且自由的結社。

　　這番話解說合作運動和（廣義的）社會主義之間的連帶性，但沒有交代它們之間的差異，也沒說清楚合作主義應如何實行。這種模糊性很類似孫中山說，他的「民生主義就是社會（或共產）主義」。

　　從思想脈絡的體系來看，譯介合作思想的人士是社會主義者。在 1927 年（清黨）之前，各種主義學說並行，提倡新主義並非嚴重的事。另一個要點是，他們大都是文字工作者而非實務執行者：薛仙舟是個身體力行者，並沒有很多「思想」的抽象訓練，他是個熱誠的制度推動者，他的友輩與追隨者也是這型的人。

　　我對上面第一個問題的回答如下。這個問題要分辨兩個層次，合作思想的推動者與實務的推廣者，對政治團體的認同不一定相同（甚至對立）：思潮引進者大都認同當時國際上流行的社會主義；而實務推動者可以不顧慮思潮的意識型態，較能和實際政治權力結構，做自由的認同與選擇。

　　接著可以回答第二個問題。實務推動者（如薛仙舟、陳果夫、王世穎），可以很容易地在想法上和反對共產、社會主義的國民政府認同，成為北伐後推動合作運動的主力，或甚至不在意合作運動在西歐發源地的初始意義。意識型態負擔較輕者，為了配合所參加團體的政治路線，反對走蘇聯路線的中共派，轉而認同反社會主義的國民政府。意識型態負擔較重者有部分人同情中共，另一部分則很識時務地掩藏起來，或甚至遺忘年輕時期的社會理想。

參、萌芽與實驗

本節第一部分說明初期的合作運動，是透過哪些團體、哪些人、以哪些方式，在合作思潮上做了哪些推廣活動。第二部分檢討1927年（清黨、北伐）之前，曾經短暫存在過的合作社有哪些，它們的共同特徵為何？下一節綜述這時期推展合作運動的特質與困難。

一、推廣方式

表 2-3 綜述推廣合作運動的八個團體，比較其成員、宗旨、結果與影響，顯示出幾項訊息。(1)這些團體的存在期間非常短，幾乎都在一年內就停止活動。為期最長久的「中國合作運動協會」，幾乎也只是個名目的存在。(2)在意義上與影響力上，以第一個成立的「平民週刊社」最重要，尤其是它的刊物曾經在少數人士中流傳過。雖然尚無直接證據說明它和其他團體間的關係，但大致可知道它是最早的一個，也是圈內最為人知的團體。(3)在性質上，他們的主旨是求社會改造兼顧經濟的公平性，以知識分子的理想作為訴求❶。

---

❶ 茲舉一例。湖南合作期成社成立於民國 9 年 12 月，設社址於長沙古鳳凰臺 1 號，民國 10 年 2 月 19 日，於《平民週刊》39 期發表設社宣言及簡章。在宣言中略謂：「世界上的文明一天一天進步，解放的呼聲也就一天高似一天；什麼改造社會啊、黑暗、不平等、萬惡的舊社會，種種的聲浪，都不約而同的如雷貫耳。解放的範圍很廣，政治、社會、經濟、倫理種種都應當改革的；但是在這幾種當中，經濟的解放尤為日之切務，然而最切實最和平的唯一方法，就是合作社。……所以有一部分人，就聯合許多的人，大家組織合作社，自己作工，自己做股東，以免除資本家的壟斷。這種方法，也有生產

表 2-3 早期推廣合作運動的八個團體：1920-7

名稱	發起人	宗旨	結社	影響
平民週刊社：1920 年 5 月 1 日起，1921 年 12 月改為平民學社，1924 年 10 月結束。	上海復旦公學教職員與學生。	提倡平民主義，促進平民教育。改名為平民學社後，加上研究合作主義的宗旨。	因學生畢業離校而人事變動，負責人與國民黨關係密切。1924 年江浙戰爭後無法活動，因而停頓。	這是初期宣傳合作理念最重要的機構，發行《平民週刊》（見表 2-5），與國際合作機構有聯繫。
湖南合作期成社（長沙，1920 年 9 月-192?年）	不詳	簡章 9 條，頭條宗旨：本社以研究合作主義，提倡合作事業為宗旨。	購備合作書刊，供社員閱讀。	並無其他業務，不久即停頓。
上海合作同志社（1920 年 12 月-1921 年 5 月）	薛仙舟、陳果夫等九人。	研究合作主義、提倡合作事業、造就人才。	1920 年有社員 70 餘人，因社員四散無法召集而停頓。	後來成立的中國合作學社（1928 年 12 月），即承此系統而創（陳岩松 1983:674）。

合作社的組織。還有什麼信用合作社，都是謀社會經濟平等的神聖，在外國都是很有成效的。中國的合作社尚在幼稚時代。在上海頗有成效的，有合作同志社和上海國民合作儲蓄銀行，我們這個合作期成社，就是本合作的精神來謀平等的幸福。我們希望大家起來研究以圖實行，那就是社會上的幸福了。」（陳岩松 1983《中華合作事業發展史》頁 153）

上海職工俱樂部(1922 年 3月-1923 年 2月	王效文、解叕伯等。	鑒於職工墮落，希望有個正當的組合。	內部組織紊亂、事權不統一、主持無人而停頓。	發行《合作周刊》54 期，組織工人，但失敗。
成都普益協社（1922 年 6月-1923 年?）	四川聚興城銀行所組的普益閱報室改組。	提倡合作主義、實施社會教育、發展平民經濟，有章程十條。	經濟力量薄弱，僅做書報收集。	出版《合作潮》10 期。
上海合作社聯合會（1922 年 12月-?）	王世穎等人。	把合作運動團體，不分業務類別或社會階層，集合起來組織一個全國聯合會。	重要負責人與國民黨有關，在上海的行動受阻停頓。	第一次有集中各地合作團體的動議，有日後國民政府合作界要人參加。
無錫合作研究社（1923 年 12月-?）	不詳	「本社以研究合作原理，得早日實行為宗旨。」	成立不久即告停頓。	不詳
中國合作運動協會（上海1924 年 8月-1928 年?）	陳果夫、陳藹士等人。	「上海合作同志社」停頓後，繼起的組織。章程所載主旨為：「研究合作主義，造就合作人才。」	無經常性的活動。	一再無結果，於 1928 年 12月由同一批人（陳果夫、王世穎、陳仙明等）於上海辦「中國合作學社」，至今仍在臺灣活動。

整理自：壽勉成、鄭厚博（1937）《中國合作運動》頁 54-66；陳岩松（1983）《中國合作事業發展史》頁 135-56。

　　將近一世紀之後的今天看來，一方面我懷疑，這份理念能在社會普遍傳達；二方面也相信，以他們的資歷、實務經驗來看，這項運動受內外在條件的約制，必定會縮退到只在知識分子之間做思潮傳佈，不會有實質的經濟與社會意義。以上是推廣團體的性質分析，現在轉論此段運動的萌芽時期，在理念方面是透過哪些刊物來推廣。

　　可以從表2-4找出幾項特質。(1)從民國5年覃壽公的《救危三策》，到16年的《消費合作論》，只有25本專書和3種刊物雜誌，數量非常少。(2)實務的介紹遠多於理論的流傳：表2-4雖然看不出何者為譯、何者為著，目前也找不到大部分的文獻，但據已知的部分，似乎只有樓桐孫譯的兩本書，在實務之外較顧及社會理想與學術論證。(3)專業的期刊很少，存續期也很短（兩年之內），其中的《合作訊》性質不同，那是「華洋義賑救災總會」的機關報，有固定的資金、人力，得到有系統的支持，不可與其他兩種相提並論。

　　真正有廣泛影響力的刊物，反而是一般知識性的刊物：商務印書館的《東方雜誌》。今日重讀該刊（影印全集）中的合作文獻，仍以綜論及各國的實務介紹為主。知識界能廣泛地知道合作運動，不是《平民週刊》❶，而是《東方雜誌》的功勞。

---

❶　《平民週刊》共發行54期，內容分析如下。

文字	篇數	文字	篇數
合作總述	50	合作史事	50
信用合作	22	合作教育	7
消費合作	41	合作法的研究	8

表 2-4 萌芽時期合作界的出版物

(1)專書 25 本

書名	著譯人	出版日期	書名	著譯人	出版日期
救危三策	覃壽公	民前 5 年	合作論	徐渭津	13 年 4 月
德日產業組合法彙編	覃壽公	民國 5 年	消費合作綱要	王效文	13 年 4 月
合作效用論	徐滄水	7 年	合作運動概論	朱懋澄	13 年 6 月
平民經濟講義	湯蒼園		協作社的效用	戴季陶	13 年 8 月
消費合作運動史	湯蒼園		協作	樓桐孫	14 年 1 月
信用合作經營論	于樹德	10 年 10 月	消費合作社的模範章程	朱懋澄	14 年 5 月
合作銀行通論	吳頌皋	12 年 12 月	合作社的理論與經營	于樹德	16 年 3 月
產業合作社之組織	戴季陶		合作主義通論	王世穎	16 年 5 月

生產合作	17	國際合作團體	17
農業合作	32	合作的討論	32
婦女合作	7	合作的雜言	16
信用合作報告	9	生產合作的報告	5
消費合作報告	13	合作宣傳的報告	22

共計 384 篇（16 類）

資料來源：陳岩松（1983）《中華合作事業發展史》，頁 144。

說明：

(1)壽勉成、鄭厚博（1937）《中國合作運動史》頁 60-1 中，以不同的分類方式（共 11 類），計算出共有合作論文 259 篇。

(2)關於「平民學社」與《平民週刊》的詳細說明，見陳岩松（1983）頁 135-44；壽、鄭（1937）頁 55-61。

(3)「平民學社」解散的原因與經過，見石井俊之（1934，7 月號）頁 74 註前「備考」的說明。

合作制度	孫錫麒	12 年 12 月	消費協社	樓桐孫	16 年 6 月
農荒預防策	于樹德	12 年 12 月	丹麥之農業及其合作	顧樹林	16 年 6 月
生產合作的沿革	于樹德		合作是節儉制度	朱承洵	16 年 10 月
消費合作的運動	林騤	13 年 7 月	消費合作論	張振平	16 年 8 月
合作主義	孫錫麒	13 年 7 月			

資料來源：陳岩松（1983）《中華合作事業發展史》頁 643。北伐後（民國
17 年）至國民政府遷臺期間的合作書籍，見頁 644-6，共 64 種，
但不夠完整；另見《革命文獻》第 84 輯頁 55-8 的記載。

說明：以上 25 種刊物中，商務書局出版（8 冊）、普益協社（3 冊）、中華
書局（2 冊）、世界書局及其他書局各 1 冊。

(2)期刊 3 份

刊名	編輯者	出版情形
平民週刊	上海平民學社	1920 年 5 月至 1924 年 9 月共 215 期
合作週刊	上海職工俱樂部	1922 年 3 月至 1923 年 3 月共 54 期
合作訊（月刊）	中國華洋義賑救災總會	1926 年 6 月至 1939 年 8 月共 757 期

資料來源：壽勉成、鄭厚博（1937）編著《中國合作運動史》頁 86-8。北京
圖書館（1961）《全國中文期刊聯合目錄，1833-1949 年》，其中
紀錄《合作月刊》發行至 1928 年共 23 期，恐有誤。

二、實驗活動

　　表 2-5 列舉 1918-27 年間，民間自組的信用合作社（3 家）、消
費合作社（9 家）、生產合作社（3 家）。此表的資料有限，可觀察
到幾個現象。(1)各合作社的存在期短，甚至下落不明。(2)資料不
全，甚至地址不明。(3)以消費合作社的社數較多、社員多。安源
路礦工人消費合作社宣稱有社員一萬多人，那是把所有員工全部納

入後的數字，而非主動參加的社員數，不應該產生數字上的幻覺。
(4)據表 2-5 資料來源提及，三家生產合作社都涉嫌有政治目的或危害社會，短期內被當地政府封閉或強制解散，當時官方對類似的集社態度並不友善。

表 2-5　萌芽時期的主要合作社概況：1918-27

合作社類別與名稱	所在地	組成分子	成立與解散
信用合作類			
(1)上海國民合作儲蓄銀行	上海	復旦公學職員學生、上海熱心合作同志。	1919 年 12 月 22 日至 1930 年
(2)成都農工合作儲蓄社	四川成都省城內絡化街 24 號	滿 16 歲的男女	1921 年 8 月
(3)香河縣城內第一信用合作社	河北省（前直隸省）香河縣城內	住居本縣人民	1921 年 6 月至 1924 年 2 月
消費合作類			
(1)北京大學消費公社	北京大學	北京大學教職員	1918 年 7 月
(2)汕頭米業消費合作	廣東汕頭	學生	1922 年 4 月
(3)安源路礦工人消費合作社	湖南安源老街	潮山鐵路礦工人安源鐵路礦工人俱樂部全體職員	1922 年 7 月
(4)上海職工合作商店	初於上海職工俱樂部，後遷於上海民國路。	上海職工俱樂部部員	1922 年 6 月至 1923 年 4 月
(5)新會消費合作社	地址不明	商務印書館職工	1922 年
(6)同孚消費合作社	上海	社員不分省界及性別	1923 年 10 月 1 日
(7)武昌時中合作書報社	湖北武昌		1923 年 1 月

(8)寧波第一消費合作社	浙江寧波	社員不分男女	1923 年 3 月至1927 年
(9)上海消費合作社	上海寶興路目三號		1926 年 4 月
生產合作類(1)湖南大同合作社	湖南長沙三里鄉間	住居長沙之知識分子。社友分生產的與消費的兩種。	1920 年 12 月至1921 年 10 月
(2)蕭山衙前農民協會（係合作社的組織）	蕭山衙前	當地農民	1921 年 9 月
(3)長沙筆業工人生產合作社	湖南長沙	筆業工人	1922 年 12 月

資料來源：摘自壽勉成與鄭厚博（1937）編著《中國合作運動史》頁 78-82，並見頁 69-79 的描述。

說明：(1)除了明確停止營業的少數幾個合社，其餘的結束時間皆不明。據本表的資料判斷，大概很少有長於五年者。(2)陳岩松（1938）《中華合作事業發展史》，頁 133-5 內也列舉一些，大致上相似，但多出三個消費合作社（上海中華、北京清華學校、粵漢鐵路員工），資料很不完全。並見同書頁 119-33，對各合作社的細節描述。

　　其中有個值得注意的例子：「北京大學消費公社」，也有較詳盡的資料。它可能是目前所知以西歐的合作社為模式，成立的第一個單位。雖然活動範圍小，和合作運動無直接關係，但在萌芽時期自有其意義。

　　薛仙舟在該社成立前，在北大任過教職，曾提議創辦消費合作社，後因故未成。1918 年成立的這個「消費公社」，是北大法科

教授胡鈞在《北京大學日刊》上為文提倡，時間約在 1917 年之前。後來在北大 20 週年紀念會場中，有法科學長王建祖講演各種合作社系統。他提到生產合作、交易合作、消費合作三種組織，其中對消費合作社的說明最詳。

> 外國學校中，亦每有此種合作社，發賣學生現用之物，……宜由學生自己組織，……學校則舉教授一二人，參與其事，……學生活動，與校務截然為二，不可稍混也。……經此提倡，各科學生署名發起者，凡六十餘人，於民國 6 年 12 月 27 日晚 7 時，在文科第一教室開籌備會，到會者計有四十餘人。……此種組合，風行歐美，利益溥徧，我國尚付缺如，洵屬憾事，吾校當樹風聲，以為社會先導。……於(翌年) 1 月 8 日奉校長批准籌辦，並允檢給房屋，景山東街 42 號地址為售品所。是月 5 日，開始招股，至 3 月 3 日共得 438 股，計銀幣 2,190 元，已逾總額四分之一；因於 3 月 30 日開始立大會。……是日校長蔡先生因事未到，特函請洪先生代表致辭云。[17]

從這段記要可以看出，這是在模仿歐美大學內的員工消費合作社[18]，談不上社會經濟改革的理想，屬於校園內的學生自辦社團。從它的 33 條章程中看來，都是技術性規定權利與義務、組織規

---

[17] 陳仲明（1931）輯〈合作史料：北京大學消費公社成立紀要及社章〉，《合作月刊》3 卷 6 期頁 13-8。內分作者前言、成立記要、該社章程 33 條全文。這是重要文獻。

[18] 日後教育與行政機關內的消費合作社，即沿此體系而下，但形式的完整大於精神意義的移植。

章、權力結構，都和社會理想無涉。尤其最後一條的附則為：「本社為北京大學學生練習機關，售品範圍以本大學為限，並無營業性質，不必在官廳註冊領照。」其後的營運情形與日後的結果，尚未見到有文獻記載。

肆、特質與困難

從表 2-3、2-4、2-5 看來，從民國元年（1912）到國民政府成立（1928），合作運動屬於萌芽的實驗期。它的活動與發展，不論社會性的廣度或本身的持續力，都很短暫範圍有限，沒有深刻的影響與實質成果。以下分述它的特質與困難。

第一，這個階段是自發性的倡導，沒有政府支援，沒有相關法令支持，也沒有具備經驗的專家；只有社會改革者、人道主義者熱誠地摸索。

第二，經由「雙管間接」的方式，自日本引入實務面，自歐洲引進學理，但都是屬於「秀才改革」，文字上的努力大於實務的參與。西歐是在民間自發地發展合作運動後，知識分子才參與推動，兩者的過程正好相反。

第三，當時的社會環境正值五四運動前後，更有利於合作（社會主義）思潮的傳播。但只在少數知識分子間流通，對整個大知識界而言，它只是思潮大量流動中的一小股。合作運動提倡者大都把理想懸之甚高（如薛仙舟的〈中國合作化方案〉），而未估算社會、經濟、政治的約制條件（文盲率高、所得太低、軍閥長期鬥爭），對新經濟體制移植所產生的阻礙。

　　第四，對社會的預期過高，既無政府支助，且無經驗，又無資金，也無金融機構支持，失敗是必然之事。再說，西歐經歷百多年的痛苦，才逐漸形成的合作運動，哪有可能直接移植到背景完全不同的開發中國家，期待有立即良好的成果？

　　第五、這些合作社多半由知識分子提倡，又高懸改革的理想，很容易遭地方政府顧忌。例如大同合作社被認為「提倡無政府主義，傳播危險思想」，遭湖南省政府下令封閉。類似的記載也有好幾處：晉縣某處合作社被指為「黨派之組織，教門之團結」；北京政府農工部與各地警察，取締好幾家合作社❶。

　　綜言之，當時的「基礎結構」（民智低、社會穩定度弱、政局變化大、交通網路狹小），尚不足以提供足夠的環境，讓民間自發性的改革運動發展。在萌芽實驗期間，合作運動先驅所做的努力，已初步播下種子。國民政府成立後核心人物曾受此概念的引發，合作運動才能配合軍事行動、鄉村建設、農村復興政策，由國家出資、出力、立法，迅速開展推動。

---

❶　以表 2-5 的湖南大同合作社為例，北京大學 1984 年出版的《無政府主義思想資料》（頁 1062）有如下的記載。「大同協社，1921 年出現於湖南長沙，主要成員有李少陵等，主張無政府立義，同時雜以合作主義、基爾特社會主義觀點，屬半無政府主義組織。」石井俊之（1937，7 月號）頁 77-9 有詳細的類似記載。Hsu（1933:109-10, 115-6）也有類似的記載。高純淑（1982）〈華洋義賑會與民初合作運動〉（政大歷史研究所碩士論文）第 5 章中，有詳細資料與文件的引述。附註：《革命文獻》第 87 輯《合作運動》的附錄，編年詳記載民初的合作運動紀要，有事件性的、有文獻性的資料，可當作本文的參照。這些資料有部分收錄在 1957 年的《臺灣省合作年鑑》頁 547-59，但簡略許多。

附錄

<h1 style="text-align:center">變革時期的經濟烏托邦主義：
薛仙舟的〈中國合作化方案〉</h1>

　　被尊為合作運動之父的薛仙舟（1878-1927），在逝前擬就〈中國合作化方案〉（見附表 2-1 的歷史背景說明）。這份文獻於 1977 年 7 月，由臺北的中國合作事業協會把它和其他紀念文字、舊文獻、墨蹟、照片，輯成《中國合作導師薛仙舟百年誕辰紀念特刊》，使得這份文件得以廣傳⑳。〈中國合作化方案〉不僅是初期推廣合作運動的重要史料，更是康有為的《大同書》之後㉑，最具經濟烏托邦色彩的文字。

　　本附錄旨在解析〈中國合作化方案〉的結構，說明它的理想性與不完整性（第一節）；薛仙舟的思想根源（第二節）；此方案可行性的分析（第三節）；總評估（第四節）；最後附薛仙舟生平簡要年表。

---

⑳　這份文件以及戴季陶（1892-1953）於民國 9 年擬就的三篇文字，收錄在《革命文獻》第 84 輯（1980）頁 241-304。

㉑　見蕭公權〈理想與現實：康有為的社會思想〉，江日新、羅慎平合譯，收錄於臺北時報公司《近代中國思想人物論：社會主義》頁 39-70。見該文註 9 說明《大同書》出版經過。有關康有為的大同思想，另見同一叢書《晚清思想》中，許冠三（1976）〈康南海的三世進化史觀〉頁 535-75；以及蕭公權著汪榮祖譯（1988）《康有為思想研究》，臺北聯經公司。

一、結構

　　這篇六千多字的方案，想藉著全國合作化的方式，把幾千年歷史的經濟體制轉化成為合作共和國。在 1980 年代從事經濟制度、經濟思想史、經濟史的研究工作者，第一個直覺反應就是根本上的不相信。第二個反應，是想去解這個方案的結構完整性到哪個層次。先從「總體」（宏觀）結構的觀點，分析這個方案在經濟體制內的位置。薛仙舟的「合作化」方案（見附表 2-1），大致有五項特點。

附表 2-1　〈中國合作化方案〉內容解說

歷史背景：

　　「民國十六年六月間，國民政府奠都南京後，先生鑒于政治不良，乃急迫的邀陳果夫先生共同討論政府外交的方針，建設的計畫，將來民生主義怎樣實行等等諸問題。先生遂把他自己的意見，就是如何實行民生主義的方法，與陳先生詳談良久，陳先生遂請先生把這個計畫寫出來，以便提交會議，因此先生就開始著作〈全國合作化的方案〉的計畫，當時佐助薛先生擬此方案者為王世穎先生，方案既成，先生乃攜至南京，一份交胡展堂先生，一份由陳先生轉交蔣介石先生，適時機不巧，蔣先生第二天即出發北伐，無工夫細看，胡先生政務太忙，亦缺乏時間研究，更因國庫奇絀，此方案遂被擱置，以後僅發表於《中央半月刊》上。」（引自壽勉成、鄭厚博 1937《中國合作運動史》，頁 48）。

說明：

　　全文約 6 千 5 百字，分 5 節。每節內分數條，條下又分項，但項的標示方法不一，有以一、二、三方式者，有 A、B、C 式者，也有 1、2、3 者。為統一起見，以羅馬數字 I、II、III 標「節」，一、二、三標「條」，A、B、C 標「項」。

節次名稱	內容性質	說明與評論
I 導言	說明此方案是在三民主義的民生主義下，為求經濟改造，「藉密布全國的合作機關，做社會事業的中心，投入民眾之間，……使民眾與之俱化，造成合作共和的基礎，實行合作共和的制度，……革命才算成功。」（I，四）	(1)企圖以合作組織改造基層社會，並散佈於全國，終極目標在達到「合作共和國」。 (2)全國組織化，類似喬治·歐威爾《1984》所描繪的社會組織化。 (3)五、六、七項不知何因，以「略」刪除。
II 全國合作社的組織方案	(1)組織一個「全國合作社」，當作總機關，在全國分設若干區域分社（不以省為單位）。（II，一、二）。 (2)其任務分配（II，三）。 (3)訓練軍隊式的「合作軍隊」（II，七）。	(1)以「全國合作社」當成中央機構，訂出全國合作化的組織架構，以及各層次人員的資格、進用規則。 (2)以黃埔軍校的方式，訓練合作軍隊，掃除政治上與經濟上的障礙，實現大同世界。
III 合作訓練院組織大綱	(1)學員的錄取資格與訓練宗旨（III，二、三）。 (2)訓練的內容（III，四）。 (3)院內組織結構（III，五）、預算、地點（III，六、七）。	(1)強調軍隊式的訓練、嚴格的紀律、主義與技術並重。 (2)注意社會服務，「遇有必要時，雖乞丐生活，亦需忍受，至少有三年的服務為強迫性質」、「基本職員必須矢志獻身於合作事業」。 (3)斯巴達的教育方式與宗教式的奉獻。

IV 全國合作銀行	(1)說明全國合作化所需的金融輔助體系（全體合作銀行）的目的、資本來源、盈餘分配方式（IV，一至三）。 (2)組織型態、營業內容、運作方式（IV，四至十）。	(1)屬於較技術性的描述。 (2)最重要的資金來源，仍求國家資助。

(1)他不是全盤經濟的改造者。歐文和傅利葉式的烏托邦社會改革，是把現存社會的運作結構打散，另組一個新的合作社區。全國由這些單獨的合作社區組成，有各自的貨幣、勞動、商品交易方式，把舊的經濟體制完全抽換掉。而薛仙舟的最高理想是：「合作機關就狹義而言，固然是一種經濟的組織；然而同時可以喚醒民眾，改造民眾，聯絡民眾的機關，及至每個小村落，每個工廠，每個團體，每條馬路，每條巷弄，皆有合作機關星羅棋布。全國合作化了，然後全國問題，才能根本解決；然後革命才算真成功了。」（III、八，1）。就層次上來說，他是要把合作軍隊的種子，逐漸散佈在各個角落，藉著拓散的過程把全國合作化。

(2)他的方案中，很少考慮與其他經濟部門（勞動、貨幣）的複雜關係。他的整套方案其實很簡單：在第一節解說他的理想（以合作化達到合作共和），接著說明要達到這個理想，只要組一個中央式的「全國合作社」（第二節「全國合作社組織方案」），然後要配合這個運動，就要訓練合作軍隊（第三節「合作訓練院」），同時也要有一個支撐這個運動的金融部門（第四節「全國合作銀行」），僅此而已。他並

未說出他的合作體系，和「尚未被合作化」的部門（如勞動、商品交易）之間要如何連繫運轉。

(3)沒有釐清這套體系如何運作、成功機率有多大，就直接表明他的終極關懷：「教導民眾，輔助民眾，使民眾與之俱化，造成合作共和的基礎，實行合作共和的制度，享受合作共和的福利。必如此，然後民生主義始能真正的實現，革命才算是成功。」（I，四）。換言之，他的大同世界是屬於跳躍式的「自動來臨」。

(4)他的方案整體上讓人有一種感覺：他對人格教育、社會行為、斯巴達式的合作軍隊強烈執著，遠甚於純經濟強盛的興建。例如，他要 15-25 歲的合作訓練院學生，宣示下列諸點（第三節第三條）：

㈠篤行及實行本院的信條。（另詳）

㈡絕對服從本院軍隊式的訓練。

㈢在訓練期內，自願照院章從軍，及做苦工，並再社會服務三年。

㈣認定此三年的服務，是少年應盡的天職，人生難得的快樂，在服務期內，不但絕對不受酬報，即最簡單的衣食住，遇必要時亦決自行設法，絕不因此區區而放棄少年應盡的天職，人生難得的快樂。

㈤如有背誓，願受極嚴厲的懲戒（詳章另訂）。

我們看不到他對全國經濟發展的觀點。這點他和歐文相類似：認為人性的改造，才是全盤改造的基礎，因為：

㈣訓練　本院訓練的工作，著重下面三點：（B、C 兩項在此不列錄）

(A)人格的訓練　個人是社會的單位，要改革社會，須改革

個人，要先革自己的命，然後才能革他人的命。」

短期的經濟成果不是他的關懷。

我們大致可以下結論說：這套方案的關懷主要不是直接作用在經濟上，而是以人格的改造為出發點，藉著合作訓練院的教導改造人性，然後把具有這些特性的合作學員，當作一種社會軍隊散佈到全國各地，把人性和經濟行為透過合作社的經營同時都改革了。

(5)方案的其他部分，主要是具體、技術性地說明，如何去組織合作訓練院與全國合作銀行，以及細節的經費來源、地點選擇等等。他以大半的篇幅，具體說明如何組設上述的兩個機構，而較空泛抽象或甚至很不具體地描繪他的最終理想：「合作共和國」。以下用簡單的表格，說明薛仙舟的時代意義與影響。

附表 2-2 〈中國合作化方案〉的意義與影響

思想來源	德國的信用合作制度，英國費邊社式的漸進社會改革。
政治立場	國民革命派（國民黨）溫和改革者。
實際作為	推展新的經濟結合主義（合作組織），試辦信用合作社並不成功，協助《平民週刊》發行。
合作理念	從基礎的合作社做好，終至全國合作化，成為合作共和國，不再有不合理的經濟現象。
可運作性	非常小，是他個人理想的投射。
時代意義	後人可以見到，曾經有過如此理想的層次。
日後影響	在五四前後播下合作思想的種子，但無實際的建樹。北伐後國民政府人士中，因有些重要人士曾受他的影響，而有利於日後合作運動的開展。

二、思想根源

　　從本章末所附的生平簡表來看，薛仙舟在 20 歲之前受的是傳統式教育，也是個激烈的革命行動主義者。較新式的觀點與思想，是在留美、德、英時期（1900-10）形成的。政治上他是革命黨，和孫中山有來往，從美國回來時曾相見。他的交往也以國民黨人為主，如戴季陶、王寵惠（同學）、陳果夫（學生）。他在〈方案〉上說，是以達到《三民主義》中的民生主義，為革命成功之時。

　　他留歐的那段時間，正是費邊社興盛的時代。費邊社提倡合作運動，主張以漸進的方式改革社會。薛仙舟的改革方案，精神上與這股思潮類同。他在德國時期學習銀行業務，這是實務面的操作；德、英的經驗各自提供他意識型態與經濟制度（德國的信用合作制度）的基礎。孫中山的基本改革意念也是費邊社式的，他們有共同的看法[22]。

　　薛仙舟反對資本主義式的經濟交易，也是反共的：「為有合作主義；有了合作運動，社會革命始能實現。」[23]他的經濟知識，依他的言論和求學經歷來推測，大概是以金融業務的經營為主，加上

---

[22]　「我們知道，民國前 7 年（清光緒 31 年）春夏之交，先生正在德國研究銀行及合作之學，國父則適從英倫抵柏林，為留歐學界組織革命團體而奔走。國父是年 40 歲，先生 27 歲。國父在柏林羅蘭多爾福街 39 號和朱和寓居留 12 天，每日於晚餐後與我留德學生在寓所討論國家未來建設之事；先生嘗於座中以其留美時所獲學理發表意見，其與國父消費理論觀點，或於此時藉得相互溝通印證。」黃季陸（1977）〈中國合作界的不朽楷模：薛仙舟先生百歲誕辰紀念〉，《中國合作導師薛仙舟先生百年誕辰特刊》頁 31。

[23]　陳岩松（1983）《中華合作事業發展史》頁 31。

個人強烈的社會改革動機，所以他一方面在上海組辦信用合作社，又理想地要把這套西歐制度推廣到全國合作化的層次。這一點反而暴露出他對經濟體系的運作沒有充分了解，對金融以外的部門漠視，或甚至沒有足夠的知識。

他原先是激烈的流血革命論者，曾兩次被捕，何以出國留學回來後成了溫和的漸進改革論者？余井塘（1977）提供一些解釋❷，我們大致可以推測說：早期他的激烈舉動是「匹夫式」的衝動。到了國外視界漸廣知事漸深，知道徒以個人舉動無以從根本上救國，所以想從最需要改革（而他也較熟悉）的經濟制度去做。當時流行於西歐知識圈內的費邊社，提供社會主義式的合作運動。正好他在德國看見了農村、城市的合作制度，認為中國的情況和 19 世紀的德國類似，很值得引進。再加上日本把這套德國體制運用得很成功，就更加強他認為這套制度在中國也能實行的見解。

三、可行性

接觸到這份〈方案〉的人，包括薛仙舟同時期的同志，都認為理想性大於實際運作的可能。陳果夫於 1938 年替〈全國合作化方案初稿真蹟〉寫的跋文（約五百字），說明〈合作化方案〉起草的始末，也說了自己的感想。「乃草是篇，一週後持以示余。余想推行之或難順利也，乃在蔣、胡二先生前，力言中央應組織一經濟設計委員會，以先生為長。迨章程通過，而蔣先生下野，先生再來京，已不及晤余。返滬得病，一月而逝。」由此可見：(1)陳果夫不認

---

❷　余井塘（1977）〈我所認識的薛仙舟先生〉，同註❸頁 44。

為此方案切實可行；(2)陳在國民政府的權力核心（蔣、胡）前雖然力薦，但當時的政治情況不利，無暇深顧及此方案，後來雖然通過章程，但局勢已逆轉。

　　若薛不早逝，政局有利於國民黨，也不見得能據以實施。事後觀之，較合理的解釋是：這份文件並未為時人所重視，僅由門生王世穎珍藏，北伐後國民政府大力推行農村合作政策時，也沒在那麼抽象理想的層次上考慮全國的合作化，否則陳果夫不會遲到 1938 年、戴季陶至 1941 年，才各為此方案題跋。

　　此方案之所以能流傳下來，是因為 1938 至 40 年間抗戰正熱，工業合作等運動正興，王世穎在合作經濟界的地位逐漸重要（1946 年 11 月至 1948 年 12 月，曾任社會部合作事業管理局局長）。佐助過薛仙舟擬此方案的王世穎，才再度「以遺稿見示，並屬題之」（戴季陶語）。

　　從陳果夫的一段文字，也可看出薛仙舟對當時社會的影響力很小。「十六年春，銀行店友們也順著潮流，組織了工會，工會之中，祇有一二個共產黨徒的操縱，竟使上海一般自命為大銀行家的先生們手足無措。他們既不明『民生主義』與『共產主義』之不同，復不知怎樣反對『共產』，集體討論，相對無言。其時先生忽然起來說了一大篇話，才把眾人喚醒，定了自救之法。會散之後，有一位銀行中的友人來問我：『有一位薛仙舟先生今天說得很好，究竟他是什麼人？』我說『他是工商銀行的總經理。工商銀行已經在上海開了八九年，何以你們同行中還不認識他呢？』他說：『我們從來也沒有聽見他的名字過。』」㉕。

㉕　〈紀念薛仙舟先生〉，《陳果夫先生經濟思想遺著選輯》頁 88。

四、評估

我們大致可以給〈中國合作化方案〉下幾點評論。

(1)那時代的氣氛是個動盪大改革時期，許多知識分子從國外引入新思潮與制度，或是在舊文化中提出新義救國。把中國「合作化」的意念，只是這個「改革的可能性無窮大」、「改革的方法無限制」的一項而已。

(2)從教育過程與對知識體系的了解來看，薛仙舟和當時的新知識分子一樣，是比傳統文人前進一些，但不是在意識型態上有深刻的體認或執著，而是較屬於熱情推動介紹新制度者。

(3)這套制度雖是得自德國，而他想用漸進改革法把中國合作化，很類似英國費邊社的主張，這點與孫中山的主張契合。他也相當支持孫的「民生主義」，雖然我不很明確這個名詞的現代定義。

(4)他的主張是熱情革命性用語，大於可以用嚴格邏輯檢驗的程序；他的主張是意念性的，而非可運作性的。

(5)在有生之年，他並沒有得到顯著的成果。雖然他推廣合作思想、協助《平民週刊》、創辦幾個合作社與研究團體，但沒有顯著的影響。要等到北伐後，國民政府政策性地推展合作運動時（兼含經濟、政治、社會、軍事目的），才由主持合作體系的人士回溯地尊崇他的貢獻。更重要的是合作運動主要推展人物陳果夫，是薛仙舟的弟子輩分。所以他的影響是間接的，是概念性的。在開發中國家推行社會經濟運動，不能單靠知識分子的熱情，最重要的是執政體系有充分資源的配合（資金、人員）。

(6)主張要從改革人性做起，要接受嚴厲的「合作軍隊」訓

練。他的終極目標是要對中國整體改革，手段是人性的改造，而非純經濟的。全國合作化是他個人理想形式的投射❷，而非可運作的經濟體制。

薛仙舟先生年表

- 1878 年生於江蘇揚州，祖籍廣東中山縣，父歧山先生任揚州鹽政官長。
- 1888 年 11 歲赴天津入中西書院，後就讀北洋大學，19 歲大學畢業。天津時期目睹清廷腐敗，主張流血革命。
- 1900 年庚子事件，乘機行事，漢口事敗被捕。既釋，去髮易裝，以官費遊美，入加利福尼亞大學攻讀。但不久又圖革命返回，在上海被捕下獄，得獄卒之助脫逃。又返美讀書，但官費已除名。得學士位後返國。有說是由上海南洋中學聘為監督，護送學生出國的同時前往德國柏林與英國倫敦大學就讀。他在德國攻習銀行與合作科學，德國正是信用合作的發源地，他研究考察後認為此種制度足以解救我國平民經濟。
- 1910 年返國。
- 1914 在復旦公學任教授兼教務長，教授經濟、公民、德文（陳果夫就是向他學德文而來往），但著重於課外活動的合作事業。自己講

---

❷ 例如他常憤慨地說：「人如隨地吐痰，何異雞鴨隨地大小便，設不從這些地方認真改革，如何逃得了像雞鴨一般的命運。」「他主張合作者要吃苦耐勞，他自己的生活，就是吃苦耐勞者的榜樣。他在美國、德國讀書的時候，所過的苦生活，人所共知，回國以後，位居復旦大學教授兼教務長，後又任工商銀行的總經理兼董事長，仍過著清苦生活。」（同上註頁 65、68-9）

演外，常請專家演講。

- 1918 辭復旦公學教職，任工商銀行董事長兼總經理，辦理華僑及平民銀行業務。

- 1919 借復旦大學（已由公學改為大學）一席地，創辦上海國民合作儲蓄銀行，為中國第一家信合作社。

- 1920 年邀集復旦學生發行《平民週刊》，宣傳合作主義；又與陳果夫約集同志，組上海合作同志社。他的基本生活來源，仍是工商銀行的職務。

- 1927 年工商銀行的業務已有基礎，他的注意力又回到推展合作運動。1914 年他回國推動合作理念，經過 14 年成果有限，屢敗屢起。因而想從更基本的層次，發動第二次中國的合作運動，在六月間草擬〈中國合作化方案〉。九月初足部受自行車之傷，誤於庸醫，待送醫院療治，為時已晚。9 月 14 日晨過世，年 50，遺下妻韋增佩女士及兩幼女（長女 5 歲）。

　　遺著：除上述〈中國合作化方案〉，僅知有一篇於 1920 年 6 月 26 日在《平民週刊》上發表的〈消費合作〉演講辭（由譚常愷先生筆記），收錄在陳岩松（1983）《中華合作事業發展史》頁 749-59；另見頁 60-1 說明此文件取得的經過。這篇講辭是泛論性的介紹，並無特別的意義。

　　資料來源：(1)臺北中國合作事業協會（1977）編印《中國合作導師薛仙舟先生百年誕辰紀念特刊》。(2)陳岩松（1983），上引書頁 55-73；(3)壽勉成、鄭厚博（1937）編著《中國合作運動史》頁 35-53。

第三章　華北的合作經濟事業：1920-45

壹、特質

一、分類的困難

除了在萌芽實驗期（清末至北伐，見第二章），合作組織成了政府推動經濟改革、農村復興、賑災救難的政策工具，是由上而下推動的政策，與西歐由下而上的型態正好相反。更複雜的是民初到抗日結束之間，廣大的地區被不同的政權管轄或統治過：日據東北（滿洲國）、抗戰期間日據華北的政權、中共在江西與陝甘寧的「蘇區」，各政權都有各自的「合作經濟體系」，目標與手法也大異。合作運動的複雜性與變異性，很受政治局勢的影響，最簡便的分類與分期，就是依政權管轄的地區與時期來區分。

但這會碰到一個例外很難歸類，那就是華北地區的合作運動，它的情形大致如下。民國 9 年（1920）華北五省大旱，有二千多萬人急待賑濟，中外人士發動募捐救濟，組織「華洋義賑救災總

會」。之後在華北各地持續設立合作社，以農村信用合作為主，直到七七事變（1937）時才衰微，它對華北的合作運動有絕對密切關係。

　　若以政權管轄地區與時期來歸類，它又跨越了北洋政府、國民政府兩個階段，這尚好處理。接著來的問題，是七七事變之後的華北日本政權，又承從前的合作組織基礎，發展該地區戰時的合作經濟。在難以歸類的情況下，只好把華北的合作事業當作特別的單元，處理兩件既聯繫又獨立的事：(1)「華洋義賑會」系統的合作社組織（範圍略旁及西北、西南諸省，但主要地區在華北，尤其河北省）。(2)日據華北時期的合作事業。

二、賑災與合作組織

㈠災情

　　華北的合作事業和其他地區很不同，它是因救災而起的，所以先略述晚清民初的幾大災情。據鄧雲特（1937）《中國救荒史》，自商湯 18 年（西元前 1766）至七七事變（1937）的 3,703 年間，水、旱、蝗、雹、風、疫、霜雪、地震等天災共 5,258 次，平均每半年一次，其中以旱災、水災最頻繁（各 1,074、1,058 次）。❶加上改朝換代與地區性的匪亂，華北居民確實在嚴苛的天災人禍下掙扎。

　　救荒濟難之事一直是政治上的大夢魘，幾千年的經驗也累積出

---

❶　鄧雲特（1937）《中國救荒史》，頁 51-60。另詳見 Lillian Li (2007): *Fighting Famine in North China: State, Market, and Environmental Decline, 1690s-1990s*, Stanford University Press，以及我寫的書評〈李明珠論華北饑荒〉，《中央研究院近代史研究所集刊》，60:169-76（2008）。

一些救荒的理論、制度與政策。就天災而言，承平時期的預防措施有「重農說」（增加農業生產以防不期之災）、有「倉儲說」（設常平倉、義倉、社倉，以調節災難時糧食供需）。在自然條件的改良方面有「水利說」、「林墾說」等。遇天災時，歷史上的救濟活動大致有賑濟、調粟、養卹、除害（蝗蝻）、安輯（安排流民生存）、蠲緩（減免稅賦）、放貸、節約等方式。

我們的主題是「華洋義賑」系統如何運用農村信用合作社，作為救災的組織，著重的是「洋」系統介入賑災的方式，它的方法與績效如何。進入主題之前，大略回顧清末民初外人參與救災的情形。

1858 年天津條約後，外國傳教組織可以入內地活動。據不完整的記載，西方人士曾於 1876-79、1902、1907、1910-2，數次零散有限地參與賑災活動，大多屬於個人作為的層次。其中最引人注意的，是 1876-8（光緒 2 至 4 年）的饑荒，波及河北、山西、山東、河南、陝西五省，死亡人數近千萬。❷西方人士於上海、天津組織兩個委員會發放賑濟金，基督教組織 31 個團體赴現場，天主教也有類似的活動，但數目不詳。李提摩泰（Timothy Richard）就是在那次艱苦的活動中，克服資源有限、官方不充分合作、疾病等障礙，而聲名大揚。❸

---

❷　同上註，頁 141。另見何漢威（1980）《光緒初年（1876-1879）華北的旱災》分析最詳。

❸　Andrew Nathan (1965): *A History of the China International Famine Relief Commission*, pp. 2-5。另詳見 Paul Richard Bohr (1972): *Famine in China and the Missionary: Timothy Richard as Relief Administrator and Advocate of National*

民國之後，外國（宗教）團體在華北的努力仍持續。他們的經驗是，除了應疏導移民關外、注重水土保持等技術性的工作，同時也觀察到：政府的賑災活動，是以有限的金額，透過無效率的救濟管道與中飽，再分給需求無限大的災民，結果只是拖延大多數人的死期，不能有效協助少數人渡過災難。❹

經濟史的研究顯示，古今中外的饑荒雖是天災人禍引起，但真正使饑荒延續的主因，糧食不足只是一項因素，這種問題相對地較易解決，例如可以在各地區間調配糧食。真正結構上的困難，是經濟性的原因，也就是對糧食的購買能力不足：旱災發生後，糧價高漲（十倍以上是常態），達到所謂的「饑荒穀價」，窮苦者自然難以應付，不得不變賣家產，更使得財產的市價大跌，逼至「易子而食」的慘狀。❺

(二)雷發巽的農村信用合作制度

組織合作社來賑災輯安，是從德國學來的。1846-7 年德國的農作物發生災害引起糧食恐慌，使原本生活窘迫的農民更陷入苦境。經濟衰退的情況下，一方面商品價格下跌，資金成本（利息）大幅提升，造成惡性循環。那時有位雷發巽（F.W. Raiffeisen, 1818-88），發起慈善式的合作組織供應糧食給貧農。但因資金有限無法持久，農民受助成習反而無益。他在 1848 年組織「清貧農民救助

Reform, 1876-1884, East Asian Research Center, Harvard University.

❹ 何漢威（1980）《光緒初年（1876-1879）華北的旱災》，第 5 章有詳細生動的解析。

❺ 百姓在災荒時的經濟困境，見鄧雲特《中國救荒史》頁 193；何漢威《光緒初年（1876-1879）華北的旱災》第 2 章的分析。

社」，對抗高利貸款的牲畜販賣商。他先向銀行貸款，轉借給社員購買牲畜，逐年攤還以利恢復農業生產；同時也在社中附設儲蓄部，成為有存款與放款的信用合作社。

累積幾年的經驗後，1854 年他在 Heddersdorf 村設立一個「儲蓄信用社」，經營成功但遇到不少挫折，包括政府機構的反對。1866 年他出版《貸付合作社》❻，影響歐洲各地的信用合作運動。至今西歐德語地區（荷蘭語區、瑞士德語區、德奧兩國），仍可在市內與道路邊，見到 Raiffeisenkasse（雷發巽儲蓄信用社）的營業處。

民初華北救災的方式，幾乎全是借用雷發巽信用合作組織的模式。最簡單的證據，就是「華洋義賑會」在 1930 年出版的研究報告，標題即為《雷發巽先生在中國農民之間》❼。較實質的證據，是合作社員的責任與內部運作方式：(1)社員共同負（債務）無限清償之責任；(2)每人需認購基本股數；(3)一人一票；(4)合作社的盈餘，須保留一部分當作公積金，不能分配；(5)合作社可以吸收存款；(6)非慈善性的，而是責任經營式的。

三、文獻檢討

討論華北合作運動的著作，在通史方面有壽勉成與鄭厚博（1937）編著的《中國合作運動史》（在第 5 章第 3 節「賑災機關」中略談

---

❻　書名為 *Die Darlehnskassen-Vereine*，第 8 版於 1966 年出版，日譯本由田畑太郎譯（家の光協會出版，1971），內附珍貴圖片年表，解說甚詳。

❼　China International Famine Relief Commission (1930): *Herr Raiffeisen Among Chinese Farmers: Experiences Gained in Rural Cooperative Credit in a North China Province Since 1922*, Series B, No. 37。

及）、陳岩松（1983）編著的《中華合作事業發展史》（第 31 章「救濟與合作」約略談及）。在專題研究方面，有巫寶三（1934）運用當時尚在活動的「華洋義賑救災總會」資料，做非常細節的統計分析與解說❽，但資料止於 1930 年，尚不足以評估全部過程。

有兩篇碩士論文運用相當多的細節資料，對這個問題作詳細的陳述。高純淑（1982）❾與陳秀卿（1986）❿，用很大的功夫闡釋來龍去脈，找到許多不易得的佐證資料，相當有意義。前者以「華洋義賑會」為主題，後者擴展至七七事變為止的華北地區合作運動。川井梧（1983）《華洋義賑と中國農村》（京都大學人文科學研究所共同研究報告），以 150 頁的篇幅、43 個統計圖表，加上清楚的地圖，對這個問題做很深入的分析。

本章的目的除了分析歷史背景，主要是要做比較宏觀的「結構」與「績效」解析，並把年代拉長到抗戰結束，同時也補充一些文獻，例如註❸中 Nathan（1965）和註❼所引用者。另外，國民黨黨史會印行的《革命文獻》第 84 輯頁 463-99，收錄許多當時的細節資料，如義賑會的「農村信用合作社章程」、農村放款的規則、各地的放款統計資料，這些細節與經過就不再明表。

---

❽　巫寶三（1934）〈華洋義賑救災總會辦理河北省農村信用合作社放款之考察〉，《社會科學雜誌》5 卷 1 期頁 70-105。

❾　高純淑（1982）〈華洋義賑會與民初合作運動〉，臺北：政治大學歷史研究所碩士論文。

❿　陳秀卿（1986）〈華洋農村信用合作運動：1919-1937〉，臺北：師範大學歷史研究所碩士論文。

貳、華洋義賑會的合作社系統

一、成立過程

「民國九年（1920）陝豫冀魯晉五省大旱，災民二千萬人，佔全國（災民）五分之二，死亡五十萬人，災區三百十七縣。」❶這引起國際上的大關注，國內外大約投入 3 千 7 百萬墨西哥鷹洋的救濟金，其中約 40% 來自國外，外國人士參加救災達 584 人。美國威爾遜總統任命銀行家 Thomas Lamont，為「中國賑災基金美國委員會」（American Committee for the China Famine Relief Fund）主席，募集 460 多萬美金，其中 380 多萬送往中國，其餘暫留戶內。這些款項交給「北京國際統一救災總會」運用。隨著災情的嚴重化，英、法、日、義、比、丹、荷、加、菲等國都捐災款，中國政府也在經費上（近千萬銀元）、行政上（救災之運輸電報免費，價值 9 百萬）大力協助（詳見表3-1）。

表 3-1　華洋義賑會的資金來源與合作社推廣成果：1920-33

	中國政府	公共資助	美國贈款	合作社數			合作社員數		
				已承認	未承認	合計	已承認	未承認	合計
1920-1	$3,960,800	$6,848,833	$6,549,000	—	—	—	—	—	—
1922	2,616,815	2,251,827	691,926	—	—	—	—	—	—
1923	975,810	1,490,655	186,065	—	8	8	—	256	256
1924	166,000	198,346	19,110	9	2	11	403	47	450
1925	15,000	520,723	151,000	44	56	100	1,270	1,062	2,332

❶　鄧雲特（1937）《中國救荒史》頁 42。

1926	1,100,103	374,201	—	97	220	317	3,288	4,744	8,032
1927	731,647	114,135	—	129	432	561	4,354	8,836	3,190
1928	419,937	316,753	300,825	169	435	604	5,624	9,677	15,301
1929	228,000	474,723	1,328,274	246	572	818	7,862	14,072	21,934
1930	—	114,329	503,875	277	669	946	8,788	16,939	25,727
1931	—	—	—	273	630	903	8,903	16,730	25,633
1932				379	497	876			24,217
1933				411	541	952			23,753

資料來源：

(1)Andrew Nathan (1965): *A History of the China International Famine Relief Commission*, pp. 34, 44.

(2)巫寶三（1934）〈華洋義賑救災總會辦理河北省農村信用合作社放款之考察〉頁 71 表 1。

(3)石井俊之（1937）〈支那に於ける經濟復興運動〉，《滿鐵調查月報》17 卷 9 號頁 87 表 80。

經過一連串複雜的國際參與，經濟、人員、組織的配備與合併（如美國紅十字會的救災活動）也起了大變動❶❷。1921 年 9 月 21 日提議設立長久性的統一救荒機構，11 月 6 日在上海的會議通過，成立「中華華洋義賑救災總會」❶❸。結構上這是前述「北京救災總會」，與在天津、濟南、開封、太原、上海、西安、漢口等地的「華洋義賑團」合併改組，總會設於北京，以各地原有的「華洋義賑團」為分會（後來擴充為 12 個），主要任務分「籌辦賑災」與「提倡防災」兩種。

---

❶❷　詳見 Andrew Nathan (1965): *A History of the China International Famine Relief Commission*，第 1 章的分述。

❶❸　中國方面的代表有一位值得注意，是 1924-35 年間任會長的顏惠慶。他曾任國民政府的行政院、外交部長、駐美大使、蘇俄談判代表。

　　會內的權力組織，是由各省分會代表推選，華洋各半。在北京的總會內分總務、稽核、工程、農利、徵募等股。合作事業歸「農利股」，英文名稱較易明白其職能：Committee on Credit and Economic Improvement。至此可知，合作社系統只是華洋義賑業務的一部分。我們把焦點放在這方面，而且集中在最重要的河北省境內，原因是其他地區的資料有限，以河北最具代表性。

二、經濟效果

　　前述中外政府與人士募集千萬美金以上，作為 1920 年華北五省旱災賑濟之用，而推廣農村信用合作社僅為該會屬下農利股的業務。1923 年 4 月華洋義賑總會通過「模範章程」⓮（或稱「空白章程」），供設立農村信用儲蓄合作社，以及可能將來會成立的運銷合作社參考。

　　基本上，規定每社人數須在 12 人以上，社員須年滿 20 歲，在社區內品德良好，有二人以上介紹，全體社員 3/4 同意才能入社。同時須先認購值國幣 2 至 10 元的股份，社員全體三分之二同意時可將某位社員除名⓯。之所以會有這些規定，是因為這種雷發異式的農村信用合作社採無限清償責任制：每位社員對合作社的全部債務都有責任賠償到底，不得不如此嚴密。

⓮　該章程至 1929 年 3 月時，曾修訂過 5 次，內分 47 條。英文條文見註 7 頁 36-42。另見《革命文獻》第 84 輯，頁 463-71「中國華洋義賑救災總會擬定之農村信用合作社章程」，共 11 條 45 項。

⓯　Walter Mallory (1931): "Rural cooperative credit in China: a record of seven years of experimentation", *Quarterly Journal of Economics*, 45(3):487-8。

1923 年該會撥款 5 千美金推廣農村信用合作，辦法公佈後申請者踴躍。鑑於清末民初的幾次賑濟經驗，該會深知善門難開，也明白有人會藉機圖利。對申請設立合作社的考核相當嚴格，通常要 1 年以上的觀察期，以確認社員意圖正當資格無虞。因為資金有限，不得不謹慎判別合作社之可靠與否；經考核堅實健全者，立即承認並提供貸款。

成立的前十年間，被承認的合作社數並不多（表 3-1）。也就是說，前十年內推廣的雷發巽式農村合作社，只有 277 個是合格的，是可以貸款的，有貸款資格的社員不到 9 千人。其餘未被承認的，徒具合作社之名，與華洋義賑會並無實質關係。將近 3 千萬流民、50 萬人喪生的大災之後，經過中外人士的努力，投下如此的人力物力，在幫助難民融資復原方面，竟然只有這麼一點成果。

再來看表 3-2，歷年來平均每位社員的出資額，都在 5 元以下，社外資金平均每人不超過 20 元。雖然當時的情況窘困，但以這種金額，沒有人會相信這種信用合作社有營運發展的機會。在貸款方面，社員的貸款總額 50 元以下的，歷年來一直佔 80% 以上。這麼少的數額，在很短的貸款期內（大多在 1 年之內，見表 3-3），又要分配在不同用途上，意義實在不大。我們因而得到一個印象：華洋義賑會的信用合作社用意良好，為了讓有限資金做有效的利用，引進德國雷發巽式的連帶責任農村信用合作制度，但是在貧窮多災多難的農民群眾中，只有很少數人有能力組成被承認的合作社，貸得的款額少、期限短，又大多用在非生產性的用途上。雖然它的貸款利率相對地低（年利 13% 以下者佔 90% 以上，而民間利率在 30% 以下者佔 71%），但因總貸款數額過小，對災區農民經濟的幫助有限。

表 3-2　合作社的資金與放款數額：1924-31

	承認社數	社員數	社內資金（元）		社外資金（元）		佔放款總額的%	
			每社平均	社員平均	每社平均	社員平均	20元以下	20-50 元
1924	9	403	76.78	1.71	555.55	12.41	94.87	3.70
1925	44	1,270	59.43	2.06	568.18	19.69	83.12	1.74
1926	97	3,288	76.72	2.26	567.01	16.73	60.06	29.80
1927	129	4,354	90.00	2.66	472.87	14.01	52.69	36.05
1928	169	5,624	98.07	2.07	360.94	10.85	54.22	30.98
1929	246	7,862	87.75	2.75	373.57	11.69	57.58	30.83
1930	277	8,788	111.89	3.53	332.85	10.49	42.47	43.83
1931	273	8,903	146.12	4.48	411.00	12.60	31.71	50.97

資料來源：

(1)同表 3-1 巫寶三（1934）〈華洋義賑救災總會辦理河北省農村信用合作社放款之考察〉頁 74、83。

(2)另詳見《革命文獻》第 84 輯頁 473-99，詳列華洋義賑會在各地的業務狀況與貸放款情形。

(3)石井俊之（1937）〈支那に於ける經濟復興運動〉，《滿鐵調查月報》17 卷 8 號頁 87 有類似的統計。

表 3-3　貸放期限與用途分配（%）：1929-31

	一年以下	流動資本	固定資本	不動產資本	婚喪	副業	還債	其他
1929	95.02	37.83	23.56	7.60	1.43	3.30	22.51	3.78
1930	90.50	28.59	24.89	10.49	2.69	3.23	24.85	5.27
1931	77.50	24.29	12.66	12.66	2.78	3.38	26.05	4.53

說明：(1)流動資本包括：買種籽、肥料、糧食、耕植費、租地。

　　　(2)固定資本包括：買牲畜、農具、車輛。

　　　(3)不動產資本包括：修蓋房屋、購地、開墾、灌溉、排水築堤。

資料來源：同表 3-1 巫寶三（1934）頁 87、91。石井俊之（1937）〈支那に於ける經濟復興運動〉，《滿鐵調查月報》17 卷 8 號頁 96-7 有類似的表格分析。

三、結構性的弱點

　　把 19 世紀中葉德國飢荒時期，農民自救互助的農村信用合作制度，引進到 20 世紀初期華北地區的旱災區，這項用意良好。因為這是非救濟式的，是農民負責任的有條件貸款，以增加農民自救的責任感，無需依賴國家或他人的協助。但是中德兩國的經濟結構、政治環境、農民能力迥異：德國是偶發性的災難，它的經濟已開始工業化；而華北的天災人禍是普遍性、繼起性、累積性的，在這麼弱的基礎上想學德國讓民間自動自救，結構上與國民性上都不容易。

　　通常在開發中國家推行合作運動，如日本、印度都是由政府策劃、由上而下，以相當的資金長期普遍推行才有成功機會。華洋義賑以 5 千美金當初始資金推廣合作社，對整個災區是杯水車薪；華洋義賑的龐大經費，都用到建設性、安頓性的用途上。

　　在農民這方面，要使他們了解這套農村信用合作體制的運作、長期目標，絕非華洋義賑會開課授「千字課」所能奏效。當時的農民沒有、也不會有那種概念，他們所企求的是貸款入手，其他全屬次要。加上一般教育水準不足，雖有嚴密的防弊規則，但有文書、交涉能力的合作社組織者，會有藉此獲利的行為。尤其是民間利率與合作社貸款利率差額顯著時，更會引誘「人頭社員」轉手圖利。

　　除了經濟性與社會性的弱點，還有政治性的困擾。大約在 1926 年 11 月北京政府的農工部下令，要各地方官查明合作社的作為有無違法情事。理由是：合作組織是人民自組的團體，自當受國法之檢查與約束；華洋義賑會雖是國際慈善機構，但其經營有違法

之嫌。經過檢查，計有定縣的大白堯、悟村的信用合作社、安平北
關信用合作社、香河渠口信用合作社等，被警察機構取締停止營
業。❶

　　經過總會的抗議，農工部解釋說他們的立場並非絕對禁止，只
是在相關法令公布之前維持現存國法而已。或許華洋義賑的作為：
(1)妨礙北京政府的租稅政策。(2)妨礙原有的民間高利貸利益階
層，以致捏造名詞❶控訴合作社的低利貸款活動。(3)華洋義賑人士
的政治主張和北京政府相左，而且有外國人士及款項流入，又不在
北京政府的控制下，難免生疑。(4)民初提倡合作制度者，多有左
傾社會主義、主張經濟集體化的傾向，自然引起顧忌。(5)中共自
1921 年立黨後，以農民運動為主要路線，華洋義賑會在農村的活
動，難免有共黨人士活動。

　　目前尚無詳細資料，可說明這段政治壓抑的過程與受損數字。
華洋義賑會《民國二十一年度賑務報告書》序言中的一段可當佐
證：「最後有須報告於同仁前者，凡在內地辦賑，往往有不可避免
之犧牲，蓋工地工作之同仁，時時有危險可能，故耳本年多福壽君
之被害，即犧牲者之模範也，因此西北工賑大受影響，多君之名永
垂不朽。……」❶

---

❶　石井俊之（1937）〈支那に於ける經濟復興運動〉，《滿鐵調查月報》17 卷
　　7 號頁 77-9。詳細的事件始末與來往公文，見註❾高淑純第 5 章，相當詳
　　盡。

❶　例如指華洋義賑會為「帝國主義」，是「黨派之組織，教門之團結」。

❶　中國華洋義賑總會叢刊（甲種 37 號）序言末。

四、阻礙與衰微

　　河北省政府於 1930 年成立一個委員會，調查接管華洋義賑會系統合作社的可能性。若成功的話，華洋義賑會的主要根據地將會喪失，只能在較次要的省分活動。同時河北省政府規定，所有合作社須向省政府登記，否則撤銷原已承認的資格。這項措施的意圖相當明顯，但 1931 年發生的長江淮河區水災，暫時擱置這項威脅性的舉動。

　　「（民國）20 年（1931）蘇、皖、贛、鄂、湘、豫、浙、魯八省大水。被災區域達 32 萬平方里，災民一萬萬人，被淹田畝 25,500 萬畝，被淹人口 265,154 人，農產品損失 45,700 萬元，被災 290 縣。其中以皖省災情最重，佔八省百分之二十二，縣分 144 中間，有 131 縣大地沉沒者達數個月，損失每戶平均達 457 元。因江、淮水患被災區域多罹疫病，陝、甘、川、熱等亢旱，陝、甘、熱蟲。」⓳

　　「國民政府救濟水災委員會」提議舉辦農賑救濟，但一方面政府經驗不足，又鑑於華洋義賑會在華北辦合作社的經驗，就把農賑的一部分委託給它，讓華洋義賑再有表現的機會。當時的賑濟工作分三大類：一是急賑，直接散發金額當作臨時性的賑救。二是工賑，僱用災民從事修路造橋等公共建設，以提供就業機會。三是農賑，做華洋義賑會在華北的方式，採貸放方式，由農民組織「互助社」，以團體的名義貸款，恢復生產事業或營生。

⓳　鄧雲特（1937）《中國救荒史》頁 45。

　　我們的重點放在農賑上。這是仿自華洋義賑會的精神：以連帶責任貸款替代救濟性的施賑。既由華洋義賑會代理，則其中過程手續大致相仿：互助社將貸款還清後可改組為合作社，繼續借款額度也更高。例如：合作社成立未滿一年者，最高每社員可借 20 元；滿 1 年者依品質分甲乙丙丁四等，甲等社每社員可貸 30 元，丁等者 15 元。到了第 5 年（最高年限），甲等社員可貸 50 元，丁等者 25 元。❷⓿

　　直截了當地說，這樣的額款辦不了什麼合作事業。充其量只是另一種形式的救災活動，希望放出去的額款較有回收的保證。我尚無類似表 3-1 至表 3-3 的細部資料，來證實或說明其經濟效果，但可以推測不會比表 3-1 至表 3-3 的效果好。

　　另一項資料顯示，1933 年時安徽、江西地區平均個人貸到的款額是 6 元，其中 60% 用在購買種籽，25% 用在購買牲畜，年息 4%❷❶。這項資料也許較偏，表 3-4 是 1935 年的概況，大致已在華洋系統尾聲時期。要觀察的是：(1)短短幾年期間已承認的合作社員有 14 萬多，未承認的有 13 萬多，膨脹得實在太快。(2)每人可貸金額：略換算一下，互助社員平均每人可貸 9 元，（已承認的）合作社員可貸到 35 元❷❷。

---

❷⓿　王武科（1936）《中國之農賑》頁 45。華北、華中各省旱災區農賑的細節資料，見 1936 年《中國經濟年鑑》第 18 章頁 81-7。

❷❶　*Report of the National Flood Relief Mission: 1931-32*, pp. 94-102.

❷❷　Andrew Nathan (1965): *A History of the China International Famine Relief Commission*，頁 36 的解釋也大致如此。

表 3-4　華北與華洋義賑會系統合作社的結構：1935

		貸款總額（元）	貸出款累計（元）	工作縣數	互助社縣數	互助社社員數	合作社 未認	合作社 已認	合作社社員數 未認	合作社社員數 已認
中國華洋義賑總會指導	華北	1,561,161.68	2,344,583.96	37	3,374	163,003	460	1,025	14,109	39,586
	陝北	1,200,000.00	488,743.00	37	1,505	43,466	-	426	-	11,767
	河北	248,911.59	677,305.00	92	497	20,137	1,470	915	26,735	20,451
	安徽	880,747.34	536,629.00	25	1,603	83,447	2,999	855	78,876	24,949
	江西	460,000.00	509,981.00	15	268	9,946	165	755	5,213	24,860
	湖南	739,336.64	262,010.00	22	2,756	2,227,331	240	456	5,449	11,717
	湖北	859,156.49	162,442.00	4縣	1市	-	408	373	7,682	6,790
	總計	6,003,010.74	4,971,639.96	233縣	1市	10,003	547,330	5,742	4,825	137,974	140,120

資料來源：1936 年《中國經濟年鑑》，頁 R89-90，或見《革命文獻》第 85 輯頁 510。

　　在推廣的資金方面，華洋義賑會能運用在合作社的資金本來就有限，國民政府賑務委員會能撥在互助社農賑的款項也不多，只好求助於銀行。1931 年上海商業儲蓄銀行貸 2 萬元，給華洋義賑會轉貸給合作社，翌年增至 5 萬元，再翌年增為 10 萬元。同年中國銀行貸 2 萬元，金城銀行貸 5 萬元（協助合作運銷）。後來各銀行共籌集 20 萬元，委託代表團直接與華洋義賑會系統的合作社接洽，向合作社收取 10% 年息，繳給銀行 8%，差額作為營業費。有人無錢的華洋義賑會，在此只充當合作社推廣的行政角色。❷❸

　　「華洋」的義賑在光緒初年及 1920 年華北旱災時，曾有相當顯著的功能與貢獻，引進德國雷發異的農村信用合作制度，對日後的合作運動具有很大啟發與示範功能。但這種農賑只是它許多活動

---

❷❸　同上註頁 37。

中的一種，在前述政府不明顯支持下，這個慈善團體無法長久支持。1931 年八省大水後，它幾乎只是組織式的存在，資金受制於銀行，地位與重要性明顯地衰微了。

1936 年慶祝成立 15 週年時，該會幾乎已無正式的活動。同年 4 月，該會在各地的合作事業，在政府的命令下全部移交實業部合作司。全國的合作事業行政權，至此集中在國民政府體制內。❷但華洋義賑會仍圖振作，在上海、南京等地募款；海外部分也在夏威夷成立委員會捐款，派 Baker 先生於 1937 年 1 月到上海，陸續有零星活動。中日戰爭之後該會仍出力協助難民，華北淪陷後轉往上海，其後之事則無文獻可徵。

參、日據時期的合作活動

以上述及華洋義賑會系統如何引進農村信用合作社制度，在華北天災時作為農賑的一種方式，時間從 1920 到 1937 左右。在 1930 年初國民政府的河北省政府，極思接收華洋義賑會系統的合作社，但因 1931 年長江、淮河水患而暫作罷。1935 年秋，全國經濟委員會鑑於各地合作社系統發展快速而且各自為政，乃促成合作行政統一案。同年 8 月任命原為華洋義賑會核心人物章元善，為實業部合作司長，成為統轄全國合作體系之最高機構。等到各地的合作社逐漸納入系統，已是 1936 年末了。七七事變接著又起，華北的合作事業又換了一種局面：新政權、新目標、新手法。

---

❷　《臺灣省合作年鑑》1957 年頁 13。

日本在 1937-45 佔領華北地區的 8 年內，大致說來有下列困
難。在政治軍事方面，日本的控制屬於點而非面，除了要應付南京
政府的牽制，還要防中共「晉冀魯豫」、「晉察冀」根據地軍力的
侵擾，以及「人民戰線戰術」的運作。我們的主題旨在說明：(1)
為何日本持續運用這套舊有的小型經濟組織；(2)其作法與意義何
在；(3)效果如何。

民國以來華北地區幾次大旱災的傷害，使得日本的液體燃料、
鐵、麻、棉花等經濟資財不足❷⑤，甚至連基本糧食也有問題。華北
的小規模農作、人口密度過高、歷年的饑荒、連年的戰事（例如北
伐），更加劇了糧食的危機。據估計，1933-6 年間（七七事變之
前），華北須從外地運入 10% 的基本糧食，大約是每年百萬噸。
增加農產與加強農村經濟建設，是日本政權的主要經濟課題。在此
不討論如何增加農產，只著重農村經濟的組織面，以及如何運用它
來當作重建社會、政治、經濟秩序的工具。

以日本在華北的處境來看，軍事與政治的目標才是首要，經濟
作為必須兼顧這兩項考慮。以日本在本國與東北（滿州）推廣合作
社的經驗（約自 1931 年 918 事變之後），加上華洋義賑救災總會在華北

---

❷⑤ 日本在華北的政治與經濟狀況，見《東亞經濟年報》1941 年第 4 章。以及 Li
(1975): *The Japanese Army in North China: Problems of Political and Economic
Control* 第 7 章討論農村經濟控制、組織合作社的經歷與困難。另見中村隆英
（1983）《戰時日本の華北經濟支配》，第 3 章討論經濟開發的構想與現
實。另有一項相關資料文獻彙編：Frederick W. Mote, *Japanese-Sponsored
Governments in China, 1937-1945: An Annotated Bibliography Compiled from
Materials in the Chinese Collection of the Hoover Library*, 1954.

辦理合作社的基礎，合作組織自然成為理想的中介機構：一方面可以透過鄉紳來控制民間，另一方面重建農村經濟，也可以間接地防禦國共在鄉間的軍事活動，同時發揮經濟、社會、軍事的多重功能。

擬定策略與方針後，還是有兩項老問題：(1)缺乏推行農村信用合作社所需的資金；(2)從事哪種農業生產最符合戰時的多重目標？當時正好有一項業務可以同時滿足這些要求：植棉。

先略述日本棉業在中國的情勢。歐洲工業革命後，機器大量生產紡織品廉銷海外，中國的棉業由優勢轉為劣勢。到了 1830-40 年代，中國土布出口驟降、進口棉貨激增，產生貿易逆差。從此英、美、日的棉貨，在中國市場的力量日趨高昂，尤其是 19 世紀最後十年才加入爭奪的日本棉業，更是來勢凶猛。20 世紀初期，因美日兩國所產棉布屬同一類型，美國貨最受日貨打擊，英國以細布為主，和日貨和平共存。但 1914 年歐戰爆發海路受阻，加上日本積極發展細布製造，1920 年代中國的洋布市場，有三分之二在日本的支配之下。

除了這些外部局勢的變換，日本生產組織與運銷機構的優越，也是市場競爭的一大要素。日本的「紡績聯合會」，是個卡特爾式的組織，把廠商的原料採購、產品運銷結合起來，不必透過外界之手，可大幅減低成本。該組織透過三家大公司，從印度和中國進口原棉，深入原產地直接向棉農洽商。在華北地區，日商提供貸款給棉農，待收穫後才償還，因而形成棉花原料壟斷的局勢。加上他們與輪運公司有特別契約，使得不產棉的日本，棉花成本有相當的競

爭力。**㉖**

有了華北的棉業經驗，加上美英兩強的退出，中國紡織業在效率、品質、價格上都不是日本的對手。在侵入華北建立政權之前，日本的紡織業早已觀察出將來可觀的利益：棉花來源與成品市場的保障。能與政治當局一拍即合的條件是：日方提供推動合作組織所需的資金。這對日本政府與華北政權也都有利：可以控制華北的部分經濟與民間的活動；棉業的發展對日本經濟、戰時所需都有助益。日據華北的合作運動，可以說是以植棉為核心出發的。

華北植棉合作運動的前史大致如下。傳統的棉花種植與運銷，在品質、價格、運銷體系上相當混亂。國民政府的「全國經濟委員會棉業統制委員會」（棉統會），1933 年時已在華北推廣植棉，設有中央棉產改進所、棉產運銷合作社等機構。**㉗**此外也得到六大銀行的支持，投資達 3 百萬元，在 11 省設 17 個分所，以及山東、河北（2 個）、陝西、河南共 5 個試驗所。**㉘**

日本自 1930 年起，在東北組織農民耕種棉花，透過「日滿棉花協會」運往日本，這個模式自然就應用到華北來：把「日滿棉花協會」改名為「東亞棉花協會」（1931 年 9 月），計劃將來在華北活

㉖ 趙岡、陳鐘毅（1977）《中國棉業史》第 5 章頁 122-4、第 6 章頁 163。

㉗ 參閱王樹槐（1984）〈棉業統制委員會的工作成效：1933-1939〉，中研院近史所編《抗戰前十年國家建設史研究討論會論文集》，下冊頁 713-47。並另見黨史會《革命文獻》第 85-87 輯中，有關各省棉產運銷合作組織的原始資料。

㉘ 鐘ケ江信光（1936）〈北支に於ける植棉事業の瞥見〉，《東亞經濟研究》20 卷 1 輯頁 102。

動。他們的長期計畫，是要「讓華北棉產量實現大幅成長二、三倍，使能把美棉與印棉排出東亞經濟圈外」❷。他們連絡「河北省產棉改進會」（1936 年 7 月成立）、非國民政府的地方人士、中國金融集團，把河北省的 130 縣分成 20 區，計畫在五年內植棉 1 千萬畝。

「改進會」的主要目標，是推動自己的農村合作，並不專業於植棉。而地方人士的目的，則在抵擋國民政府透過合作組織的控制力，所以利益並不協調，因而分歧解散。❸日本棉業人士繼續努力，透過「華北農業合作委員會」，在戰區棉產區域的 12 縣植棉，共貸出 143 萬多元。

還訂了五年計畫，向拓務省要求補助 50 萬元，每年以 200 萬元投資於「華北農工業研究所」，研究改良棉種。❹這些積極的作為，當然收購了不少棉花。有人批評當時中國政府的「綿統會」（棉花統制委員會，1933-7），是為日本帝國主義效勞的機構，也有人批評合作社，就是資本家追逐廉價原料與高利潤的組織。❺

這些都是七七事變之前的事。七七事變後，中國的華北軍方對這些農業合作社沒多大興趣。1938 年 6 月日軍當局設立「新民合作中央會」，承繼國民政府所組織的合作社。前述由合作社植棉的計畫在七七事變之後不易實行，一因戰時農民的興趣以糧食為主，

❷　《東亞經濟研究》1941 頁 69。

❸　見 Li (1975): *The Japanese Army in North China: Problems of Political and Economic Control*，頁 160。

❹　《滿鐵調查月報》1937 年 17 卷 3 號頁 254-5。

❺　王樹槐（1984）〈棉業統制委員會的工作成效：1933-1939〉頁 714。

對產業作物興趣較小；二因國民政府撤離後，原受其資助的合作社陷入困境，而日本只能提供 50 萬元推行合作社（相對於國民政府時期的 500 萬）。在最重要的河北省，1938 年只分到 61 萬元，困難可想而知。

1939 年時，日本在河北省有 300 個合作社，3,700 多社員。❸❸ 目前尚無華北合作社較詳盡的資料，但可大約判斷日軍的合作運動並未成功。另一項失敗的原因，是因為合作社能提供的經濟利益有限。貸款年利雖只有 6%，但因只能短期貸款，且需 6 個社員一同借貸，並負連帶清償責任，而使社員畏怯。

這些初期的挫敗，使日方重新擬定合作政策。1941 年，華北的中國臨時政府與日本紡織界各出資千萬元，組織農村合作社，貸款給農民生產棉花。社數人員目前不詳，合作社直接受上級管理。其實只是藉合作社之名，行棉植之實，與「合作」行為無涉。同年 12 月，頒布「華北合作事業暫行條例」。依據該條例，社員擁有的股數不得超過 50 股（每股 2 元），合作社需有經理、職員，但無

---

❸❸ 見 Li (1975): *The Japanese Army in North China: Problems of Political and Economic Control*，頁 169-70, 178。上海發行的《申報年鑑》1944 年頁 851，有下列簡單資料，並未附詳細說明。

華北的合作社概況

省合作社聯合會	6 所
縣合作社聯合會	239 所
鄉村合作社	16,011 社
社員	2,333,991 人
資金	聯銀 5,496,137 元
貸出春耕鑿井費	聯銀 35,969,371 元

選舉、會議等條文，這和日本在東北的合作社相似。其餘的細節與過程尚無文獻可徵。

日本在東北推行的合作組織（1907-45），雖不是這裡的主題，我們仍可大致比較這兩地區的特色。日本在東北與華北推動的合作社組織，特色是政軍的意義大於純經濟意義。這兩地區的合作統計資料，尚不足以評估其經濟效益，但很明白的是：東北合作社的基本功能，是在控制農村的生產、產品流通分配，以及當作日本貨品流入中國市場的中介（消費合作社），是一種統治經濟的中介機構。華北的資料更缺乏，我的印象是，華北合作社沒東北的那麼有效，成績也較不可觀，但兩者控制農村經濟，兼負政治、軍事目標的企圖則相同。

肆、評估

華北的合作事業在 1920 年大旱時，由北洋政府轄下的華洋義賑會，從外國引入農村信用合作社制度；到 1935 年由國民政府統一管轄，1937 年又落入日人手裡，直至 1945 年抗戰結束。25 年間換了這幾次政權，經過這許多戰亂顯然不會有好成果。雖然成就不高，但華北的這段經歷有其「質」的意義，可以得到三點概念性的評估。

(1)民初社會改革運動者自西歐與日本引進的合作制度，一直停留在小型單位社的實驗階段。資金不足、無法律保護、民眾興趣不高，沒有實質的影響力與貢獻，處於自生自滅的狀態。

(2)華洋義賑會的方法是現實的，直接施用於災民身上，效果

雖然有限，但確實推展開來了。若無這次的機會與基礎，日後國民政府的合作政策將無「初始著力點」。此外，在合作社觀念的傳播上，也多得功於華洋義賑會的累積。再加上 1931 年長江、淮河的農賑，更可見到華洋義賑會在華北的合作事業，對中國合作經濟運動史的重要意義。

(3)日據華北時期，雖以植棉運動為主要出發點，但戰時情況混亂複雜，可用到的資料尚不足以解答許多疑惑。有許多結構性的問題，例如合作社的分佈、營業內容、經營績效，都沒有文獻提供基本的答案。這是很可以進一步補充的領域。

第四章　國民政府的合作經濟運動：1928-49

　　西歐的合作經濟制度，以「雙管」（日本、西歐兩條管道）、「間接」（靠文字與部分人士的傳播而非直接的流傳）的方式引進後，在北洋政府時期、華洋義賑會與日據華北地區、中共邊區政權、日據東北、臺灣，依各政權的環境與目的，扮演過相當不同的角色。國民政府地區的合作經濟，相對於上述五個政權地區有好幾項不同的特徵，在正文中會詳述。

　　在此先凸顯其中一項：它是控制中國大部分地區的政府，以中央計畫的方式，在人力、行政、資金、法律上給以相當支援，推動這項社會性的基層經濟組織。雖因戰爭與政局的干擾效果並不很顯著，但從開發中國家推廣合作制度的歷史來看，這是個值得注意的例子。不僅是因為它的規模大，留下來的文獻資料非常多，它的複雜性也有待系統地解析。

　　解析的切入點與方式很多，約略可分成兩類。一是個體（微觀）的分析：對某項合作事業（如戰時的工業合作運動），或某項事件做個別深入的探討；二是從較總體（宏觀）的角度，探討整個運動的階段過程、結構的變化，評估各方面的效果。本章屬於第二類總

體解析的範疇，旨在彰顯國民政府時期合作運動的政策意義與發展階段（第一節）；各類型的合作社，在 20 年間的成長趨勢與結構變化（第二節）；它的金融體系有過哪些功能與變化（第三節）；20 年的積極推廣，這項運動有哪些經濟、軍事、政治上的效果與影響（第四、五節）；最後從全盤的觀點，分述這項經濟運動的特徵與問題（第六節）。

壹、意義與階段

一、發展階段

北伐後至遷臺為止，國民政府的合作經濟政策可分為五期（見表 4-1）。

第一個階段是 1928 到 1931 年間，可稱為政策發軔期。國民政府以國家的立場推動這種民間經濟組織，有兩項原因。(1)長期戰亂民生困難，加上生產技術落後、外貨傾入、天然災害頻繁。當時政府高階人士中，如陳果夫、李石曾等人提議，由政府推行合作事業以改善經濟及社會條件。這在會議的層面上都順利通過，❶但因

---

❶ 國民政府的各項合作經濟決策，都是在國民黨內的會議擬出。1926-36 年間，國民黨內共有 28 次大大小小的合作政策決議。參見陳果夫（1937）〈十年來的中國合作運動〉，收錄於《革命文獻》第 48 輯（1980），頁 193-204，以及頁 305-424 的過程記錄。李錫勛（1953）〈中國國民黨歷屆全國代表大會暨中央執監委員會議有關合作事業決議案〉，《合作經濟》3 卷 1 期頁 19-24，也列舉相關的會議記錄。

經費及人事無著，大都決而未行。(2)1920 年華北五省大旱，災民達二千萬人，國內外人士組織救災總會，❷性質由救災轉為防災。1923 年該會設立合作委辦會，倣德國 Raiffeisen 式農村信用合作社的方法，由農民組合作社，採無限責任連帶清償辦法，以鞏固信用。國民政府認為合作社是可以發展推動的對象。這個時期是決議的階段，並無實質的建設。

表 4-1　國民政府合作經濟政策的五個階段：1928-49

階段	主要動機	主要作為
(1)政策發軔期 1928-31	計畫把合作組織當作社會經濟建設的政策工具。	在國家級的會議上，通過多項推展合作經濟的決議，但因經費與人事無著，決而未行。
(2)救濟政策期 1931-5	(1)透過合作社，救濟 1931 年長江流域水災難民。 (2)1932-5 年間，在豫鄂皖贛四省與中共戰鬥時，以農村合作組織來救濟難民，重建鄉村。	(1)頒行各種合作組織的相關條例。 (2)訂定合作社的模範章程。 (3)成立四省農民銀行（1933），開始有專業的合作金融體系。 (4)有區域性的合作法規與合作金融體系。

---

❷　見 Nathan (1965): *A History of the China International Famine Relief Commission*, Harvard Univeraity: East Asian Rearch Center。這是研究華洋義賑救災總會史的專著，較偏向歷史過程的敘述、工作任務的性質，附有統計資料及詳盡書目。美國經濟學者 W. Malloy 曾參與此事，在哈佛大學的 *Quarterly Journal of Economics* 1931, (45)3:484-98 發表一篇評論與分析："Rural Cooperative Credit in China: a Record of Seven Years of Experimentation"。

(3)政策推展期 1935-7	各地政情較穩，計畫展開全國性的建設。	(1)全國性的合作社法（1934）。 (2)中國農民銀行成立（1935）、農本局成立（1936），合作金融有全國性的體系。 (3)實業部合作司（1936）成為全國主管合事業的統一中央機構。 (4)開始籌辦中央與省市的合作金庫（1936）。
(4)中日戰爭期 1937-45	七七事變後，才稍有基礎的合作事業大受破壞，但仍藉此系統安頓部分難民（工業合作運動）。	(1)組織戰區內的工業合作社體系，生產難民所需之民生必需品，與軍事上的小補給品。 (2)主管機關由實業部改為經濟部（1938），又改為社會部（1940）。
(5)復員建設期 1945-9	二次大戰結束，試圖重整恢復戰前的合作事業，但因國共戰爭而受限。	(1)實施新制的合作金庫（1946）。 (2)把合作事業列入憲法，受國家之獎勵與扶助（1946）。 (3)全國合作事業主管機構改為內政部（1949年4月）。

作者依《臺灣合作年鑑》（1986）的資料整理製作。

　　第二個階段是 1931-5 的救濟政策時期，有兩件事促使合作運動落實推行。(1)1931 年長江中游水災情勢嚴重。有華洋義賑會成功的例子，政府與民間都想到，農業合作組織是復興災區的好辦法：貸款給災民復員，之後再還貸款，而非依賴性的純粹救濟。(2)1930 年代初期中共在江西活動，國民政府的豫鄂皖三省剿匪司令部，一面收復淪陷區，一面注重農村復興、推行農業合作，頒佈各種合作社章程、訓練指導員。1935 年更推廣到川、閩、甘、黔

等省，均設農村合作委員會。1936 年由行政院下令，把軍事委員會委員長行營轄下的合作事業由實業部接管，至此合作行政才趨統一。❸

　　第三個階段是 1935-7 年的推進時期。這階段的特色是合作行政權統一，合作法令頒佈，政府在行政上倡導，實業部聯合國內幾家大銀行組織農本局，以調節農業資金與推廣合作社的銀行（合作金庫）。此時期的合作社數、社員數、業務範圍，都有顯著成長。1937 年七七事變前，國民政府以全國性的著眼來推廣合作事業，加上當時城市資金充裕，金融機構亟思在農村投資或貸放過剩的資金，合作社既有政府保障又是現成的客戶，自然兩相得利。

　　第四個階段是 193-45 年的抗戰期間。戰事一起，前方各省（華北、華中）的合作事業大受影響，後方的川、康、黔、滇各省仍繼續推行。1940 年行政院推行新縣制，為使合作事業與新縣制配合，頒布縣各級合作社組織大綱，預期各鄉鎮保都有一個合作組織，以達「每保一社」、「每戶一社員」的目標。原為民間自發性的經濟組織，至此已變為戰時統制下的一環。合作組織成為管制經濟、控制農村、對抗日本、中共的多目標經濟社會政治性組織。

　　第五個階段是 1945-9 年的復員時期。戰後積極復員行動中，合作事業也積極重整。這時期的合作事業，經過 20 年的試驗與推展已漸具形式，有統一的行政體系，全國性的合作金融網與法令制度漸趨完整。但因內戰情勢逆轉，命運就完全改觀。

　　以上是從發展的階段來看，分述由於外在環境的變化，使得合

---

❸　詳細過程與分析見以下第五節。

作經濟政策有不同階段性的演變，也可以從另一個角度來看這些政策的變化過程。前面說過國民政府的合作政策，源自國民黨內的會議決策，當時的討論是規劃起草階段，行政部門對此運動也不甚了解，必須借助民初曾經參與合作運動的人士，例如陳果夫、戴季陶、李石曾、樓桐孫等，在國民黨的高階層內爭取支持。雖然這只是決議的層次，但已為日後的「救濟期」、「政策推展期」，奠定高層次決策的路線基礎。

想要了解 1928-49 年間國民政府高階層決策人士，對合作事業的態度與立場，可以從蔣介石對合作經濟的文告與演講辭來探索。❹從民初至北伐定都南京，國民黨的最高合作經濟理論，不超過《三民主義》所提及的消費合作社組織（費邊社思想），❺然後就中斷了。

接下來是蔣介石在 1932 年開始有這方面的文告，原因很明顯：在華中華南四省對中共軍隊作戰，國民政府要在那個地區組織農村合作社。從那些文字中所得到的訊息，都是實務性地說明戰區的合作政策、原則、進行步驟、組織結構。1935 年中共轉往西北後，國民政府的合作經濟「文告」，就轉為抽象性的精神訓話和指示，甚至 1949 年以後也是如此。

從這樣的文獻看來，我們幾乎可以說：國民政府在政策發軔期的合作政策，是屬於決而不行的階段，因為基本的經費與推廣的人

---

❹　《蔣總統合作訓範集》，臺北文化大學出版部（1968），收錄 1922-67 的言論共 192 頁。

❺　《革命文獻》第 84 輯，頁 205-10 是到 1924 年為止，孫中山有關合作經濟的言論；頁 211-40 記載蔣介石 1931-6 年間的合作運動言論。

力，都沒有最基礎的準備。在救濟時期，因為要救水災難民以及戰
區農村復建的必要，才真正積極起來。如果沒有民初華北旱災，德
國式的農村信用合作社就不會引進；如果沒有 1930 年代初期的水
災和國共戰鬥，就不會有國家性的合作政策。因而更可以簡短地
說，合作經濟政策是為了補救天災人禍才興起的。

二、文獻回顧

此時期的合作經濟文獻真是多如牛毛，因為它經歷過上述的五
個階段，在廣大地區有不同的活動記載，對不同業務的合作社（信
用、運銷、工業），也有很複雜的記錄與詮釋。除了本章註釋所提及
的單篇文獻，還有一些已彙成冊的資料和解說，析述如下。

基本上可以分成兩個階段。第一個階段是 1928 年國民政府執
政，至 1937 年中日戰爭爆發之間，文獻最多調查也很詳細。❻此
時期的資料，國民黨史會在 1980 年輯成四冊合作運動的資料，收
列在《革命文獻》第 84 至 87 輯，共 2,300 頁，細節資料相當豐
富，屬於資料編輯，依時間次序排列，並無有機的連貫。

在解說方面，石井俊之在《滿鐵月報》第 17 卷第 7 至 9 號
（1937），以一百多頁的篇幅，從中日文資料整理出 1912-37 年間
中國經濟的面貌，以及合作經濟的角色與重要性，相當齊全，很有
解說性。另一本是壽勉成與鄭厚博（1937）編著的《中國合作運動
史》，也是到七七事變為止。這兩位長期參與合作運動人士的書，

---

❻　《農情報告》、《中國農業》、《合作月刊》等刊物，以及南開、金陵幾個
　　大學研究機構，有許多實際調查研究的報告，大都在 1937 年之前完成。

與石井俊之的研究對照，很有相輔相成的功用。

另一個階段，是 1937-45 的八年抗戰期間，沒有上述的完整史料與解說，必須靠零散的文獻來重建。這個階段的研究困難性較高，但重要性較低，因為戰亂期間有意義的合作運動較少。真正的國民政府合作運動是 1928-37 的十年間，我們能用來分析的統計資料也以此時期為主；1937-45 年間只有總體的數字，可信度也較低。

貳、發展與結構

本節以簡潔的圖表，綜述不同的統計資料，輔以簡要的說明，呈現：(1)各類型合作社在各地區內長期的發展趨勢（第一小節）。(2)合作社內部的結構（人數、股金等），與營運的方式（第二小節）。性質上，本節是長期資料的呈現，較少詮釋的內涵。

一、長期趨勢

民國以來就有各類型的年鑑或刊物，記載合作運動的統計數字，例如歷年的《中國年鑑》、《申報年鑑》，合作事業的推展機構（如中國合作事業協會），以及農業推展、研究機構（如中央農業實驗所），都有相關的統計資料可查。但一因各單位的歸類方式不同，二因資料零散，三因資料相互不符的情形很多，若想整理出較可信的長期數字，會面臨選擇的困難。此外也沒有哪種統計相對地可靠，因為以當時的環境，在廣大地區所得到的統計必然是概略的。本節中的表格數字只具約略性質，解釋上不能太嚴格。

　　合作事業協會印行的《臺灣省合作年鑑》（1957），從不同來源整理出許多長期資料，這是目前最方便查索的統計來源，有幾項特色。(1)1931 年以前的資料較少或不很可靠，❼所以就未收錄。(2)已收錄、常被引用的資料也不盡然正確，例如各省市社員佔人口的比率（因各省市的人口總數本來就不正確），就捨而不引用。(3)相關的統計表格太多，如聯合社、農業生產合作社，這些比較不直接相關者，就不在本章中討論。

　　以下先看各省市歷年來的合作社數進展（表 4-2），最明顯的特色就是某些省分社數進展太快，如湖北省 1933 年只有 13 社，翌年即有 566 社；湖南省更從 9 社進展到 558 社；四川省更是神速。這些數字都是調查來的，不容易讓人信服。另一個特點，就是地理上太集中、分佈不均（華南諸省與四川最多），大部分省分的合作社數相當少。❽

表 4-2　各省市合作社數進展比較表：1931-49

省市別	1931	1932	1933	1934	1935	1936	1937	1938	1939
江蘇	1,265	1,798	1,284	2,937	4,077	3,305	96	-	-
浙江	622	782	543	1,793	1,972	1,518	1,195	1,558	3,299
安徽	7	22	56	1,463	2,284	4,125	847	4,098	4,958

❼　例如陳岩松（1983）頁 292 有河北省在 1923-6 年間的合作社統計資料；石井俊之（1934，中）頁 82 有 1928-35 年的資料。

❽　世界各國的合作社統計資料，在《革命文獻》第 85 輯頁 203-19，有 1931 年分的詳細資料。除了總社數，也有社員人數、農業合作社的統計。國際勞工局合作司（Bureau International du Travail），也有各國的歷史資料統計，見該局歷年出版的 *Annuaire international des organisations coopératives*。

江西	12	15	194	1,078	2,038	3,239	4,614	7,451	8,390
湖北	1	3	13	566	1,228	1,932	2,717	5,612	6,607
湖南	3	17	9	558	963	1,985	3,674	6,111	7,077
四川	7	8	2	3	-	1,322	2,374	8,236	16,698
西康	-	-	-	-	-	-	-	-	360
河北	711	999	518	1,935	6,240	6,633	-	-	-
山東	81	202	414	2,472	3,637	4,965		-	-
山西	14	19	5	191	453	69	-	-	-
河南	6	26	11	997	1,761	3,221	3,484	4,009	4,407
陝西	5	6	3	320	671	2,066	4,009	4,659	5,378
甘肅	3	3	-	-	33	244	437	2,562	4,681
福建	2	4	1	14	312	1,946	2,615	3,353	4,025
臺灣	-	-	-	1	-	-	-	-	-
廣東	3	6	6	193	307	255	750	672	725
廣西	1	2	5	8	14	6	20	507	4,532
雲南	12	27	5	-	-	3	129	234	838
貴州	2	4	-	-	-	35	1,487	4,338	6,694
遼寧	-	-	-	-	-	-	-	-	-
吉林	-	-	-	-	-	-	-	-	-
熱河	-	-	-	-	-	-	-	-	-
察哈爾	1	3	-	-	-	290			
寧夏	-	-	-	-	-	-			
綏遠	1	4	2	20	54	60	67	59	-
青海	1	1	-	-	-	-	1	-	-
南京	13	8	-	16	50	78			
上海	7	2	10	85	123	15			
北平	6	6	3	-	7	19			
天津	2	2	-	-	-	-			
青島	1	1	3	-	-	17	-	-	-
重慶	-	-	-	-	-	-	-	-	7
瀋陽	-	-	-	-	-	-	-	-	-
漢口	5	6	-	-					
廣州	2	2	-	1	-		-	-	-
總計	2,796	3,978	3,087	14,650	26,224	37,318	28,516	53,459	78,671

（續表 4-2）

省市別	1940	1941	1942	1943	1944	1945	1946	1947	1949
江蘇	-	-	-	-	-	-	333	1,656	2,614
浙江	4,776	5,709	5,970	6,468	7,236	7,641	5,504	6,582	9,191
安徽	6,742	7,792	8,900	9,964	10,210	10,574	10,680	10,985	11,282
江西	10,387	10,853	11,033	11,361	11,380	11,041	7,233	6,073	6,230
湖北	11,062	11,926	13,440	14,340	16,071	16,522	16,682	16,852	10,188
湖南	14,947	17,755	17,530	17,807	18,139	18,139	17,513	16,283	14,939
四川	24,146	23,599	23,586	24,349	23,663	23,400	24,981	25,754	26,777
西康	629	1,162	1,297	1,291	1,277	1,231	1,272	1,249	1,403
河北	-	-	-	-	-	-	520	899	1,250
山東	-	-	-	-	-	-	103	642	823
山西	-	-	-	-	-	320	566	560	659
河南	7,386	9,747	9,827	12,872	14,233	14,287	14,355	16,185	16,278
陝西	9,780	11,542	11,260	12,306	11,206	9,345	8,665	7,602	7,093
甘肅	5,561	6,659	6,752	6,197	6,105	5,637	5,637	5,710	6,032
福建	5,171	5,782	7,730	7,828	9,268	10,119	7,522	8,058	9,069
臺灣	-	-	-	-	-	-	-	465	615
廣東	1,913	6,339	8,694	8,671	9,994	10,722	11,291	14,199	15,462
廣西	16,334	19,066	15,601	13,054	13,625	13,692	10,565	10,851	10,505
雲南	4,806	6,450	7,266	7,836	7,424	7,162	6,654	7,630	9,534
貴州	9,593	10,427	10,416	10,990	11,101	11,187	7,174	5,929	6,176
遼寧	-	-	-	-	-	-	-	65	77
吉林	-	-	-	-	-	-	-	20	29
熱河	-	-	-	-	-	-	-	59	65
察哈爾	-	-	-	-	-	-	-	163	231
寧夏	189	359	395	651	728	788	804	796	822
綏遠	-	299	316	286	333	357	763	831	867
青海	-	-	-	-	-	218	281	288	285
南京	-	-	-	-	-	-	9	98	161
上海	-	-	-	-	-	-	40	94	256
北平	-	-	-	-	-	-	249	332	480
天津	-	-	-	-	-	-	210	236	347
青島	-	-	-	-	-	-	120	193	269

重慶	130	181	380	553	686	661	496	47	64
瀋陽	-	-	-	-	-	-	-	-	107
漢口	-	-	-	-	-	-	-	-	-
廣州	-	-	-	-	-	-	-	-	-
總計	135,542	155,647	160,393	166,826	171,681	172,053	160,222	167,387	170,181

資料來源：中國合作事業協會（1957）編《臺灣省合作年鑑》頁 25-8。頁 32-4 有
各省平均每個合作社員人數的統計（1932-49），但相當粗略。

　　另外一項相關的資料（不盡可靠但又無更好的來源），是各省各年
平均認股額（表 4-3）。所列的時期是抗戰期間，各地物價波動幅度
各異，從數字上不易看出實際幣值，但仍有幾個特點。(1)金額都
相當低，以合作事業較發達的華南、四川諸省，十元以下者居多，
雲南與綏遠諸省有較高的股金額，純是物價上漲的因素。(2)這顯
示出合作社的被動性：是勉強湊股，而非自願積極的作為。

表 4-3　各市合作社社員認購股金平均數比較表：1940-5

省市別	每社員平均認購股金數（元）					
	1940	1941	1942	1943	1944	1945
浙江	4.43	3.40	3.62	10.34	18.34	30.45
安徽	4.25	4.40	8.11	14.18	28.75	51.72
江西	5.87	7.18	15.02	19.76	33.43	66.57
湖北	2.55	2.52	10.93	12.65	41.19	94.59
湖南	2.49	2.28	4.19	17.47	9.20	9.21
四川	2.79	5.10	6.61	14.23	42.44	105.74
西康	5.38	6.77	6.71	10.67	21.71	29.01
河南	3.82	6.73	14.82	28.93	41.90	45.61
陝西	3.00	3.89	8.54	44.19	93.69	167.16
甘肅	3.79	5.18	7.03	32.10	60.01	115.95

青海	-	-	-	-	-	294.16
福建	3.25	3.69	6.36	6.64	28.97	44.45
廣東	2.86	4.79	9.33	33.00	47.35	61.00
廣西	2.75	2.47	7.62	31.49	64.66	67.73
雲南	4.21	5.36	13.19	90.69	123.89	421.73
貴州	2.24	3.11	8.10	15.20	33.23	58.35
綏遠	-	14.29	17.92	31.09	89.12	232.59
寧夏	2.09	4.14	20.48	25.92	53.34	123.98
重慶	11.72	14.11	27.03	49.32	101.20	151.80

資料來源：中國合作事業協會（1957）編《臺灣省合作年鑑》頁46-7。

　　接著看表 4-4，雖然統計不完全可靠，大致有幾項特點。(1)信
用合作社的比例一直很高，1943 年以後的銳減應該是太平洋戰爭
後，放款銀行緊縮信用所致。加上中央政府遷移，使得很受褓姆主
義呵護的信用合作社突然「斷奶」。(2)生產合作社在同一時期起
大量增加，是因為戰時中外人士與政府共同推廣工業合作社。(3)
消費合作社是因為戰時各公家機構，大多附設員工消費合作社（配
給消費民生必需品），使得數量明顯增加。(4)其餘各類合作社相對地
不重要。

表4-4　合作社業務分配概況表：1931-49

	總社數	信用 (%)	農業生產 (%)	工業生產 (%)	運銷 (%)	消費 (%)	公用 (%)	保險 (%)	供給 (%)	其他 (%)
1931	1,576	87.50	5.46	5.46	0.82	3.43	0.54	-	-	2.22
1932	3,978	81.11	6.82	6.82	1.43	5.43	5.18	-	-	0.02
1933	3,086	79.49	9.30	9.30	1.17	4.40	5.67	-	-	0.97

1934	14,649	67.20	8.60	8.60	7.20	-	16.20	-	-	0.80
1935	26,224	58.80	8.90	8.90	8.70	-	23.60	-	-	-
1936	37,318	55.25	8.60	8.60	6.30	0.80	28.18	-	-	-
1937	46,983	73.60	5.70	-	2.50	0.40	0.10	-	0.40	17.30
1938	54,565	85.90	11.00	-	2.50	0.40	-	-	0.40	-
1939	91,426	88.30	6.80	1.70	1.80	0.50	0.40	0.10	0.40	-
1940	133,542	87.00	7.00	1.70	2.00	1.40	0.30	0.10	0.40	0.10
1941	155,647	84.90	9.10	1.50	1.80	1.70	0.50	0.10	0.60	-
1942	160,393	82.40	7.00	5.50	1.80	2.30	0.30	0.10	0.60	-
1943	166,826	48.10	14.20	4.60	10.30	10.10	2.60	2.00	8.10	-
1944	171,681	41.20	16.80	5.60	10.60	13.00	2.80	1.90	8.70	-
1945	172,053	38.00	18.00	4.90	11.00	14.00	2.80	1.90	9.40	-
1946	160,222	34.10	19.20	6.00	11.10	14.90	2.60	2.20	9.90	-
1947	167,387	30.90	21.70	4.80	13.70	13.80	2.80	2.20	10.10	-
1948	169,013	29.50	22.70	4.80	13.90	14.00	2.50	2.10	10.50	-
1949	170,181	29.40	22.70	4.80	13.90	14.00	2.50	2.10	10.60	-

資料來源：《臺灣省合作年鑑》（1957）頁 55-8；《革命文獻》第 85 輯頁
224-5。

說明：1931-6 年間，合作業務的分類法與其後的年分不同，所以「生產」與
「公用」兩項的數字，在兩個時期的百分比前後略有出入。

二、內部結構

有些零散的研究，對合作社的品質、內部結構與管理方式做過
探討，❾但這類的文獻多傾向於對某一省縣做深入分析，未顧及廣

---

❾ 例如 W.K.H. Campbell（1938，劉毓璜譯）〈考察浙江合作事業後之印象〉，
收錄在方顯廷編《中國經濟研究》頁 497-509；吳承禧（1935e）〈浙江省合
作社之質的考察〉，收錄在千家駒（1935）編《中國農村經濟論文集》頁
336-50。

大地區的一般性。1931-4 年間中央統計處做了三次「全國合作社統計」，除了文字說明還列了 80 個表格，這也許是最詳細也是唯一如此完整的全國性調查。另一項旁證，就是當時發表的相關研究文獻最多，政界與學界都相當注意合作運動，七七事變後才走下坡。

　　以下就「讓資料來說話」，因為各個圖表已相當清楚，所以只做結構性的評論。從年齡分佈（表 4-5）來說，自然是以擔負家計的 20 至 40 歲最多（56%）。職業方面（表 4-6），以農業最多（61.4%），參加合作社的農民中，有 72.4% 是參加信用合作社。另一特點，是消費合作社的社員絕大多數是公家、黨務、學校機構的成員，是因為工作的關係「自動」成為社員，而非有意識的主動加入。就規模而言，以小型合作社居多，地緣的相近性很高。

表 4-5　社員年齡：1933

	20 以下	21-30	31-40	41-50	50 以上	不明	總計
信用	4,222	1,943	24,539	13,742	8,232	1,442	70,940
生產	588	3,444	4,767	2,330	1,124	1,258	13,511
消費	4,453	7,413	7,486	1,687	686	13,670	35,395
利用	188	1,156	1,918	989	526	326	5,103
購買	60	538	924	320	202	-	2,044
運銷	188	1,803	2,622	2,367	1,231	194	8,405
其他	153	930	547	348	205	57	2,240
總計	9,852	34,227	42,623	21,783	12,206	16,947	137,638
	(7.2%)	(24.9%)	(31.1%)	(15.8%)	(8.8%)	(2.2%)	(100%)

資料來源：《革命文獻》第 85 輯（1980）頁 130。

表 4-6　社員職業：1933

	農	礦	工	商	交通	教育	政軍警	黨學及其他	不明	總計
信用	61,144	19	1,233	2,381	176	2,527	305	421	2,745	70,940
生產	8,820	28	1,206	680	51	687	162	412	1,465	13,511
消費	2,307	545	6,376	1,362	16,483	1,582	3,516	2,554	940	35,395
利用	4,484	1	80	104	4	224	66	35	105	5,103
購買	1,769	-	24	62	2	135	15	24	13	2,044
運輸	5,086	-	732	1,976	69	355	38	58	91	8,405
其他	1,150	-	63	90	1	209	139	576	12	2,240
總計	84,490	593	9,703	6,655	16,786	5,719	4,241	4,080	5,371	137,638
	(61.4%)	(0.4%)	(7.1%)	(4.9%)	(12.2%)	(4.2%)	(3.1%)	(3.0%)	(3.9%)	(100%)

資料來源：《革命文獻》第 85 輯（1980）頁 132。

　　就合作社的素質（見表 4-8、表 4-9、表 4-10）來說，識字的人數不到一半，分佈在農、礦、工業中較多。信用合作社內，不識字的比例約為一半。❿帳務的管理方式，以傳統的單式簿記（逐筆登錄，無分類、參對之功能）為主（約 55%）。能運用當時普遍使用的西式新記帳方式（複式簿記，可依成本、銷貨等觀點相互查對）者，約佔 10%，經營能力實在不高。社員對合作社的使用率（表 4-10），有 20%與合作社沒有業務來往，有一大半（56.8%）是「不明」，大概也是無來往，可見「人頭社員」的比例不低。

　　從全國普查（1931）的複雜統計資料中，得到一個綜合印象：在那個政府積極推動的時期，合作社的素質不夠好，社員的認同和參與程度不高，有些根本無資料可填報（「不明」）。「空頭合作社」與「人頭社員」的比例相當高，舉一例證如下。浙江省是當時

---

❿　上註吳承禧（頁 346-7）中也顯示類似的結果。

推廣最有成效的省分，1933 年該省建設廳合作事業管理處，給省
內的合作社評分，達 60 分（及格）者 26.12%，70 分以上者
5.82%，其餘的不及格。❶若以此推論全國的情形，我們可以說：
開發中國家以政府力量推展新經濟體制，在基礎結構不夠堅實的情
況下，實在不易收效。

表 4-7　合作社規模：1932

人數	社數	(%)
1-25	2,451	61.01
26-50	1,068	26.85
51-75	181	4.55
76-100	81	2.04
100 以上	197	5.55

資料來源：同表 4-5 頁 85-6，石井俊之（1934，中）頁 99-100 有
　　　　　類似的資料。

表 4-8　社員識字能力：1933

	識字	不識字	不明	總計
信用	33,724	30,355	6,861	70,940
生產	6,210	5,276	2,025	13,511
消費	17,368	5,515	12,512	35,395
利用	2,681	1,533	889	5,103
購買	1,193	767	84	2,044
運銷	5,246	2,922	137	8,405
其他	1,256	936	48	2,240
總計	67,678 (49.1%)	47,304 (34.3%)	22,656 (16.6%)	137,638 (100%)

資料來源：同表 4-5 頁 134。

---

❶　同上，頁 343。

表4-9 　記帳方式：1933

	單式	複式	不明
信用	1,389	271	763
生產	190	18	79
消費	84	14	38
利用	64	20	34
購買	28	16	13
運銷	20	8	88
其他	17	3	10
總計	1,792 (54.8%)	350 (10.7%)	945 (28.5%)

資料來源：同表 4-5 頁 199。

表4-10 　運用合作社之人數：1933

	1人	2人	3人	4人	5人	6人	7人	8人	9人	10人	11人以上	無	不明	總計
信用	145	117	53	7	17	7	2	11			28	564	1,464	2.423
生產	17	26	24	9	18	3	1	3	5		14	25	146	287
消費	18	23	19	9	5	6	5			3	5	18	26	136
利用	5	10	4	1	4			1	2	1	17	14	60	118
購買	3	10	2	2					2		1	8	31	57
運銷	1	1	2	1	2	2	2				3	6	16	36
其他	1	3	2		4	2		1			3	3	11	30
總計	190	190	106	29	50	20	10	16	9	4	71	638	1,754	3,087
(%)	(6.1)	(6.1)	(3.4)	(4.9)	(1.6)	(0.9)	(1.6)	(0.6)	(0.3)	(0.1)	(2.3)	(20.6)	(56.8)	(100)

資料來源：同表 4-5 頁 135。

參、合作金融體系

　　本節旨在說明合作部門的金融體系，經過哪幾個階段的轉化，各有哪些特點；這些合作金融機構分佈的情形，以及它們的業務狀況（第一小節）；然後析論其特質與問題（第二小節）。

一、系統的變革

　　國民政府的合作金融體系，[12]大致可區分為兩大階段：一是農村信用貸款時期，二是合作金庫時期（分新制與舊制兩階段）。以下綱舉目張地析述金融系統的變革。

㈠農村信用貸款時期

（甲）省農民銀行

　　這個體系以江蘇、浙江兩省最早也最積極，因為這是政策性的推展，除了要發展兩省的農村合作事業，也有明顯的政治色彩，理由如下。(1)國民政府的主要人物以江浙兩地人士居多，如 1927 年任江蘇省主席的葉楚傖，曾有意請薛仙舟主持該省農民銀行，後因薛氏病故而易人，但其方針仍在發展江蘇合作事業。(2)中央政校合作組畢業生，於 1931 年有四位在此銀行實習，可略見黨政關係之密切。(3)陳果夫於 1933 年任江蘇省主席，更有助此路線之發展。(4)浙江省幾乎完全仿效江蘇省的作法。

---

[12]　描述中國金融演變史的綜合性著作，有 Tamagna (1942): *Banking and Financing in China*；林和成（1947）〈民元來我國之農業金融〉，收錄在朱斯煌編《民國經濟史》頁107-14。

在這段地方政府各自策劃辦理的時期，江浙兩省因與國民政府
關係密切，積極籌辦合作事業，輔以農民銀行為其金融體系，有幾
項特徵。(1)農村資金枯竭，在政府的推動下合作社數量激增，但
因方法不完善，農民的知識水準不足，貸款秩序紊亂。(2)基本上
是由銀行貸給各合作社，是單向的關係，缺乏合作社之間的相互連
繫。(3)社員間互負連帶清償責任，以求放款之安全。(4)農民追求
短期資金，談不上合作社的意識與理想。(5)合作社的分佈集中在
少數幾個縣分，地理性的分佈失衡。

(乙)民營銀行

當時的民營銀行也集中在江浙兩省，尤其在上海。1931 年間
上海發生地產風潮，銀行業的資金出路在都市部門內受阻，自然轉
向農村部門。但農民的個別貸款能力不足，正好江浙政府在積極推
展合作社，這是對雙方有利的新農村貸款組織：一方面都市的剩餘
資金得以流入農村部門，貸款安全性高，成本也比單獨貸款給農民
低。另一方面，政府部門歡迎銀行資金流入，以補農民銀行之不
足。除了政府的推動，各民營銀行也指導農民，組設合作社辦理貸
款，消化剩餘資金（爛頭寸）。

表 4-11 所列舉的銀行中，以上海商儲蓄銀行的業務最好，甚
至擴及華北、華中、華南諸省。上海各銀行大都積極參與，江浙兩
省的銀行業更是相繼投入，一時間農業合作事業蓬勃發展。但究其
實質，是都市部門資金需求萎縮，銀行業轉向農業部門，以減少損
失或追求利潤，正好合作社可以扮演農業貸款的中介角色。這是利
潤追逐的做法，以求資金在短時間內在不同的部門移轉，並不表示
合作事業有結構性的轉機。

表 4-11　農業信用貸款時期的合作金融體系：1928-36

	辦理機構	時間	說明	資料來源
各自辦理的合作金融體系	江蘇與浙江省的農民銀行	1928-36	省政建設主持人，為推動省內合作事業之發展，令省農民銀行辦理貸款。	陳岩松（1983），頁 216-21；《革命文獻》第 84 輯，頁 449-526 有詳細資料。
	私營銀行的參與	1931-6	公營的中國、交通等銀行外，有上海、金城、浙江興業、中南、大陸等多家積極參與。	吳承禧（1935a、1935b）
	中華農業合作貸款團	1934-6	交通、上海金城、浙江興業、四省（豫、鄂、皖、贛）農民銀行等十行，投資農業合作（以棉花運銷為主），但幾年內因阻難多而停頓。	陳岩松（1983），頁 223。
全國統一的合作金融體系	中國農民銀行	1935-49	以調劑農村金融為主要目標，「放款於農民組織的合作社及合作社聯合社」為其 11 項業務之一。	壽勉成、鄭厚博（1939）頁 300-9；《革命文獻》第 84 輯，頁 526-37 及頁 608-30 的「銀行條例」。
	農本局	1936-9	實業部聯合國內各銀行成立農本局，以調整農業產品、流通農業資金、謀全國農村之發達為主旨。	壽勉成、鄭厚博（1939）頁 313-4；《革命文獻》第 84 輯，頁 595-603、628-31 載其 19 條「組織章程」。

本表由作者整理編製。

（丙）中華農業合作貸款團

　　另一項較重要的活動，是由十個銀行共組的「中華農業合作貸

款銀行」。共同集資三百萬元，標明「以發展農業合作及服務社會為宗旨」，積極參與陝西、山東、河南、河北、湖北、江蘇六省區內的棉花種植與運銷（出口）業務。和上述相同的道理，這是銀行集團的利潤追逐方式，正好帶動起各地的合作組織，彌補政府部門推廣合作運動時，資金與人力的不足。另一點也很清楚：在這六省廣大區域內，商業資金的流入大多限於植棉區，而不是在農村普遍貸放。幾年後經濟情勢稍轉，棉價低落，加上日本棉織產品侵入，這個貸款銀團就停頓了，合作事業也因而下跌。

(丁)全國性的合作金融系統

前述的合作金融體系是各省政府的政策配合，或由民營金融機構做商業經營式的貸放。在這段各自為政的時期，負責全國各地合作事業貸款的機構是中國農民銀行，實業部農本局所扮演的是輔助角色。

中國農民銀行

1931 年，國民政府軍在豫鄂皖諸省與中共作戰後，軍事委員會打算運用合作組織辦理農村復興事業，並成立農村救濟處辦理對合作預備社放款。後因業務擴充的需要，於 1933 年 4 月改為豫鄂皖贛四省農民銀行，又於 1935 年 4 月擴大為中國農民，基本任務集中在放款業務。指導農民組織合作社的工作，就改由各省的農村合作委員會辦理。中國農民銀行甚至在專業的合作金融體系（即合作金庫）出現後，在全國仍有相當的重要性，對日後合作金庫體系的成立與發展也有相當大協助。其中主要原因之一是陳果夫有一段長時間，同時兼任中國農民銀行董事長與中央合作金庫理事長。

農本局

1936 年 9 月實業部聯合各銀行成立農本局，「使成為全國性之農業金融與農產供銷業務之促進機關」。依初期計畫，它的業務是：(1)促進農業生產；(2)輔設合作金庫；(3)建設農倉機構；(4)促進農產供銷業務。它不直接和基層的合作業務與金融發生關係，而只是在業務中有一項是輔設合作金融機構。農本局成立後，因主管中央合作行政之實業部第五科人手不足，就在農本局內設置合作指導室，將中央政府的合作指導任務轉交農本局。農本局自此兼具主管合作行政與合作金融兩種角色。成立未久發生對日抗戰，理事會未能隨政府撤退，各銀行提供的資金亦難繼續撥付，資金來源困難，農本局於 1939 年宣告結束。

㈡合作金庫時期

如表 4-12 所列，在構思的階段上，有過兩個「通則」及「規程」的制定，促成所謂的「舊制合作金庫」。在那十多年間合作金庫並無法律地位，只是在「規程」下的試辦階段。各地的合作金庫在農本局、農民銀行、各級政府，各地銀行的多元輔助下逐漸開展。中日戰起，隨著中央政府擴大農貸政策，在農本局與中國農民銀行積極推動下，1940 年時已有四川等九個省級的合作金庫，在 12 省內有 475 個縣市級的合作金庫（以四川的 121 個最多），發展相當迅速。

表 4-12　合作金庫體系的變革：1935-49

階段	演變過程	性質	說明	資料來源
構思	「剿匪區內各省合作金庫組織規則」	1935 年 10 月南昌行營頒行。	這是第一次有「合作金庫」的法規，但無法律地位，也非全國性的層次。	《革命文獻》第 84 輯頁 54，但無條文可查。
	「合作金庫規程」	1936 年 12 月由實業部訂頒。	從此有了全國性的規劃。	同上，頁 620-4 載 25 條全文。
實施	舊制合作金庫（1936-46）	採中央、省市、縣市三級制。	採由下而上制，因縣市、省市二級推行困難，中央級合作金庫一直未能成立。	《臺灣省合作年鑑》（1957）頁 72-89。
	新制合作金庫（1946-9）	改為中央與省市同一級，並先成立中央合作金庫。	成立不久後，因局勢變動而成效有限。	陳岩松（1983）第 17 章。

本表由作者整理編製。

　　但這套體制有些結構性的弱點。依當時的「章程」規定，全國的合作金庫是由下而上的三級制，各庫自負盈虧之責，且未成立全國性的中央合作金庫。省庫對於縣市金庫無權控制，各省市合庫各自獨立，不能連成一體，資金無法調撥。此外，輔導機關紊亂，各省市銀行參加輔導外，尚有中國農民銀行、農本局、中國銀行、交通銀行、中央信託局、中國工業合作協會、縣市政府也都加入。設立的單位雖多，卻不能在政府及民間建立良好信譽，吸收大量資以

供合作社之需，反而稍遇挫折即無力抗拒而難以生存。抗戰後期物價大漲，貨幣貶值，存款減少，各地合作金庫紛紛停頓[13]。由此可看出這套體制很倚賴政府的支助，合作部門沒有獨立的能力（見表4-13），各地合作金庫的資金幾乎全來自政府銀行的撥付。

表 4-13　政府對合作金庫的貸款：1941

省別	合作金庫家數	總資本額（元）	四聯總處已撥付之部分（元）
四川	117	30,326,901	24,350,250
貴州	52	5,226,612	4,860,815
廣西	43	4,323,270	4,155,644
湖南	26	2,599,060	2,410,580
甘肅	10	2,050,000	1,663,518
陝西	16	2,600,000	1,456,240
西康	10	1,000,000	690,850
浙江	15	4,278,650	1,775,393
福建	2	1,600,000	410,850
江西	2	5,000,000	1,850,000
湖北	6	600,000	566,760
河南	2	-	-
雲南	7	700,000	391,970

資料來源：四聯總處（中國、中央、交通、農民銀行聯合事務總處），引自 *China Handbook* 1937-1943, p. 625。

1941 年，合作界人士積極建議改合作金庫為兩級制。國民政

---

[13]　陳岩松（1983）頁 323。

府翌年同意由社會部、財政部、中中交農四聯總處（中國、中央、交通、農民銀行聯合事務總處），成立中央合作金庫籌備委員會。❶ 1943立法院通過「合作金庫」條例 23 條；翌年通過「合作金庫施行細則」28 條，合作金融體系進入統一合法的階段。❶這套新制的特點，除了改為兩級制且具有法律地位，還有一點是：省市級的合作金庫是中央級的「支庫」，而不是「獨立法人」，各省市地區的合作金庫實際上是虛級單位，縣合作金庫才有法人的實質地位。

到了 1948 年中，全國 40 個省市共有 123 個分支庫，分佈相當廣。❶但有一特點：縣市級的合作金庫只有 64 個。這麼少的原因是：(1)中央級的分支庫多，縣市級的需要量相對地就少了。(2)縣市級的合作金庫由該地區的合作社集資成立，一方面基層合作社資本有限，二方面當時的幣值與時局不穩，所以成立的數目少。1949年戰事急轉而下，合作金庫奉命將財產帳冊移轉中國農民銀行保管。來臺灣之後的合作金庫，法令架構是大陸時期的，而基礎卻是日據時期累積出來的。

二、特質與問題

以上從相當繁複的資料與文獻中，扼要整理出合作金融的發展

---

❶ 複雜爭論的過程以及各項辦法綱要，見《四聯總處重要文獻彙編》頁 197-211的紀錄，相當曲折。

❶ 這些條文仍適用於臺灣，只是在 1978 年由臺灣省政府另加立「臺灣省合作金庫章程」42 條，向內政、財政兩部備案。

❶ 《臺灣省合作年鑑》（1957）頁 80-7 詳列新舊兩制合作金庫在各省的分佈縣市名單。

過程。單從兩個表格（4-12、4-13）以及輔助的說明，大概可看出在 20 年之間，合作金融體系發生過相當複雜的變動，有不同的政治勢力和金融力量參與，以及行政機構的變遷。再加上中日戰爭、國共之戰，單單這些外圍因素，就很難在開發中國家內成功推動新的經濟體制。

以下分析早期農村信用貸款時期，公民營融資機構的問題。除了外在的變化，農業銀行有其結構上與運作上的弱點。結構方面：(1)到 1934 年為止全國有 146 家銀行，其中農工銀行有 20 家，實收資本約只有一千五百餘萬元。而所謂的農工銀行中，真正以農業為對象者所佔的百分比就更低了。(2)在地理的分佈上，江蘇、浙江兩省就佔了 13 家，其餘先進諸省各一家，可見中國農業銀行的分佈不均，以及初始階段的脆弱性。(3)再說這 20 家農工銀行的資本結構，十萬元以下佔七家，十至二十萬元佔八家，這種資本額不足以成就大事。(4)以農業銀行為名，而行商業利潤追求之實者為主，合作事業只是政策性的規定業務，並非銀行自願自發有利可圖的作為。

1934 年各主要銀行的農業性貸款比例，最高的是中國農民銀行（17.77%），其餘七家都在 3% 以下，大部分是 0.7% 到 0.04% 之間。結構上，合作金融只是農業金融中的小環節，真正貸給合作社的比例，又只佔這麼些微的地位，合作運動的「貧血症」可想而知。❶在運作方面，農民的利益更是有限。(1)以江蘇省農民銀行為

---

❶　中國農業銀行的結構與弱點，見吳承禧（1935d）〈中國的農業銀行〉，收錄於千家駒編《中國農村經濟論文集》頁 181-92。吳承禧（1935a）〈中國銀行

例，基金來源是「畝捐」：「每畝帶徵二角，蘆田一角」，這等於是由農民認股。浙江的農民銀行資本則由田賦中徵收，農民在未獲得利益之前就有了實質的負擔。(2)若有效地把資金貸給農民尚無可厚非，但資料顯示貸給非農業部門者居多。**❶**

銀行對合作社放款是否有合理的利潤？通常很有限，甚至虧損。當時銀行業的收入與成本大致如下：農貸取（月）息規定最多一分（10%），通常是八至九厘，而銀行成本平均都超過 10%。**❶**所以銀行對合作社貸款的比例很低，基本上是「應酬性」的，是政策性的，不但貸款利率受限，而且費人、費時，金額小、呆帳比率大。

我得到的印象如下。開發中國家推展新經濟運動，追求改革社會經濟的結構，最要緊的還是猶如血液般的資金。國民政府成立初期，想藉合作運動控制、發展農村經濟，而政府經費有限、民營金融業又無利可圖，只好自行籌辦農民銀行，但資金來源竟然又是從農民身上徵股。這些有限的資源自然無法照顧到各地農民，就產生有貸款之處才有合作社的現象，也造成合作社在地理上的分佈失衡。

業的農業金融〉，《社會科學雜誌》6 卷 2 期頁 464-510。

❶ 上註吳承禧（1935a）頁 469 如有如下的記載：「最有趣的，要算莆仙農工銀行。從他們 21 年度的資產負債表上，我們找到這樣的幾筆所謂『資產』：㈠梁賦予團長欠 2,571 元，㈡何處長顯祖欠 39,782 元，㈢市政局欠 2,108 元……㈣林太太欠 854 元。試問：在團長、處長、太太之流形成了農工銀行的大主顧之後，農工業還有發展的希望嗎？」

❶ 存款利息成本（6.5%）加準備金（1.8%）加各種開支（1.8%）加呆帳（0.5%），計 10.1%。

　　接著分析中央政府建立的全國性合作金融體系。如上小節所述，這可分為兩個機構：一是中國農民銀行，二是農本局。中農的業務較廣，合作金融只是農業貸款的一部分，而且只負責放款，與合作社業務的關係較間接，所以在此只討論較直接相關的另一個中央級機構：農本局。該局的英文名稱為「農業管理局」（The Agricultural Administration），並不足以說明其原始計畫中包含農業資金、農業產品兩部分（見上一小節簡述）。因外在環境變化與行政體系的變革，使農本局的角色產生混淆，在三年內就宣告結束。

　　在初始的設計和初期的作業方面，它也受了一些批評。(1)在救濟農村的名義下，農本局把工商界多餘的游資（受 1930 年代世界經濟恐慌的影響），轉聚到農業部門，但又規定最高利率（當時為每周八厘），銀行業者有賠本之慮，才「有請政府保本保息及請增厚利息」之請。(2)既請銀行界對農村放款，農本局自己又加入營業，與銀行在通都大邑競爭地盤。在救濟農村資金的口號下，農本局又不願深入窮鄉僻壤，只在大城市內與一般商業銀行做重複的工作。所以銀行業者又有「二者宜分工而不宜兼營」之請。(3)商業銀行在營利的觀點上多做短期放款，農本局應投入於中長期貸款而又不為。(4)工商業與知識界對此機構的成效，自始就有強烈的懷疑，因為徒然多了一個中央級的機構，在資金、人力上並無結構性的改變。在資金需求無限的農村經濟中，這樣的組織看不出有何效用。❷⓿

---

❷⓿　見三秋（1936）〈農本局的性質和前途〉，《中國經濟論文集》第 3 冊頁 169-79；高廷梓（1937）《中國經濟建設》第 9 章〈農本局之使命〉，有詳細的批評與說明。

　　中日戰爭前合作金融體制的特徵與問題，約可綜述成數點。**㉑**
(1)各種不同業務性質的銀行直接參加合作農貸，並無專業經驗，
純為營利性。(2)偏重於對信用合作社貸款，對運銷、生產、消
費、供給等合作組織偏廢。(3)特別注意放款安全，一般貧農不易
貸得。(4)放款區割裂破碎，銀行業間相互競爭，條件各異，無全
盤規劃。

　　接著分析合作金庫時期的特徵與問題。(1)因中日戰爭、太平
洋戰爭，使得國家原已有限的資源，能分配給合作部門的就更少
了；合作金庫的營業能力，也無法清償政府的貸款。(2)政府機構
的遷移、人事的變動、法規的不完整，使得先天不足、後天失調的
合作金融體制，在戰亂時期難以在基礎脆弱的廣大農業地區，做出
有實質效益的發展。

肆、經濟效益

　　本節用較具代表性的資料，說明：(1)農村的一般經濟狀況；
(2)農民的貸款來源、利息成本的負擔，以及合作社所能提供的方

㉑　1949 年之前，檢討合作金融制度史的文章相當多，多屬史實的重複鋪述。其
　　中最具解析力者，是壽勉成 1941 年 2 月提出的〈改進我國合作金融制度意見
　　書〉，收錄在《四聯總處重要文獻彙編》頁 265-71。從中央政府的「審查意
　　見」內（頁 26-4），可見到當時的不同意見與阻礙。以下數點取材自此文
　　獻。張逵（1953）〈我國合作金融制度發展史論〉，《合作界》第 8 號，文
　　中一節有類似的論點。22 據 Tamagna (1942): *Banking and Financing in China*
　　頁 305 表 37 的資料看來，合作金庫償還中交農各省銀行的貸款，在 1939
　　年中時約只有 50%。

便程度；(3)合作社一般營業狀況與獲利能力，以及社員參加合作
社的利益。

一、農村經濟

　　黃河流域的水災、旱災、（蝗）蟲災，歷史上一直是綿延不斷
的夢魘。❷五胡亂華時期晉室南遷後，經濟的重心才逐漸轉移江
南，人口也逐漸增多，華南華北的經濟發展才逐漸平衡起來。❷雖
然有經濟重心的轉變，以及各朝各代各地區的天災人禍，但整個經
濟在長期說來還是成長擴張的。長期停滯的轉捩點，大致是北宋末
南宋初的 12 世紀。最重要的原因是人口增加比新耕地快，人口與
土地的比例大幅提升，每人分得的糧食大減。❷自 12 世紀到 1930
年代，基本上是掉進了馬爾薩斯的陷阱（相對於糧食而言，人口過
多），經濟一直停留在低水平的「均衡狀態」。❷

　　農業部門在經濟的比重一直很高，中外人士以及各種研究機
構，做過很多調查報告，❷但因各項調查的區域、方法、取樣各

---

❷　只要看鄧雲特（1978）《中國救荒史》的附錄（頁 495-509），就可知道這些
　　災害的頻繁度與破壞性。

❷　見劉石吉（1982）編《民生的開拓》，第 1、2 章的解說。

❷　見趙岡（1985）〈中國歷史上的人與地〉，中央研究院經濟研究所紀念《劉
　　大中先生學術演講集》頁 147-57；以及 M. C. Bergère (1984): "On the historical
　　orgins of Chinese underdevelopment", *Theory and Society*, 13:328-37.

❷　探討宋代之前中國經濟、科技強盛的原因，見 Mark Elvin (1973): *The Pattern
　　of the Chinese Past*, Stanford University Press.

❷　馮和法（1935）編《中國農村經濟資料》上下冊，臺北：華世書局影印，收
　　錄大部分主要的調查報告。較近的經濟分析（1930 年代的資料），有 Dennis

異，很難綜合出一般化的情形，在此僅能大略描繪出幾個代表性的例子，當作問題的背景。

1918 年 Dittmer 教授調查華北的農村經濟，發現大部分農民每人年收入在 50 元以下；❷若把貧窮線定在每家庭年收入 150 元，則江蘇省有一半多家庭在此線下，直隸有 80%。❷中國農村貧困是普遍的情形，原因有下列幾點❸：(1)國外企業化的農工業產品侵入；(2)稅負過重；(3)天災頻繁；(4)兵災戰禍匪亂；(5)土地分配不均；(6)農工業產品交易條件不公平，造成剪刀價格，對農業部門不利；❸(7)運銷制度不公平，農民易遭剝削；(8)農業資產不足；(9)技術停頓不進步；(10)運輸不便；(11)新耕地少，人口增加快速。

二、貸款來源

接下來說明農家負債的比例、借款的來源，以及利息的負擔（見表 4-14）。從 15 省的農業調查顯示，一半以上的農家有向外借

Chinn (1980): "Cooperative farming in North China", *Quarterly Journal of Economics*, pp. 279-97.

❷ *Quarterly Journal of Economics*, 1918, 33(1).

❷ 馮和法（1935）編，頁 31-3。

❸ 以下所列的 11 點，在中國農業經濟學的教科書中，都有詳細的剖述。簡單的評論略見袁賢能、馬師曾（1944）〈我國農村之復興與合作運動〉，《中國學報》2 卷 1 期頁 9-26。

❸ 嚴中平（1955）編《中國近代經濟史統計資料選輯》頁 337-9，列舉 1907-32 年間，農民所得（出售農產品）的物價水準，長期低於所付出（向工業部門購買）的物價水準，上升之幅度。

款紀錄。1938 年有一半以上向私人和商店借款，其他來源可分為
現代化部門（銀行、合作社、合作金庫）與傳統金融業（錢莊、典當）。
從表 4-14 得到的印象是：大致說來，現代化金融部門所佔的比例
長期在增加，私人與傳統金融業在沒落。但這是一般化的現象？應
該不是，因為這個表格是在合作社推廣區調查的，全國有很多地區
的合作社還不發達，不會像表 4-14 所載，合作社系統的貸款在民
間佔那麼高的比例。相反的意義告訴我們：合作社發揮較好功能
時，它在農村金融的勢力中，最多只佔三分之一的地盤。

　　另一項要點是表 4-14 的利率成本差距。向合作社貸款的成本
約是其他來源的一半，甚至更低，所以向合作社貸款的比例有上升
趨勢。這種低利率是合作社的武器，而這些優勢是政府部門政策性
集資推廣的結果，並不是合作經濟體系本身的優良競爭能力所致。
表 4-14 也看到 1944、45 年以後的利率特別高，到 1947 年時若換
算成年利率，幾乎都已超過百分之百。這是因為二次大戰末至國共
戰爭時期，幣值不穩通貨膨脹快速，必須把這些因素去除才知道實
質的利率。但因一年內、數日內或甚至同日物價都在漲，不易算出
表 4-14 的實質利率。

表 4-14　農村借款來源、負債家數比例、利息負擔：1938-47

	借款來源（％）						
	銀行	錢莊	典當	商店	合作社	合作金庫	私人
1938	8	3	13	14	17	2	43
1939	8	2	11	13	23	2	41
1940	10	2	9	13	26	2	38

1941	17	2	9	11	30	4	27
1942	19	2	8	10	34	6	21
1943	22	2	7	8	32	5	24
1944	21	3	8	13	27	4	24
1945	24	4	8	14	23	3	24
1946	24	5	9	20	19	2	21
1947	27	5	8	18	18	2	22

	借款農家佔	借款月利率（%）					
	總農家的%	信用	保證	抵押	合會	合作社	私人
1938	59	2.1	2.2	2.3	2.0	1.2	2.7
1939	55	2.0	2.3	2.3	2.0	1.2	2.9
1940	50	1.9	2.1	3.1	1.9	1.2	2.6
1941	51	1.8	2.1	2.2	2.0	1.2	2.8
1942	55	2.0	2.3	2.4	2.3	1.3	3.1
1943	61	2.6	3.0	3.3	2.9	1.5	4.6
1944	59	4.6	5.2	5.8	4.9	2.8	7.6
1945	57	7.8	8.8	9.6	8.8	3.5	11.1
1946	54	7.4	8.5	8.4	8.1	4.1	11.0
1947	57	9.8	10.5	11.4	10.4	5.6	13.6

本表根據中央農業實驗所材料編製，地區包括浙江、江西、湖南、四川、河南、陝西、甘肅、青海、福建、廣東、廣西、雲南、貴州、寧夏 15 省。

資料來源：《中華年鑑》1948 頁 1257。

說明：類似的調查報告很多（例如《申報年鑑》1935 頁 905-6），但多以一年為單位。

　　農家從不同貸款來源，以不同成本借入的款項，運用在哪些用途上？表 4-15 說明只有 10% 以下用在生產性的用途，而非生產性的用途中伙食佔了將近一半。可見農村貸款大都是補助生活，不是

生產性的。這就牽涉到關鍵問題：如果廣大地區的眾多農民貸款用途是這個模式，那需要有多龐大的農業貸款，才能滿足需無窮大的農業部門？在這樣的體制內，期待合作經濟體制度能使農村自立起來，有希望嗎？實在不樂觀。

表 4-15　各類農戶借款用途（%）：1934-5

用途	平均	自耕農	半佃農	佃農
合計	100.0	100.0	100.0	100.0
生產用	8.4	7.4	11.6	5.8
非生產用：	91.6	92.6	88.4	94.2
（包括）伙食	42.1	25.6	43.9	60.3
婚喪	18.1	21.5	12.7	20.3
其他	31.4	45.5	31.8	13.6

說明：

(1)這是金陵大學農業經濟系的調查數字，範圍包括河南、湖北、安徽、江西 4 省 14 區 852 戶。原刊於《經濟統計》1937 年第 4 期頁 193。

(2)本表說明一般農戶借款後的用途分配，至於參加合作社的農民如何利用貸款，尚無詳細資料，但基本型態應該差不多。

(3)Tamagna (1942): *Banding and Financing in China*, p. 206 也有類似的資料。中國農民銀行（1941）《四川省經濟調查報告》頁 51 有 11 縣 216 農家的報告，是依借款來源（合作社或商人或其他）來統計：向合作社借的款，有 79.9% 用在生產方面。資料來源：嚴中平（1955）編《中國近代經濟史統計資料選輯》頁 344。

　　現在轉談另一個問題：社員向合作社借了多少款項？表 4-16 是合作事業最發達的江蘇省資料，是在最積極推動的時期，其他省區的情況不致於比江蘇好。江蘇省的情形是：借款在 20 元以下者

佔 64.17%，可見這類的合作貸款，對農村經濟幫助非常有限。

表 4-16　社員向信用合作社借款統計：江蘇省，1932

借款級距	人數	%	借款總額$	%
未借	1,822	5.37	-	-
20 元以下	19,945	58.80	199,450	18.20
25-50	5,204	15.34	171,609	15.60
51-100	4,710	13.89	353,250	32.20
101-150	956	2.82	119,500	10.90
151-200	859	2.53	150,325	13.70
201-250	299	0.83	67,275	6.14
251-300	100	0.30	27,500	2.51
301-350	22	0.06	7,150	0.65
351-900	3	0.01	1,125	0.10
合計	33,919 人	100.00%	$1,094,274	100.00%

資料來源：《中國農村》卷 1 期 2 頁 7。收錄於：駱耕漠（1936）〈信用合作
事業與中國農村金融〉，《中國經濟論文集》第 2 冊頁 128。

說明：這是 1933 年江蘇省（合作社最發達的省分）農民銀行指導下的信用合
作社之情形。1928 年全國的調查，見石井俊之（1934）〈支那に於け
る經濟復興運動〉，《滿鐵調查月報》17(8):86；借款額在 20 元以下
者佔 63%，情形大致相同。

三、營業效率

評估合作社的營業績效，現在所能得到的較好資料，基本上是
斷年式（cross-section），而非時間序列（time-series）。表 4-17 至表 4-
20 是 1932-5 年間調查的資料，這段時期的統計應該比中日戰爭
（1937-45）之後的可靠。從營業額來看，表 4-17 中有 38.49%「不

明」，也就是無帳可查，這是個還沒上軌道的新體制。有帳可查的合作社中（較健全者），營業額在六百元以上者居多。以最重要的信用合作社而言，六百元營業額以下的佔了 41.77%，實在太少。表 4-17 給我們的印象是：有三分之一無帳可查，有帳的合作社營業額又相當不夠分量。

表 4-17　各類型合作社營業額：1932（社數與%）

營業額	信用	生產	消費	利用	購買	運銷	其他	總計
1-100 元	297	18	4	5	1	-	-	525
	(12.25%)	(6.27%)	(2.94%)	(4.24%)	(1.75%)			(10.52%)
101-200	191	20	11	2	3	1	1	229
	(7.88%)	(6.96%)	(8.09%)	(1.69%)	(5.26%)	(2.76%)	(3.33%)	(7.42%)
201-300	174	22	3	4	1	-	1	205
	(7.18%)	(7.66%)	(2.20%)	(3.39%)	(1.75%)		(3.33%)	(6.64%)
301-400	124	16	5	2	2	-	2	151
	(5.12%)	(5.57%)	(3.67%)	(1.69%)	(3.51%)		(6.66%)	(4.90%)
401-500	127	11	7	7	2	1	1	156
	(5.24%)	(3.83%)	(5.15%)	(5.93%)	(3.51%)	(2.77%)	(3.33%)	(5.05%)
501-600	99	6	5	4	-		-	114
	(4.08%)	(2.09%)	(3.67%)	(3.39%)				(3.69%)
600 以上	501	76	66	32	15	20	10	719
	(20.67%)	(26.48%)	(48.53%)	(27.12%)	(26.31%)	(55.56%)	(33.33%)	(23.39%)
不明	910	118	35	62	33	14	16	1,188
	(37.56%)	(41.11%)	(25.73%)	(52.54%)	(57.89%)	(38.89%)	(53.34%)	(38.49%)
總計	2,423	287	136	118	57	36	30	3,087
	(100%)	(100%)	(100%)	(100%)	(100%)	(100%)	(100%)	(100%)

資料來源：整理計算自《革命文獻》第 85 輯（1980）頁 186-7。

接著看合作社的獲利能力。從原理來說，合作社應該自己累積公積金、股本，以低利貸給社員。中國的合作社是由上而下政府支

持推動，透過農民銀行和合作金庫的政策性低利貸給單位合作社，之後轉貸給社員，其差額就是合作社的「盈餘」。然後在年終依社員與合作社交易的比例，退還給社員或保留當作公積金。

表 4-18 從 15 個省市的調查顯示，合作社向上級機構或銀行貸入的成本以 6% - 10% 最多（佔 35% + 52%），貸出的利息則以 8% - 15% 最多（23% + 32% + 21%），也就是說合作社的毛利在 2% - 5% 之間。若扣除中間作業成本、呆帳準備、通貨膨脹損失，這樣的毛利不可能自保生存。這又驗證了一件事：幾乎完全是政府在支持，負擔營運成本、倒帳風險❷等外部成本，合作社只管借入貸出的手續。若政府的功能一旦緊縮（如戰爭或其他外力因素），合作社就很難存續下去。

表 4-18　合作社的借款與貸款利率：1935（15 省市）

省市	合作社借入之月利（利率為%）							合作社借出之月利（利率為%）					
	<6	6-8	8-10	10-12	12-15	>15	總計	<8	8-10	10-12	12-15	>15	總計
南京				1			1	1	1	1	1		4
江蘇		2	42	4	2		50	1	1	10	27	10	49
浙江		2	48	2			52	1	6	45	2		54
安徽	4	7	3	1			15	3	1	4	4	1	13

❷ 有一項非常詳細的調查資料，是合作事業相當發達的四川省，1940-1 年間由中國農民銀行做一次〈四川省經濟調查報告〉（1976 年中國國民黨中央黨史會影印）：有 78 個表格和 18 個圖，詳細分析四川省的農業金融與農民借貸狀況。有很細的資料，如負債狀況、借款次數與時間、數額、利率、用途、償還方式與比例。其中第 13 至 18 章，分析農村信用合作社的經濟效果。這是目前所知最詳細的單省分析，但同樣的缺點，是不具有全國代表性。

湖北		10	4				14		7	4	4	2	17
河南		13	4				17		4	9	2	2	17
河北	3	25	12	2	1	1	44	13	20	12	12	7	64
山東	4	27	27				58	4	19	8	13	22	66
陝西		4	5				9		1	6	1	1	9
山西			4		1	1	6		1			1	2
湖南	1	11				2	14	1	4	8		2	15
四川	1						1	1		1			2
廣東	2	2		1	1	1	7	4	9		2	1	16
廣西			1				1					1	1
綏遠		1	2				3		1		1	1	3
總計	15	104	152	11	5	6	**293**	29	75	108	70	50	**332**
(%)	0.5	35	52	0.4	0.2	0.2	**100**	9	23	32	21	15	**100**

說明：合作社借款及貸款之利率，根據市縣政府之調查報告按次數計算而
　　　得；上海、廣州、福建、江西無此項報告。

資料來源：《革命文獻》第 84 輯（1980）頁 44-5。另，石井俊之（1934）
　　　　〈支那に於ける經濟復興運動〉，《滿鐵調查月報》第 17 卷第 8
　　　　號頁 93-4，引用《農情報告》第 3 卷第 11 期資料，記載借款來源
　　　　的分佈、利率（以月利 20% - 40% 佔 56.5% 為最普通），借款期
　　　　限以一年以下最多（77.3%）。

　　再來看營運結果，表 4-19 顯示類似的情形：51.31% 不明，
4.68% 虧損，41.06% 盈餘。

表 4-19　合作社營運盈虧之比較：1932

	盈	虧	無盈虧	不明	總計
信用	987	87	65	1,284	2,423
生產	109	10	22	147	287
消費	83	11	6	36	136

利用	42	16	1	59	118
購買	24	7	1	25	57
運輸	8	8	4	16	36
其他	12	5	1	12	30
總計	1,264	144	100	1,579	3,087(社)
	(41.06%)	(4.68%)	(3.25%)	(51.31%)	(100%)

資料來源：同表 4-18 頁 191。石井俊之（1934）〈支那に於ける經濟復興運動〉，《滿鐵調查月報》第 17 卷第 8 號頁 101，以盈餘額來分列合作社的比例。

接著看每個社員分得的利益。表 4-20 說信用合作社的利益最佳，每人分得 5 元以下的比例最大；但無資料顯示社員與職員、理監事之間的分配比例。從表 4-20 得到的印象是：全體社員分得一元以下利益者最多（138＋66＋392 人），經濟效益非常有限。

表 4-20　社員每人所得到的利益，1932

元	○	<1	1	2	3	4	5	6	7	8	9	10	>11	不明
信用	91	66	318	108	42	37	37	13	9	4	1	24	108	1,565
生產	17		12	6	3	3	3					2	13	228
消費	11		38	7	5	1	2				1	1	4	66
利用	9		5	3	1	1	4					1	6	88
購買	5		10	2									1	39
運輸	4		5									4	2	21
其他	1		4	1	1	1		1				1		20
總計	138	66	392	127	52	43	46	14	9	4	2	33	134	2,027(人)

資料來源：《革命文獻》第 84 輯（1980）頁 195。石井俊之（1934）〈支那に於ける經濟復興運動〉，《滿鐵調查月報》第 17 卷第 8 號頁 102 有同樣的記載。

綜合論點是：農民的經濟情況普遍不良，有一大半需要借債渡日，大多用在非生產性的用途；政府透過合作組織以低利貸款給農民，改變了部分的農村金融結構。但因普及度不夠廣泛，每人所借得的款項也（永遠）不夠。加上合作社的運作不上軌道，雖然有由上而下的政策性支持，社員參加合作經濟組織的利益很小。

伍、政治與軍事的背景

國民政府開始推展合作運動時，基本上有兩條主軸：一是承華洋義賑會在華北與長江流域救災時，所組設的合作社系統；另一是在華中華南「剿共」時，基於農村重建與控制的觀點，積極推展的農村合作社。在東南諸省及其他省分的合作事業，屬於省政建設，不是救災和軍政性的。本節的焦點，是在華中與華南諸省的軍事行動中，說明合作體系的產生背景為何（第一小節）；有過哪些建設與作為（第二小節）；它的效果與影響如何（第三小節）。

這個「剿匪」區的合作運動，時代意義大致如下。若無此次軍事行動上的必須，華中華南諸省的合作運動，就不會有這麼積極的推動力量，也不會有政府資助成立的「豫鄂皖贛四省農民銀行」。而這個四省銀行日後改為中國農民銀行，成為合作社體系的主要融資機構。

一、歷史背景

1921 年中共立黨後，在第三共產國際的指導下，運用各種機會發動各類活動，爭取工人與農民的群眾支持，例如 1927 年的廣

州暴動、南昌暴動。中共在 1925 年公開活動後，走農工暴動路線，在農村提倡土地改革，主要的活動地在兩湖、江西一帶。1928年在江西井岡山組蘇維埃政府建立紅軍，1931 年冬在贛南瑞金成立蘇維埃中央政府，江西省就成為國共雙方的爭戰之地。加上1931 年的長江水患，以及 1934 年的旱災，豫鄂皖贛諸省的農村破壞厲害，❸復員工作急切，合作事業成為重建農村的工具之一。

當時的社會結構與心理狀態，和日後的合作運動有間接關聯，需稍加說明。在五次的剿共行動中，前四次可說是自敗於軍事單位間的協調不佳，以及黨派主義的分歧。當時的軍事委員會蔣委員長也認清，這場戰爭的勝負關鍵並不完全在軍事行動上，所以在第四次圍剿（1932）之前提出「三分軍事，七分政治」的口號。因為關鍵之一是在農村社會、經濟上取得控制，所以想藉推動「保甲法」和合作社，來控制農村的社會經濟活動。❸但這些作為的成效有限，根本的原因還是：資金有限不敷所需、行政效率不佳、中飽圖利常有所聞。❸

戰禍與天災使得農民生活不易，還有土豪劣紳的壓榨，加上各

---

❸ 關於國共雙方從 1930 年 11 月起，至 1934 年之間的五次重要戰鬥過程，《中華年鑑》（1948 頁 777-9）有簡要列述。

❸ 「就保甲制度而，管子以治齊，商君以強秦，其明戶籍，除奸宄，維治安，既已奄有現代警政之長；而守望相助，力役相濟，匱乏相調，則又儼然有現代組織民眾與經濟合作之意……」，1933 年 10 月〈對於保甲的批評〉，《蔣總統合作訓範集》頁 68。

❸ William Wei (1985): *Counterrevolution in China: the Nationalists in Jianxi During the Soviet Period*, University of Michigan Press，提到保甲長的待遇、能力、地位大都不高，有許多還是文盲的地頭人物。

項稅捐，間接幫助打著土地改革口號的中共，在鄉村得到支持。農民希望在中共轄區內可免除這些社會性的壓榨，至於是在哪個勢力範圍內生活那是相對次要的事。❸中共激烈的土地改革手法，❸在1933 年 4 月左右把鄉紳階層逼得轉向國民政府。國民政府這方面，盡量以國庫補充減收的苛捐雜稅，組織合作社貸款給農民，再加上軍事行動的順利，才把中共逼往西北「長征」。

二、計畫與作爲

現在把焦點聚在軍事委員會的合作經濟計畫與措施，評估的部分留待下一小節。以下所謂的合作運動，是指在豫鄂皖贛地區，國共軍事對立爭戰時期，在農村地區組設的合作社。

第三次圍剿（1931 年）失利後，軍事委員會委員長蔣中正兼任豫皖鄂三省剿匪總司令，何應欽為贛粵閩三省剿匪總司令，在江西南昌設立「行營」，全權負責策劃督導剿匪區內黨政軍民一切事宜。在以軍事行動為首要目標下，行營有權頒制單行法令規章。因

---

❸　江西省主席熊式輝承認，江西每月苛捐雜稅共可收 25 萬元，並表示「江西若免除每月 25 萬的苛捐雜稅，其效可以等於再派數師兵力，剿除赤匪。」可見提出「七分政治」的口號，有它的時代背景與需要。引自張力（1985）〈江西農村服務事業，1934-1945〉，中研院近史所《抗戰建國史研討會論文集》頁 1037。

❸　詳見曹伯一（1984）〈中共江西時期農村土地鬥爭的政治意義〉，中研院近史所《抗戰前十年國家建設史研討會論文集》頁 901-19。中國地政研究所主編一套「民國二〇年代中國大陸土地問題資料」叢刊，由臺北成文出版社影印刊行。第 71 冊收錄兩本「匪區」田地分配與土地處理的實況調查研究結果，是相當好的一手資料。

為幾乎等於是戰區政府，負責各項工作的單位很複雜，合作事業屬於「黨政委員會」下的「地方賑濟處」，由文群擔任處長，負責「收復地區之緊急救濟與善後復建」。❸

賑濟工作可分三類：一為「急賑」，維持戰區災民短期的生活。二為「工賑」，安排工作，以工代賑，讓災民賺取工資。三為「農賑」，在「農村金融緊急救濟條例」下，透過合作社貸放資金，求戰後農村之復興。我們看到兩個特色。(1)農村合作制度，只是賑濟工作的一環，而賑濟工作又只是整個戰區行營業務體系下的一支。(2)把合作社用到這方面來，不是第一次也不是最後一次。

1920 年華北大旱時，國際華洋義賑會引進過德國式的農村信用合作社制度，效果不錯。1931 年長江流域水患時，請華洋義賑會再度把這套體系用到華中來。所以在「行營」地區有農村合作社的聯想，是很自然的。再說遠一些，七七事變之後興起的工業合作運動，也是配合戰時的救濟需要。若說中國（不只是國民政府）的合作運動，是天災（旱、水）和人禍（各種戰爭）促成的，也不為過。

執行的過程、業務的內容與成果，在此不擬以文字做細節的敘述，而以表 4-21 與表 4-22 來說明其架構。從表 4-21 的條文頒佈過程，可以大致明瞭進行的步驟與範圍。大約可分成三個階段：第一個階段是 1932 年頒佈五種條文，是軍政單位頒行的，只限於豫鄂

---

❸　這段歷史的回述，以徐晴嵐的回憶最生動，有許多文獻上未曾記載過的人事變動，是相當重要的資料：〈中國農村合作運動之回顧：民國二〇年代農村合作運動記實〉，《合作經濟》1986，9:1-23。

皖三省。第二個階段是因為戰區擴大，業務種類的內容也要統一規
範，才有 1933 年的「農村合作社條例」來當作「母法」，規定四
種業務型態，並依母法制定執行機關的組織章程、辦事通則與施行
細則。第三個階段，是 1936 年實業部把戰區六省的合作組織，用
「各省農村合作委員會」的名義收納，結束了前述（表 4-21）11 種
規則的適用性：「本通則自呈奉行政院核准之日施行，軍事委員會
長南昌行營原頒之剿匪區內各省農村合作委員會組織規程，自本通
則施行之日起，於豫鄂皖贛閩甘諸省不適用之。」（第 15 條）

表 4-21　「剿共區」內合作組織的相關條規：1932-5

	頒行年序	條文名稱	條數	內容說明	資料來源
1	1932 年 10 月（1935 年 8 月修正）	剿匪區內各省農村金融緊急救濟條例	10	「為促進恢復生產起見…集合九人以上經核准，設立農村合作預備社」，當作合作社的運作原則。	《革命文獻》第 85 輯（1980）頁 253-4。
2	同上	豫鄂皖三省剿匪總司令部農村金融救濟處組織規程	11	規定負責主管機構之性質、職責、組織結構。	同上，頁 255-6。
3	同上	豫鄂皖三省剿匪總司令部農村金融救濟處放款規則	12	放款給農村（合作）預備社的利率、期限、額度、手續等等技術性的規定。	同上，頁 256-8。
4	同上	豫鄂皖三省剿匪總司令部各縣農村金融救濟分處組織通則	12	規定在各地設分處各項原則與做法。	同上，頁 258-9。
5	同上	剿匪區內農村合作預備社章程	19	當做組設合作社的模範章程，各社依此形式設立。	同上，頁 259-62。

6	1933 年 10 月	剿匪區內各省農村合作社條例	11 章 89 條	相當於該區內的「合作社法」，把從前的各項條例重新規範。	同上，頁 262-76。
7	同上	農村信用、利用、供給、運銷四種合作社模範章程	各 42、47、42、46 條	說明四種業務性質合作社的業務、結構、評分等方式。	同上，頁 276-302。
8	1934 年 1 月	剿匪區內各省農村合作委員會組織章程	17	依前（6）「合作社條例」第 8 條制定。	同上，頁 325-7。
9	1934 年 7 月	剿匪區內各省農村合作委員會辦事通則	36	為上述（7）規程之通則。	同上，頁 327-32。
10	1934 年 8 月	剿匪區內各省農村合作社條例施行細則	43	依前（6）「合作社條例」第 88 條制定。	同上，頁 332-7。
11	1935 年 10 月	剿匪區內各省農村合作金庫組織通則	？	未找到條文，只知有此通則存在。	同上，第 84 輯，頁 54
12	1936 年 11 月	豫鄂皖贛閩甘各省農村村合作委員會組織通則		替代以上的各項規則。	同上，第 85 輯，頁 458-60。

本表由作者整理編製。此表僅限於「條例」、「章程」、「通則」、「規程」，是屬於較可一般化的規定，其他尚有幾項較技術細節的規定，如「陸軍官兵消費合作社簡章」則未列入，詳見《革命文獻》84 輯頁 54-5。

　　換個角度來說，第一階段是第四次「圍剿」（1933 年初）之前的產物；第二階段（1933-5 年）是第五次圍剿時因戰區擴大，所制定較有系統、較一般化的規則；第三階段則因中共已往南轉向西北，南昌行營屬下的合作社就轉由實業部管轄，以求全國合作行政權的統一。在短短四年內，在此戰區所制訂的合作法規，條文性質變化多端。

三、成果與影響

表 4-22 綜述國共雙方激烈對峙時期（第五次圍剿），各類合作社統計數字。特色大約如下：(1)以江西、安徽兩省最重要（主戰場）。(2)以信用合作社為主，其他三種類型的合作社居輔助地位。(3)以單營（專營）為主。

表 4-22　「剿共區」內四省農村合作事業概況表：1934 年 9 月

	信用合作社		利用合作社		運銷合作社		供給合作社		總計		
	單營	兼營	單營	兼營	單營	兼營	單營	兼營	單營	兼營	合計
河南	126	28	4	33	3	7	1	-	134	68	202
湖北	125	5	-	41	-	-	-	-	125	49	174
安徽	711	1	5	2	14	1	4	1	734	5	739
江西	888	-	49	6	3	-	6	-	946	6	952

整理自《革命文獻》第 85 輯頁 339-42。第 84 輯頁 8-10 有至 1936 年的統計數字，包括閩、蜀、甘三省的資料。另一特色是資料較細（有社數、社員數、股數、股金數、貸款數、預備社、聯合社等資料），各項數字也比本表高出許多。1934 年正值國共雙方對峙激烈，較具代表性，數字也較可靠，就用此表來說明。

這些都是靜態的數字，我沒有可靠的資料說明農民受到哪些利益。從當時親身參加此項活動者徐晴嵐的回憶，大致可看出幾點困難與障礙。

(1)政府方面，相關經費與有合作運動經驗者兩缺，流於決而不行。

(2)政府人員與社會民眾不了解其意義：行政人員對這項決策

並無深入了解，或甚有人譏此運動為洋八股。戰亂區的農民更不相信「我為人人，人人為我」的口號。「各方仍多遲疑拖延」，「而地方官員仍不免有固步自封、玩忽無知，或陽奉陰違，推拖阻撓者。」

(3)推廣能力有限：在主要的四省戰區內，有 330 縣人口近億，而實際推動的基層人員只約有四百。雖然各省也自辦「合作社助理訓練班」與短期講習，仍是杯水車薪。

(4)難免有人從中圖利：既以信用合作社為主，基本工作即在分配農業貸款。一般農民能力不足，「不乏素質極差之單位」，有地方富強人士以農民身分入社，逐漸挪用貸款與社員存款，以致後來有「豫皖綏靖公署」，依「懲治土豪劣紳條例」查辦的案例。

綜而言之，華南國共爭戰時期，合作制度被用來當作重建鄉村的工具，屬於「七分政治」的一環，基本上是「戰略性」的，非經濟性的。這地區此時期的合作運動有一重要影響：使得行政體系、知識界、一般民眾知道有合作社這種制度，在戰區由軍事單位推展。當時的合作金融體系，是由 1933 年 4 月成立的豫鄂皖贛四省農民銀行負責，有此機會才使政府能從國庫與省庫中，撥出專業的合作推廣資金，這是很關鍵的政策。後因中共退出華南，四省農民銀行於 1935 年改為中國農民銀行，[39]日後擔負合作金融的主要責任，這已於第三節述過。

---

[39]　四省農民銀行及其後身中國農民銀行的成立經過、內部組織、各地分處、業務狀況，略見《革命文獻》84 輯頁 527-37；以及頁 608-20 有關這兩銀行的條例與章程。

陸、評估

本節以綜述的方式，第一小節說明國民政府合作經濟體制的特質；第二小節分析其問題，內分(1)結構與組織性的問題，(2)單位合作社的體質；第三小節是總結語。

一、特質

(1)這是政府策劃推動，而非民間自發性的經濟運動。由政府計畫、資助合作社、培養工作人員與幹部，而農民與其他社會階層的意願卻不高。合作社通常被認為是政府的機構，作為融資與救濟的管道。❹會有這個印象，是因為大部分的社員是被動的，合作社對大部的人而言並不符合需要，也沒帶來長期吸引他們的利益。

(2)發展失衡，可分為地理區位與業務類別的失衡。表 4-2 可見到有個基本特徵，就是國民政府較有控制力的區域，如東南諸省與陪都時期的四川，合作社數很多，密度較高；其餘地區則較零散，對照之下差異甚大。在諸業務別的社務中，信用合作社一直名列第一（表 4-4），社數、人數、業務量皆如此。有人稱此時期的合作運動為「農業信用」運動，其他的消費、生產合作，只是名目的數量多，實質意義有限。

---

❹ 邵履均（1935）〈陝西省合作事業概況〉，《鄉村建設》，4 卷 23-4 期有如下的敘述：「一進堡子門，就聽見村廟上的大鐘鐺鐺的敲著。我走到近前，問他們：『敲鐘幹啥呢？』『散銀圓』。『誰來散銀圓？』『銀行裡』。『散多少？』『一萬個駝』（即一萬元）。『一人分多少？』『那得看地多少？』『地多的分多嗎？』『那自然囉』。」

(3)與社會救濟、政治軍事爭鬥相結合。合作社制度在華北、華中發生水旱災與饑饉時，發揮救濟性的功能，也因此才受到注意。在國共軍事對抗的過程中，尤其是在江西，合作社扮演安頓、控制農村社會經濟的媒介。工業合作社在抗日戰爭時，也發揮安頓難民、維持民間與軍事的小型工業生產。這種複雜的政治、軍事、社會功能，是時代背景造成的，各國少見。

(4)有頭無身的經濟運動。政府部門推展各種合作行政機構、合作業務相關法律、教育機關、研究單位、金融體系，應有盡有。雖然頭部完整，但廣大地區的農民百姓，只以靜態、被動的方式來回應，既不積極參與也不主動配合，造成有完整頭部而無軀幹的現象。合作經濟體制在西洋，有環境背景自然產生，先有了軀體才有政府的登記與協助。中國的合作制度是外來的，是套上去的，無感情的，群眾的反應被動、冷漠。

(5)目標與效果倒置。合作制度的引進，是在求民間經濟的改善，但從表 4-20 可以明白看出效果有限，而且只及於少數地區。它的社會、政治、軍事效果，在救災、國共軍對峙中反而發揮得較好。

(6)與其他經濟部門的關係有限。合作經濟佔 GNP 的比重很小，重要性不高。即使農村信用合作社在某些地區，曾經改變農民貸款的來源，但從整個廣大的農村部門來說，它的影響範圍相當有限，深度和普及度也不足以改變傳統的農村信用型態。

二、問題

法國的合作經濟學者 Georges Lasserre 在 1927 年的《合作運動

發展的阻礙》❹中，把西方國家遇到的阻礙分成內在與外在兩類。
內在的困難有資金上的、規模上的、區位分佈上的、內部權力結構
上的、職員理監事的。外在方面，有社會對合作事業的觀感、其他
經濟部門的敵對、政府的態度。討論這類制度問題的著作很多，❹
我的印象是：這些問題在中國都有，而且還更多。以下分外部結構
與內部營運兩方面來析述。

㈠外部結構問題

(1)社會經濟條件不足。西歐經歷資本主義的弊端，經過社會
烏托邦主義者的努力與失敗，才從建立新體制度的理想，落實到較
低層次互濟有無的「消費」、「信用」合作社。中國想引入合作制
度，當作改良社會經濟的工具，但沒有可以接受這套體制的基礎。
國民政府想在農村建立這套制度，而農民一則不了解這是做什麼用
的，再則合作社能帶給他們的利益很有限。

(2)行政體系的脆弱與紊亂。國民政府由上而下、中央計畫、
地方推動的方式來推展，但從本章的附錄 4-1 可以看到，一直到
1935 年才有正式的全國總負責機構，而且人力財力都有限。然後
在 15 年之內又因戰局的演變，改換了好幾次主管機關。這在由上
而下推動的體系中是致命的弱點：中央權責的機構經常轉變，地方
合作行政體系不一致。合作法令體系的變革過程（見附錄 4-2）也同

---

❹　Georges Lasserre (1927): *Des obstacles au développement du mouvment cooperative*, Paris: Recueil Sirey.

❹　在此僅舉一列。加拿大 Ottawa 大學經濟系教授 Paul Casselman (1951): *The Cooperative and Some of its Problems*, 李鴻音（1954）譯《合作運動及其問題》，中國合作事業協會。

樣：1934 年才有立法，為了適應戰時不同地區的各種業務，各種
法規多如牛毛混淆不堪，有時行政命令或解釋的效力甚至超越合作
社法。

　　(3)合作金融體系脆弱。開發中國家以農村信用為主要目標，
最重要的就是合作金融體系，猶如身體的血液循環系統。第三節的
各項資料所示：(a)合作金融體系在 20 年間調整好幾次，政府與商
業銀行的介入使狀況更複雜。(b)更重要的基本問題是：資金有
限，廣大地區的合作社在在都需要政府資助，真是杯水車薪。(c)
合作社本身的態度被動消極，就算沒有戰亂干擾也不會在短期內自
立。

　　(4)形式主義。從表 4-2 可看到，某些省分在短短幾年內合作社
數目快速增加，很明顯是人為的。西歐民間自發組成的合作社，是
緩慢累增的。中國的合作社被譏為「合借社」，因為地方政府要向
上級報告成績，製造許多「空社」和「人頭合作社」。第四節中的
許多合作社業務「不明」（佔一大半），就是這種形式主義下的產
物。另一項證據是社員對合作的性質，只有很少數人有正確認識，
❹更談不上良好的業務運轉。

---

❹　吳承禧（1935e）〈浙江省合作社之質的考察〉有下列的統計：
　　一般合作社對於合作意義理解之程度............ 社數　　百分比
　　每多誤解.. 143　　14%
　　隨波逐流，不懂什麼 .... 406　　39%
　　有合作之意，惟未明白了解 .... 380　　37%
　　明瞭透達並有見地.. 105　　10%
　　（1935 年 6 月 8 日天津《益世報農村週刊》第 66 期，或《浙江合作半月
　　刊》第 47、48 期）

(5)政局動盪與戰事連綿。辛亥之後政局轉變相當頻繁，從北洋政府到各地軍閥，接著是中日戰爭，二次大戰後又有國共內戰。不同政權在各地不斷爭亂，對合作社發展的打擊很大。例如日本佔領華北時期，有許多剛要發展的合作社就停頓了；太平洋戰後絲製品外銷中止，這類的運銷合作社也因而消失。若無戰爭，合作事業能否正常發展，是個難以回答的問題。

㈡內部營運問題

從前述的資料可以看出幾項問題：(1)合作社成員對合作社的無知，對合作社的目標沒興趣。(2)沒有合作的精神與意願，只圖短期近利。(3)程度不足，無內部管理效率可言。(4)各種合作社的聯合業務不足。這些問題，可以運用合作事業還算發達的四川省調查資料，做代表性的解說。

表 4-23 可以看出，問題最多的是資金不能適當供給（70 次）、會計不能記帳（67 次）、社區過大管理困難（38 次）、社務被有力者操縱（22 次）、虧損（19 次）、款項被挪用、圖多借款（各 14 次），其餘的相對次要。最嚴重的問題是合作金融不足，然後是被少數人操縱圖不當之利，以及連帳目記載都有困難。❹

---

❹　侯哲葉（1931）〈合作社實施上的困難及其對策〉，《合作月刊》3 卷 5 期頁 3-7 有詳細分述。石井俊之（1937，下）頁 105-7，記載許多對當時合作運動缺陷的論點。

表 4-23　合作社的困難問題：1940
（四川省 74 縣，各類問題報告次數）

社務方面	社區太大管理困難	38	職員方面	選擇不易	10
	會議不能按時舉行	4		不盡職責	12
	有力者操縱	22		能力欠佳	8
	貧農不易入社	1		挪用社款	14
	帳目不清	2		會計不能記帳	67
	交通不便管理困難	3		圖多借款	14
	社址不適當	2		待遇太低	2
	會議太多引起社員反感	1		態度傲慢	3
業務方面	資金不能適當供給	70		自私自利	2
	借款手續太繁	2			
	開支太多致生虧損	19			
社員方面	智識太低	9	其他方面	政令紛繁	1
	不關心社務	3		放款機關不識合作真義	1
	不守社規	3		盜匪橫行放款不便	4
	冒名跨社	1		縣長對合作事業毫不關心	4
	社員應征入伍還款不易	1		工人與廠主從中破壞	2

資料來源：《中國農民銀行四川省經濟調查報告》，中國國民黨中央黨史會
1941 年出版，1976 年影印。1936-7 年的 *The Chinese Yearbook*, p.
1287 有當時（1936 年）在 14 省的調查，分三方面：(1)所遇之問
題；(2)償還貸款的情形；(3)未能償還的原因分析。在此不擬細
引，但很值得與此表相對照。

三、總結

　　從合作經濟倡導者的觀點來看，生活改善是首要的目標，這個
目標達成後，社會改良的效果才會跟著出現。合作運動先驅的社會

烏托邦思想者，他們內心中所寄念的崇高理想，對只圖改善日常生活的平民百姓而言太遙遠。民初的合作運動者，承襲西歐社會主義改良派的理想，在北洋政府時期經過短暫的萌芽與實驗失敗後，才在國民政府時期復生。

　　要使這套西歐體制在開發中國家存續下去，必要（而不一定充分）的條件是：(1)基礎的經濟與國民的生活、教育水準已建立；(2)政府有足夠且充裕的力量來推動；(3)政治社會的安定。這三個條件在 1949 年以前的中國並不具備。

附　錄

　　下列的四個附錄是從繁雜散佈的文獻中，把重要但零碎的資料做綜合歸納解說，附上註釋與相關文獻供進一步查索。這幾項附錄雖然沒有重要的學術詮釋價值，但對這時期的合作經濟是輔助性的資訊。

附錄 4-1：合作組織行政體系的變革

　　北洋政府時期的合作運動是由民間自動發起，政府對華洋義賑救災總會的活動配合支持，其餘的個別合作社並無向政府登記、受法律保障之地位，更談不上有合作行政體系。國民政府 1928 年執政後，合作行政體制經過幾次變動，各省的主管機構名稱又不盡相同，合作行政體系更顯得複雜。在此僅就中央、省市（院轄）兩個階層，以附表 4-1 來顯示變化過程與複雜性，各省市的行政機構名稱相異甚大，同省內也有經過數次變化者，細節請參閱所附的資料來源。

附表 4-1　合作經濟行政體系的變革：1935-49

（中央）

名稱	起訖	負責人	說明
實業部合作司	1935 年 11 月-1938 年 1 月	章元善（1935 年 11 月至 1939 年 5 月），後由鄭達生接任至？年？月	合國最高合作行政機構。
全國經濟委員	1935 年 10 月-	陳公博（實業部長兼	掌管全國合作事業的

會合作事業委 員會	1936 年 6 月	任)	技術推廣，之後奉命 結束。各軍事委員所 轄之合作事業，也全 部移交實業部合作 司，行政權統一。
經濟部農林司 第五科	1938 年 1 月- 1939 年 5 月	不詳	中日戰起，實業部改 為經濟部，合作司撤 消，由農林司兼辦。
經濟部合作事 業管理局	1939 年 5 月- 1940 年 4 月	壽勉成（1939 年 5 月 起）	因農林司組織不足， 另立合作事業管理 局。
社會部合作事 業管理局	1940 年 12 月- 1949 年 4 月	同上，1946 年 11 月由 王世穎接任。1948 年 辭，由陳岩松接任（12 月）	國民黨之社會部改隸 行政院，接管合作事 業。
內政部合作司	1949 年 4 月	陳岩松（1948 年 12 月- 1949 年 7 月），由趙沛 鴻繼任。	社會部遷廣州，裁併 內政部，改設合作 司。十二月遷臺後， 改隸社會司合作科。

（省市）

設置機構名稱	設置之省市
1.省政府合作事業管理處	贛、魯、晉、豫、甘、寧、青、滇、黔、綏。
2.建設廳合作事業管理處	浙、川、陝、粵、桂等五省。
3.社會處合作事業管理處	臺灣省。
4.建設廳合作科	察、熱等二省。
5.社會處合作室	冀省。
6.社會處合作科	蘇、皖、鄂、湘、閩、吉、遼寧、遼北、安東。
7.財政廳合作科	西康省。
8.市社會局合作室	京、平、津、渝、青、穗六市。

9.市社會局合作科	滬市。
10.市政府合作室	瀋陽、西安、漢口三市。
11.經委會合作社	東北行轅主管東北九省合作事業。
12.尚未設置合作行政單位者	新疆、松江、合江、黑龍江、嫩江、興安及哈爾濱、大連八省市。

資料來源：

(1)字詳述部分，參閱陳岩松（1983）《中華合作事業發展史》第 10 章。

(2)各省市的行政主管機關，見《中國經濟年鑑》（1936）第 18 章〈合作〉頁 R1-4, R87-9。其中最早有省級合作主管機構者為江浙兩省，1928-9 時已有省建設廳主管合作業務。

(3)各省市合作主管機關之所在、成立或改組日期、主管人姓名（至 1944 年），見《革命文獻》第 101 輯《社會建設》(六)頁 41-2。

附錄 4-2：合作社法制體系

　　1928-49 年間國民政府在各地區，依政治或軍事或救濟目的所公佈的法律、命令、規則、章程，可謂多如牛毛，繁雜無序。附表 4-2 將此時期的主要相關法令，依性質排列方便查索。來臺以後的部分，已由臺灣省合作事業管理處彙成《合作法令彙編》（1980）頁 501。

　　先略述民初時的法令（附表 4-2 第一類）。內分兩種：第一種是倡導性的，無運作的經驗；第二種是運作性的，作為合作社營運的規則。除了華洋義賑會的章程，目前能找到完整章程的，還有「北京大學消費公社章程」（《合作月刊》1931 年 2 卷 6 期頁 13-8）。這些章程的共同特徵就是都沒有法律地位，只有合作社內部的約束作用。這類的章程在同時期的各種合作社內都有，較完整的目前只找到上述兩個，陳岩松（1983）頁 123-39 摘述幾個早期合作社的章程。

　　全國性的合作社法未頒布之前，基本上是以行政命令的形式來規範，都不具法律效力。在行政院之下，有由各省市政府頒布者（第三類）。第二類目前有全部條文可查者，計有江蘇、浙江、江西、河北四省。[45]第三類的各項法令全文以及在各省的施行經過，在所附的文獻中有詳盡始末交待。

附表 4-2　合作經濟法令的結構（依性質與年代排列）

	性質	年分	名稱	說明	文獻
1	倡導與救濟性質	1920	產業協作社法草案及其理由書(分2章，共5節61條)	由戴季陶所擬，主張仿日、俄合作體制，屬個人的提議層次。	《革命文獻》第84輯，頁256-304(全部條文)
		1923	農村信用合作社章程(分11條45項)	這是華洋義賑會所擬的空白模範章程，但無法律效力。	同上，頁463-71(全部條文)
2	行政命令	1928-34	由各省市政府頒佈的合作社修例、通則、章程，共13種。	共有十省五(院轄)市頒佈13種這類的法規。	同上，頁53-4
3	戰區合作行政法令	1932-4	以「剿匪區內各省」為開頭的合作社管理辦法，共16種。	由軍政單位發出的單行法令，自負督導之責。	同上，頁54-5；第85輯頁251-370有詳細條文及說明。
4	中央政府通過頒佈	1931	農村合作社暫行規程，共80種。	實業部公佈，屬於部令，無法律	同上(84輯)，頁424-36(全文)

---

[45]　見《革命文獻》85-87輯：江蘇省（86輯，頁386-408）、浙江省（86:442-60）、江西省（86:515-22）、河北省（87:372-80）。

			合作社法原則，共 10 條。	地位。政治會議於 325 次會議通過，交立法院審核，為合作社的前身原則。	。同上，頁 326-8（全文)
			合作社法，共 76 條。合作社法施行細則，共 41 條。		同上，頁 436-54（全文）。
			縣各級合作社組織大綱，共 28 條。	為配合地方自治新縣制，由行政院制頒，並無強制性的罰則。	《合作法令彙編》
5	特種法規	1936-49	各種特定業務的合作社經營法規，如合作金庫、消費、運銷、工業、漁業、信用等數十種。	內容複雜，具有法律效力。	同上
6	憲法	1947	憲法第 145 條第二項：「合作事業應受國家獎勵與扶助」	在國家根本大法內明列合作事業的重要性。	中華民國憲法

本表由作者編製。

　　第四類第一項的「農村合作社暫行章程」，是中央合作行政主管機關實業部，鑒於各省的合作法令不一管理困難，頒此章程，也適用於非農村合作社。此後有較統一可共同遵循之規則，但僅屬行政命令，無法律地位。因此有其後的「合作社法原則」，這是經立

法院通過頒佈之「合作社法」的前身。❹國民政府管轄區內的合作社法，從此有了正式統一的母法及細則。其後隨著各地各項業務的需要，訂了許多較低層次以及專業合作社適用的合作法規。合作社法從此有完整的體系：母法、施行細則、專業合作社法、❹管理辦法。❹

　　另一項特點，是把合作事業列入中華民國憲法（附表 4-2 第六類）。這是因為第一屆國民大會代表中，有 80 多人從事過合作行政、合作金融、合作教育等相關工作。陳果夫、陳立夫路線的政治影響力，在此「列憲」過程中扮演相當角色。❹「合作列憲」給日後合作事業工作者帶來相當屏障，也成了某些不當的藉口。全世界憲法中，合作事業列入條文中者在亞洲 31 國中有 18 國（58%），歐洲 35 國中有 18 國（51%）。❺各國合作事業列憲，在精神與執行上各有輕重巧妙，以 21 世紀初的眼光來看，中國合作事業列憲已形同具文。

---

❹ 1985 年 10 月出版的《合作經濟》（第 6 期），有數篇文章重述當時起草合作社法的樓桐孫先生之回憶記錄，過程相當有意思。

❹ 陳岩松（1983）《中華合作事業發展史》第 9 章頁 193-6，列了 17 種事業合作社管理辦法。

❹ 這些法令規章的解釋，詳見李錫勛《合作社法論》的解說（臺北：三民書局）。

❹ 見陳岩松（1983）第 8 章的敘述。

❺ 陳鳳慶（1986）〈亞洲各國憲法有關合作經濟條款之比較研究〉，《合作經濟》第 11 期頁 49-58；同刊第 13 期頁 61-71，以相同題材研究歐洲各國的情況。

附錄 4-3：合作經濟運動的推展機構

　　國民政府在大陸時期，投入相當的人力與財力推動合作經濟。以下依教育與學術、合作社團、合作業務指導機構三部分概要解說。1949 遷臺後有關此兩項活動的記載，請參閱陳岩松（1983）編著《中華合作事業發展史》第 30、32-34 章。

㈠教育與學術

　　將近 20 年的積極推動，合作教育在高等教育、中學教育、職員幹部教育的層次上，都有過相當的努力。現依目前已知的材料，彙編成附表 4-3，附文獻資料來源，不再細說。

附表 4-3　各級合作教育

階層	名稱	時期	說明	文獻資料
大學教育	北京京師大學堂與上海復旦公學。	清末民初 1914 年	屬於引介性質，並無系統的知識與課程。	陳岩松（1983）第 5、6 章。
	中央政治學校社會經濟學系合作組。	1930	大學最早設立獨立合作科系，但只辦了一期。	同上，頁 601-4。
	浙江大學農學院合作組。	1934	只辦了一期。	同上。
	另有浙江英士大學、湖南大學、復旦大學等七個大專院校開設合作課程。	1935 之後	只有課程並無科系。	同上。

研究所碩士班	南開大學經濟研究所內設合作研究組。	1935	收研究生五名，所頒之學位名稱、前後期數不詳。	同上，頁 608-16。
	中央政治學校合作學院。	1936-40	有三期畢業生共86 人，相當於碩士學位，但認可方式仍有爭執。	唐仁儒（1973）
中學教育	江西、湖南、北平等地，某些農業及職業學校有「合作班」、「合作科」	1935 後	無詳細資料，大概是訓練農村合作組織的基層人員。	《革命文獻》第84 輯頁 50-2。
研究合作工作人員、合作社職員專業教育	各種「合作訓練班」、「合作講習會」	1929 起	這些是不定期由各級政府機構主辦的講習班。	同上，其中列了1922-35 年間，29個訓練單位及其始末，是最完整的資料。另見陳岩松（1983）第30 章的敘述；壽勉成、鄭厚博（1937）頁 262-92。

本表由作者編製。

㈡合作社團

　　北洋政府時期推動合作思潮、合作業務的組織約有八個。共同特色是：存在期短、規模小、影響範圍小。國民政府時期因有國家支持，上述的缺點都消除了，所產生的現象是：原屬於民間自發性的經濟結社，在此一階段則帶有濃厚的政治與政權色彩。在系統上

分出兩條主要路線：一是以學術研究、提倡合作制度的「中國合作學社」；另一是以合作業務、協調辦理各項實際活動的「中國合作事業協會」。這兩個團體的活動已有不少相關文獻，很容易查索到，以附表 4-4 的方式說明其內容與變革。

附表 4-4　「中國合作學社」與「中國合作事業協會」的活動與變革

社團	中國合作學社	中國合作事業協會
成立經過	民國 8 年 11 月，薛仙舟在復旦大學領導成立「平民週刊社」，10 年 12 月改為「平民學社」，13 年 10 月受政治干預停止活動。17 年 12 月在上海，由陳果夫領導 22 人，將「平民學社」改組為「中國合作學社」。38 年來臺後繼續活動，與「中國合作事業協會」同在臺北市福州街 11 號大樓內。	民國 29 年 2 月在重慶（戰時首都）成立，主要任務是「合作組織之推廣及協助」，是業務性的協調者。由各省市依會員人數多寡選舉代表，每兩年開代表大會。來臺後，由陳果夫、谷正綱等任會務，但對合作界實務的運作，已少有實質影響力。
業務活動	(1)發行《合作月刊》，1929 年 3 月至 1944 年 12 月（1937 年 7 月停刊，1938 年 4 月復刊，期數另起）。 (2)舉辦「合作訓練班」、「合作研究班」、「合作講習會」、「合作人員訓練所」。 (3)1934 年在南京成立「（薛）仙舟圖書館」，專業收藏合作經濟之社會科學及應用科學。 (4)1932 年在上海成立「中國合作批發部」，代理各種合作社	(1)代表合作業與政府部門交涉，例如免稅、合作事業受憲法獎勵與扶助。 (2)擬訂中國合作運動綱領及實施方案。 (3)舉辦合作宣傳教育。 (4)與國際合作運動團體之間的往返。

<table>
<tr><td></td><td>進貨或運銷產品。業務量小，七七戰起後業務停頓。
(5)1931 年 3 月受江蘇省實業廳委託，代辦吳縣光福合作實驗區（詳見附表 4-6）
(6) 在國內各地、國外（以日本、西歐為主）考察合作業務。</td><td></td></tr>
</table>

文獻資料：

(1)較全面性的敘述，壽勉成、鄭厚博（1937）頁 165-186；陳岩松（1983）第 32-33 章；李錫勛（1952）；《革命文獻》第 84 輯頁 23-27。來臺後的變革見李啟紘（1984）。

(2)與國際間的關係，壽勉成、鄭厚博（1937）頁 88-94；陳岩松（1983）第 34 章；《臺灣省合作年鑑》（1957）頁 89-106。

㈢合作業務指導

附表 4-5 旨在說明，負責指導合作社的機構，在不同省市的分佈情形：以縣市政府及其所屬的合作事業指導處為主（50.7% + 27%），是中央計畫性與地方分權的性質。

附表 4-5　各省市合作社的指導機構：1934

	南京	上海	北平	陝西	山西	河北	山東	江蘇	安徽	河南	湖北	湖南	江西	浙江	福建	廣東	廣西	計	%
市縣政府	1	1	1	3	9	75	89	52	3	5	4	5	3	57	2	--	1	311	50.7
縣合作事業指導辦事處	--	--	--	1	--	9	9	1	13	28	9	23	34	--	15	25	--	166	27.0

																		計	
省合作指導委員會	--	--	--	--	--	4	1	--	2	--	3	--	6	--	1	--	--	26	4.2
農村金融救濟處	--	--	--	--	--	--	1	--	3	--	1	--	2	--	--			7	1.1
華洋義賑會	--	--	--	--	--	17	--	--	16	--	--	--	9		--	--	--	42	6.9
合作聯合會	--	--	--	1	--	6	--	--	--	--	--	--	--	--	--	--	--	7	1.1
棉產改進所	--	--	--	1	4	1	--	--	--	--	1	--	--	--	--	--	--	7	1.1
學校及社教機關	--	--	1	--	--	--	5	--	--	--	--	--	--	--	--	1	-		1.5
黨務機關	--	--	--	1	--	--	2	--	--	1	1	--	--	1	2	--	10		1.6
中國農民銀行	--	--	--	--	--	--	--	--	1	--	--	1	--	--	--		4		0.8
上海銀行	--	--	--	--	--	--	--	--	1	--	--	--	--	--	--	--	1		0.2
其他	--	--	--	2	4	6	1	1	3	1	1	2	--	1		--	--	23	3.8
計	1	1	2	10	17	122	100	61	35	34	25	31	51	55	44	27	2	--	--

資料來源：《農情月報》4 卷 2 期。引自石井俊之（1934）〈支那に於ける經濟復興運動〉，《滿鐵調查月報》17 卷 8 號頁 79-80。《申報年鑑》1936 年頁 1074 有類似的統計，頁 1075 有各省市合作社放款機關的統計分佈。

相關文獻：

(1)中國國民黨黨史會（1980）《革命文獻》第 84 輯〈合作運動(一)〉。

(2)李啟絃（1984）〈蓽路藍縷，再啟山林──中國合作學社史話〉，《合作經濟》3:85-91。

(3)李錫勛（1952）〈中國合作學社史話〉，《合作經濟》（與上列的《合作

經濟》同名，但內容不同），12:15-7。
(4)唐仁儒（1973）〈合作學院史話〉，《合作界》11(2):62-7。
(5)陳岩松（1983）編著《中國合作事業發展史》，臺北商務印書館。
(6)黃肇興（1938）〈中國合作事業推進機關之鳥瞰〉，收錄於方顯廷（1938）編《中國經濟研究》，南開大學經濟研究所叢書。
(7)《臺灣省合作年鑑》（1957），臺北：中國合作事業合作協會。
(8)魯鎮湘（1959）〈我國合作教育的檢討與展望〉，《合作界》31:50-4。
(9)壽勉成、鄭厚博（1937）《中國合作運動史》，正中書局。
(10)正知（魯鎮湘，1965）〈二十五週年之中國合作事業協會〉，《合作界》6月號頁7-9。

附錄4-4：合作實驗區

合作經濟制度在兩種情況下，被當成社區（commuinity）的實驗工具。如附表 4-6 所示，分為「鄉村建設運動」、「合作實驗社區」兩類。前者是推展鄉村建設運動者，把合作社當作社區的一種經濟單位；後者的主要目的，是想以合作社作為基礎單位，逐漸把該社區（鄉、鎮或縣）全盤合作組織化。

㈠鄉村建設運動

1904 年米鑑三在河北省定縣的翟城村，提倡農村教育與農業推廣。1918 年他任山西省長，推展村政。1918-22 年間由政府提倡，主要工作是編戶口、做鄉村內的建設工作（植樹、開渠），開社會風氣（禁賭、禁蓄辮）。1922-7 年間，由村民自治（息訟會、保衛團等）。這只是山西省的一個特例，之後停頓了，[51]這也和合作社區

[51] 大概這是民國以來的第一個鄉村建設運動，目前所知有限，與本文較不相關，主要參考資料為陳岩松（1983）編著《中華合作事業發展史》頁112-3。

運動無關。

1928 年左右，各地掀起一陣鄉村建設的浪潮，有些是教育機構主持的，有些是社會改革熱心人士推動，在此只舉兩個較有資料可查的例子，❸說明鄉村建設運動和合作組織的關係。

晏陽初在美、法遊歷的過程中，體認到不識字文盲的人口太多，對國家前途影響甚大，回國便提倡識字運動。民初華洋義賑會在河北推廣合作社略有成效，就借用這個基礎當作輔助性的農村經濟單位。「平教總會」（平民教育總會）在組織及規劃上相當完密，自組棉花運銷合作社和農村合作實驗銀行。

這段詳細的過程，在附表 4-6 的文獻來源都有詳述，在此僅指出結構性的弱點。(1)晏陽初的想法實際可行，但同時兼顧農村內太多部門（教育、衛生、經濟），有限的資源（資金、人力）被分散了。以一隊人力來拯救社會惰性甚強、依靠感甚深的農村，雖然得到政府與國際善心人士的支持，但終是螳臂擋車。(2)他設計的合作社運作系統雖佳，但參加合作社的農民基本上是來圖利的，社會改革的理想對他們太遙遠。

梁漱溟在山東鄒平縣的實驗，有較思想的層次，也有較多政治

---

❸ 例如有華北農村建設促進會、定縣實驗區、山東鄉村建設研究院鄒平實驗區、鎮江內鄉鄉村建設、河南村治學院、烏江實驗區、上海俞塘實驗區、江蘇湯山鄉村實驗區、燕京大學主辦的龍山鄉村服務社、北平師範大學主辦的辛莊實驗區，以及廣州中山大學由鄭彥棻氏倡辦的鄉村服務實驗區。《革命文獻》84 輯頁 29-33，列舉定縣、鄒平縣、清河鎮內各區域不同種類合作社的統計數字。

上的糾葛，已有全面深入的探討。❸他在鄉村建設上花相當多時間，在文字上宣揚他的理論與做法。❹他的鄉村建設帶有宗教意味，從道德和思想上改造來重整崩潰的社會。讓人聯想到很類似英國的 Robert Owen（1771-1857）、法國的 Charles Fourier（1772-1837），以及他們無可避免的失敗。他在很高層次的理想上，想「要於短期內將農民都變成經濟的戰士，而提綱挈領，便於指揮」。❺當時合作界人士參觀的印象是：「當時鄒平縣合作社僅辦理共同購買，共同運銷工作，尚無現在資本主義社會的農業生產合作型態。」❻「然而，梁氏對於這些不起眼的成就並不太滿意，因為距離他的目標仍然太遠，最後，共產主義者實現了他的終極目標。」❼

---

❸ Guy Alitto (1979): *The Last Confusian: Liang Shu-ming and the Chinese Dilemma of Medernity*, University of California Press. 部分中譯見臺北時報公司《保守主義》頁 275-309，可了解他的思想轉換過程。

❹ 有《鄉村建設論文集》（1934）、《鄉村建設實驗》（1936、38）、《鄉村建設理論》（1937）等。

❺ 《鄉村建設理論》頁 432。

❻ 朱嗣德（1980）《中國農村經濟問題》頁 261。

❼ Guy Alitto（1976）〈梁漱溟〉，《近代中國思想人物論——保守主義》頁 304。

附表 4-6　合作實驗區：1932-7

I	名稱與年代	地點	支持者	動機與目標	業務內容	困難與阻礙	文獻
鄉村建設運動	定縣實驗區 1932-7?	河北定縣	晏陽初	以翟城村為鄉教育施教區，運用合作組織，在教育與經濟上，改善民眾的「貧愚弱私」，由縣推廣至全國。	縣單位合作組織分為村縣兩級，成立信用、購買、生產、運銷四個聯合社系統，並辦理「定縣農村合作實驗銀行」。	基本上是承繼華洋義賑會於 1924 年旱蝗災時的合作社而下。晏陽初等人積極提倡，1934 年時全縣 472 個村子中，只有 50 所合作社，離「合作化」的目標太遠。	吳相湘（1981）《晏陽初傳》，第 6 章；陳岩松（1983）《中華合作事業發展史》頁 114-7；壽勉成、鄭厚博（1937）《中國合作運動史》頁 252-8。
	鄒平實驗區 1931-7	山東鄒平縣	梁漱溟	仿北宋呂和淑的鄉村社區（「鄉約」），作為自發互助的組織，應付經濟、教育、軍事上的共同問題。	在鄉村建設運動中擔任部分功能，組織棉被運銷合作社 118 所、倉庫合作社 147 社、蠶業合作社 10 社。	在整個實驗區內，只居次要的輔導與運作的地位，七七事變中日戰爭自然停頓。	Guy Alitto（1976）〈梁漱溟：以聖賢自許的儒學殿軍〉，《保守主義》頁 276-309。餘同上。
II 合作實驗社區	光福合作實驗區 1931-8?	江蘇吳縣	江蘇省農礦廳，後轉為建設廳，再轉由中國合作學社辦理。	「為應用合作學理設施合作事業，創造合作新村」。	該地為養蠶業區，以養蠶合作社為主。	政府推動辦理，每個實驗區經費每年分不到三萬元，各合作社又以借款為目的，與理想相去甚遠。	《革命文獻》第 84 輯頁 26-212。

丹陽合作實驗區 1934-7?	江蘇丹陽	江蘇省建設廳	該地區合作社多以信用業務為主，質的方面並不理想。打算在這個農產豐富的地區發展合作事業，使散漫的農村能趨於組織化。	農產品多且質精，擬發展運銷合作社，改進從前的弊端並作示範。	農民知識不高，對社會事業興趣不高，社員分子複雜，職員過多，負責無人，職員壟斷社務。	同上，頁212-47。
淮陰縣合作實驗區 1935-7?	江蘇淮陰縣	縣長祁雲龍	受黃淮河水患，為繁榮江北農村，由省政府決定設立合作實驗區。	以信用業務貸款給災民為主，運銷業務徒具虛名。	純粹為政府推動，毫無地方基礎，資金又有限，完全失敗。	同上，頁247-376。
淮江農村合作實驗區 1931-7?	杭縣彭家埠永嘉嘉興王店	省建設廳	試辦運銷合作社及信用業務。	同左。	資料太少無法判斷，大致無長期顯著效果。	壽勉成，鄭厚博 (1937)《中國合作運動史》頁247；陳岩松 (1983) 頁267-76。

本表由作者編製。

(二)合作實驗區

附表 4-6 中有江浙兩省的合作實驗，但浙江的資料非常有限，只能以江蘇的三個實驗區來說明。只有江蘇省有這種實驗區，理由其實很簡單：陳果夫在 1933-7 年間任江蘇省主席。他想把薛仙舟的〈中國合作化方案〉，在他可以控制的地區先試行，認為藉由合作實驗區的推展，可幫助他在政治上的控制力。

附表 4-6 中的文獻，有四百頁左右的篇幅，詳錄當時的各種活

動，在此僅指出其特質。(1)形式主義的完整：各項計畫、章程、訓練課程相當完備（頁 41-73）。(2)經費有限，每個區域只分到幾萬元（頁 381-6）。(3)黨性明顯：教育課程內有「黨義」這門課（頁 321）。(4)社會基礎太差不能配合：社員無此概念，分子複雜，職員圖利。這是在省、黨政策之下，由上而下推動的實驗區，談不上實質效果，徒然累積許多文件與這方面的人員，中日戰起後都自然消逝了。⓽ 上述兩類合作實驗區都不成功，⓾ 單由政府或社會改革人士來推動，事倍功半是預料中的事。

⓽ 這個實驗區構想的主要人物是省主席陳果夫，他在〈江蘇合作社之進展〉中，以一頁篇幅記載他對此事的印象，節錄如下。「當時想普遍推行各種農業工業的生產、利用、運銷等合作事業，又感人才缺乏，乃在江南北設立兩個實驗區，一個設在江南丹陽，一個設在江北淮陰。因為這兩個地方，具備實驗的條件，並且交通方便，易於作各縣之示範。我記得丹陽合作實驗區之各種生產合作社，已組織成而可作示範的有二十幾種，原擬將每種合作社從開始到完成，拍成電影，作為教導各地合作社的教材。至於是否拍製，因七七事變發生，就無暇問及。即使拍製了一部分，也一定與其他丟失的影片，同其命運而已；淮陰實驗區著重於運銷利用等合作社，屬於運銷者，如豬隻、金針菜等運銷至上海等處；屬於利用者，如因導淮工程之進展，成立了許多灌溉合作社，其他我也記不清楚了。」（《陳果夫先生經濟思想遺著選輯》頁 94）。從這段回憶，大致可看出到中日戰起之時，江蘇省的合作實驗區還在試驗與推廣階段。陳岩松（1983）《中華合作事業發展史》頁 26-67 也敘述這段經過。

⓾ 江西在 1932-5 年間國共激烈的長期對抗後，全國經濟委員會於 1934 年撥付重建江西預算 190 萬元。國際聯盟的專家建議，預算內有 50 萬元用於建立合作社。在 1934-6 年間曾建立十個農村服務區，合作社只是其中的一小環，並且要遵照「剿匪區內農村合作暫行條例」。一方面因合作組織在此僅屬次要，二因正文第五節已詳細說明此問題，不擬再表。

第五章 中共早期的集體化合作組織：1931-45

壹、綜觀

一、特質

中共自 1950 年代起採取社會主義的集體經濟形式，從 1958 年的人民公社到後來的失敗。1970 年代末期改變策略，推行農業生產責任制（如「包產到戶」：按契約交部分給政府，剩下歸自己）。但萬變不離其宗的是，如同 1982 年中共新憲法第 8 條指出的：人民公社、農業生產合作社、其他生產、消費、手工業的「各種合作經濟，都是社會主義群眾集體所有制經濟」。

這說明中共的「合作經濟」，是走蘇聯的集體社會主義路線，其實在 1949 年以前就可以看到它的雛形。1950 年代以後，研究中共合作經濟制度的文獻相當豐富，❶但對立黨（1921）至 1949 年之

---

❶　分析 1950 年代之後經濟發展特質的專著，較近的有 Gregory Chow (1985):

間則較少有系統的研究。本章的旨要，在概括說明中共運用合作組織的意識型態與歷史背景（第一節）；分析在兩個發展的階段（江西時期與邊區時期），如何運用這項組織配合戰爭和根據地的需要，並解說其運作方式與實地的民眾生活如何配合（第二、第三節）；評估它在經濟、社會與政治上的各種效果（第四節）；第五節作全盤總評。

本章範圍僅屬於中共早期的發展過程中，經濟活動內的一小部分。在那段時期合作組織和政治、軍事活動密切牽扯在一起，是附屬性的，是次要的，是配合政治軍事活動的。本章處理的期間，是1931 年冬季在江西瑞金成立「蘇維埃」政權起算，因為那時才稍微有初步明確的「合作社」設計（見本章附錄）；止於 1945 年，因為 45 年到 49 年的內戰期間，中共合作組織的運作情形混亂，很少有明確的文獻可徵引。

1949 年以後大陸的經濟制度有幾次激烈變化：1950 年代的集體制，比抗日期間的集體化更徹底、普遍化。1950-60 年代的「合作社」，性質和上述其他型態迥異。因其性質特殊、且變化過程複雜，須在另一套中央計劃、集體統治經濟的範疇下去了解，非目前

The Chinese Economy, Harper & Row Publishers, 中譯本：《中國經濟》，香港中文大學（1988）；Carl Riskin (1987): *China's Political Economy : the Quest for Development Since 1949*, Oxford University Press。中共合作組織的歷史文獻回顧，見 Norma Diamond (1985): "Rural collectivization and decollectivization in China: a review article", *Journal of Asian Studies* , 64(4):785-92。經濟效益分析方面，Dennis Chinn (1980): "Diligence and laziness in Chinese agricultural production teams", *Journal of Development Economics,* 7:331-4，並參見其中引用的文獻。

所能處理。這個領域的近期研究，略見第三小節的研究文獻解說。

二、意識型態的發展

　　西歐的合作經濟思想，源於 19 世紀中葉社會改革者為改善經濟的不平等，這種思想影響了社會主義與共產主義。在思潮的意義上，合作制度與共產制度可以說是「本家」。但在實際運作上，資本主義社會也採用這套合作經濟，在西歐、北美、日本流傳發展之後傳入中國。民國初年傳入合作經濟思潮時，在取向上較偏向社會主義式。但一方面，這種思想只在少數知識分子間流傳；另一方面，中共的發起分子較政治取向，對合作經濟的了解較片斷。

　　從《中國農業合作化運動史料》所收錄的原始文獻來看（見表5-1），在 1925 年 5 月到 1927 年 3 月之間，中共在廣東、湖南、江西、湖北等地，有五次關於「農村合作運動」、「農村合作社問題」的決議案，倡導組織「購買合作」、「販賣合作」、「借貸合作」。基本上都是屬於「宣言」、「會議」的層次，沒有實質的行動與計劃步驟。

　　舉個例子。1925 年 5 月「廣東省農民協會第一次代表大會關於農村合作運動決議案」，是很具代表性的文件，說明需要這種組織的原因是：「我們農民大多數，既苦於土地的不足，復迫於糧食的缺乏，再加以資本家地主奸商的剝削和榨取，我們農民生活的困苦可知了。……合作運動就是改革目前農民生活狀況的一種有效方法。」像這類的「決議案」，在沒有推展基金、沒有真正的農村根據地時，只是屬於「作文」的層次。從這些文字的意味看來，中共早期的合作經濟意念，是從民初報章雜誌上學來的，和國際共黨或

蘇聯體制的集體合作尚無直接相關。這段時期，依中共的分類方式，是屬於「第一次國內革命戰爭時期」。

1928 年 6 月 18 日至 7 月 11 日，中共在莫斯科舉行第六次大會，在共產國際東方部的引導下，決定組織合作社解決農業問題。❷從本章的附錄條文用語來看，蘇聯的影響就很明顯了。1931 年蘇維埃政府在瑞金成立，如果不是仿自蘇聯模式，就不會在同年頒佈的「合作社暫行組織」內，那麼尖銳地明言「是抵制資本家的剝削和怠工、保障工農勞動群眾集資組織的，富農、資本家及剝削者均無權參加。」（第 2 條）

表 5-1 中共有關合作社的決議與官方條文：1925-41

階段	時間	地點	條文	性質	資料來源	說明
醞 釀 時	1925 年 5 月	廣東	廣東省農民協會第一次代表大會關於農村合作運動決議案。	為對抗資本家、地主、奸商的壟斷與重利剝削，當急速組織購買、販賣、借貸三種合作社。	《中國農業合作化運動史料》頁 73-5。	中共第一次正式討論組織合作社的決議與宣言。
	1926 年 5 月	廣東	（同上）第二次大會。	「今後當努力向農民宣傳，並促其實現。」	同上，頁 75。	強調上次的決議。
	1926 年 12 月	湖南	湖南省第一次農民代表大會關於農村合作	說明信用、販賣、消費、利用、生產合作	同上，頁 75-6。	屬於介紹的性質。

❷ 曹伯一（1984）〈中共江西時期農村土地鬥爭的政治意義〉前五節的解說。

			社問題決議案。	社的功能。		
期	1927 年 2 月	江西	江西省第一次全省農民代表大會關於合作社決議案。	同上。	同上，頁 76 -7。	同上。
	1927 年 3 月	湖北	湖北省農民協會第一次全省代表大會關於農村合作社問題決議案草案。	同上。	同上，頁 77 -8。	同上。
江西時期	1931 年 12 月	江西瑞金	中華蘇維埃臨時中央政府關於合作社暫行組織條例的決議。	是中共蘇維埃政權建立後，以條文形式明訂合作組織的目的與運作方式之「母法」。	見本章附錄。	共 9 條，1932 年 8 月增訂，加上「糧食合作社」一項。
	1932 年 6 月	江西	革命戰爭短期公債發行條例。	第九條「本公債相關證券之銷售與償還，委託各地勞農銀行、合作社辦理」。	《中國共產黨史料集》，第 6 冊資料 11 頁 84。	只是附帶提到，尚未有文獻證實這種運作。
	1932 年 7 月	江西	中華蘇維埃共和國臨時中央政府執行委員會「修正暫時稅則」。	第六條免稅措施規定：依政府公佈條文設立之消費合作社經報備後可免稅。	同上，第 6 冊資料 13 頁 90。	其它運銷、生產、糧食等合作社則未提及。
期	1934 年 2 月	江西	紅軍家屬優待條例。	第七、八條規定紅軍家族加	同上，第 7 冊資料 14	優待軍眷。

				入合作社或購買合作社商品的優待條件。	頁 142-3。	
邊	1939 年 1 月	西北	陝甘寧邊區政府組織條例。	第十四條第二項「合作事業之指導與獎勵」。	同上，第 9 冊 資 料 35 頁 451。	屬於簡單原則的列示。
區						
時	1941 年 7 月	華北	晉冀魯豫邊區政府施政綱領。	獎勵私營企業，發展農村生產合作事業。	同上，第 10 冊 資 料 75 頁 150。	同上。
期						

說明：本表由作者整理，只收列目前所知的資料，隨時可以補充。

　　從名詞用語和條文規定的結構來看，這個在「第二次國內戰爭時期」擬出來的合作社「決議」，和在 1931 年之前的溫和性質迥異。我有理由相信，這是隨著「蘇維埃」制從蘇聯移植過來的。從此中共開始初期的合作化運動，以農業合作為主。在概念上，這是透過合作社把農畜、勞動力集中，然後統籌分配調度。而「資本財」的來源，除了從貧農社員徵調，也有從地主、富農沒收來的。

　　從性格上來說，江西時期的意識型態，已經決定了邊區時期合作制度的運作方式，最多只隨各地區的特質做小幅度調整，基本骨幹則承襲江西時期的蘇聯路線。在邊區時期，表 5-1 只收錄到兩項資料，是較空泛原則性的。也有許多經濟決策提到合作社（如毛澤東等人的談話），大多屬於政治性的宣言，非實務的運作。

三、研究文獻

　　研究中共早期集體合作組織的文獻不很豐富，從資料與分析兩

方面來說明。在史料方面，最完整的是史敬棠等（1957）編《中國
農業合作化史料》，把 1950 年代之前的零散資料彙在一起，尤其
是把 1949 年之前的農業合作材料（散佈在報紙、宣傳品、政治與官方文
件中），作有系統的編輯，是相當重要的文獻彙編。另有一套類似
的資料，是章有義等（1957）編《中國近代農業史料》，可當佐證
資料。關於中共當時的經濟政策，日本國際問題研究所中國部會
（1970-5）編一套《中國共產黨史資料集》十冊，選譯主要的資料，
索引做得很方便查案，是主要的參考文獻。

　　研究與分析方面，最基本的來源是 William Skinner（1973）主
編的三冊《中國研究文獻集》（*Modern Chinese Society*），收錄到 1972
年為止的研究。在中文部分（頁 458-68），有許多關於中共農業發展
（及合作組織）的研究資料。與本章相關的專題研究，主要的有下列
幾項。(1)Peter Schran（1976）《游擊經濟》（*Guerrilla Economy*）；
(2)F. Schurmann（1966）《中共意識形態與組織》（*Ideology and
Organization in Communist China*）；(3)Mark Selden（1971）《延安革命》
（*The Yenan Way in Revolutionary China*）。這三本專著解說早期經濟組織
的意識型態、決策過程、運作情形，合作組織只是其中的一環。

　　以中共的農業合作制度作專題研究的，是 Leung Kiche（梁其
姿，1980）的博士論文，探討抗日期間在三個主要根據地（邊區）的
農業合作（集體制）組織，對它的形成過程與運作做詳盡的敘述分
析；以及其後她與 Claude Aubert 等人（1983）發表的論文，比較傳
統農業互助方式，與中共強制編組農業合作的異同，較注重於社會
學方面的解說。

　　本章所要做的，第一是避免現有文獻已詳細討論過的部分，重

點放在探討早期如何利用合作組織進行集體化，是在較宏觀的層次
上，如何分析它的結構與運作方式，以及合作組織在各種（政、
軍、經濟、社會）層面上的效果。所附的參考書目，只限於直接相關
及引用者，未列引的部分詳見上述書目中的資料。

貳、江西時期：*1931-4*

中共發展初期，武器、兵源、經費上都相當窘困，以發動農工
群眾暴動為主要活動路線。1931 年在瑞金成立的「蘇維埃中央政
府」，是建黨十年後才稍為具體的形式。在國民政府屢次追擊下
（豫鄂皖贛閩粵諸省），1934 年 11 月從贛南退出開始萬里長征，轉往
西北開始「延安時期」，成立「陝甘寧邊區政府」（1935 年 11
月）。❸

中共在長征之前，在華中、華南地區活動六年左右。在這段時
期中很重要的工作，就是游擊經濟體系的建立與維持。中共軍隊
（紅軍）面臨的一大難題，是糧食與必需品（鹽、布、藥品）的供應。
共黨國際開出來的「自力救濟」處方就是組織合作社，統一運用人
力、物力、土地等資源。

從目前的資料，大致知道在江西、福建、浙江地區有表 5-2 的
三種合作社，這些統計數字不盡可信。之所以有這麼多社數和社
員，是因為很概括地把控制區內凡是相關的都算進去。我著重的不
是這些數字，而是它的組織結構與運作方式。表 5-2 的資料可以推

---

❸ 這段過程詳見郭華倫（1973）《中共史論》第 3 冊。

測兩件事：(1)每社的人數大都在百人以上，也有達 260 人者，明顯的是「人頭主義」，不是實質的社員。(2)平均每個社員的股金很低，最低的不到 1 元，最高也是 3 元多，如果靠這些資金來運作，是辦不了事的。

表 5-2　江西時期中共的合作組織：1933-4

		1933 年 8 月以前		1934 年 2 月
消費合作社	社數	417 社	社數	1,140 社
	社員	82,940 人	社員	295,993 人
	股金	91,670 元	股金	322,525 元
食糧合作社	社數	457 社	社數	10,712 社
	社員	102,182 人	社員	243,904 人
	股金	94,894 元	股金	242,079 元
生產合作社	社數	76 社	社數	276 社
	社員	9,276 人	社員	32,761 人
	股金	29,351 元	股金	58,552 元

資料來源：日本國際問題研究所中國部會編（1970-5）《中國共產黨史資料集》第 7 冊資料 34 頁 266。本表取材自吳亮平（1934）〈目前蘇維埃合作運動的狀況和我們的任務〉，《鬥爭》56 期頁 16-22。

　　尚無詳細的文獻，足以說明當時的消費合作社和糧食合作社如何運作。只能大致猜測，這兩種合作社是蘇區糧食與日用品的供銷中心，也是消費品的分配網路。據較官方的文件，當時最為楷模者，是江西興國長岡鄉的合作運動，毛澤東曾為文特別報導。❹在

---

❹　日本國際問題研究所中國部會編（1973-5）《中國共產黨史資料集》，第 6 冊資料 71〈鄉ソヴエト工作の模範──長岡鄉〉頁 473-4。

這個最具宣傳意義的地區，1932 年 9 月分的營業額是 3 百元，全區共有 8 百股（每股 5 角）。社員與紅軍家族到合作社購買，比市價約便宜 5%（鹽與布因價格較高數量少，優待得較少），年終尚有盈餘的分配，達 40%（！）。內部管理的結構，有會計、營業各 1 人，管理委員會 11 人，監察委員會 7 人。我只有當年的資料，但可推測這個合作社大概只持續到長征之前（1934）。

在糧食合作社方面，1932 年時長岡鄉的糧食合作社募集 220 股（每股 1 元）。基本功能是集資購入穀物（每石 5 元），集中在倉庫內，由管理委員會負責營業。目前只有這些片斷的資料，我們可以從這個「模範合作社」，推測當時蘇區的一般情形。

以上這兩種合作社，較屬於蘇聯體制的，是在生產合作方面。從原理上來看，這是游擊地區有限的耕地、農畜、農具、人力重分配的過程。耕地的來源，最直截的辦法，是沒收地主與富農的土地（查田運動）。耕畜的來源因為戰爭而數量大減，農具也因而破壞不少。這些資源的分配方法，只需在「耕畜」與「勞動力調配」上各舉一例，就可大致了解運作方式。在耕畜方面，以「模範的瑞金業坪鄉犁牛合作社」為例。

成立經過：

當去年 4 月（查田運動）發展的時候，該鄉沒收了七隻耕牛，鄉蘇就極力提倡組織犁牛合作社，得到貧農團全體的同意，即以這七隻耕牛為基礎，以全鄉無耕牛的紅軍家屬及無牛又無力購買牛的貧苦農民一百二十人，組織為該鄉犁牛合作社基本社員。……選舉了管理委員會七人，負責管理，以一人為主任，主持全盤工作。社員共分七小組，選一人為

組長。七隻耕牛的分配，按照社員所有田面積與耕牛能力大小……適當分配。每組耕牛農器，由小組長負責。自此以後，該鄉犁牛合作社，就正式地組織來了。

現在狀況：

全體社員大會決定，使用耕牛，以田面計算。普通社員，在今年初使用金計每石穀田穀子五斤，紅軍家屬則每石穀田出穀子三斤。在鄉辦與犁牛合作社積極提倡之下，計新入社的有一千三百五十股，每股暫交大洋一角，秋收後，再按田面一石，交穀一斤。計現在已收到一百三十五元，和過去存留的三石穀子，即有一百五十多元，約可買得耕牛三隻。那麼，今年冬耕時，就有二十三隻耕牛下田了。

耕牛的分配與管理：

現在的十隻耕牛，依據各社員的需要來分配，計第一村五隻，第二村三隻，第三村兩隻……。牛的畜養費決定每隻水牛三石穀子，每隻黃牛兩石穀子，由合作社供給。……組織犁牛合作社，只出極輕微的社金，就有耕牛使用。並在三四年後，所出的使用金，要比自己養牛的費用都還輕些。紅軍家屬所得的利益更大。

（〈紅色中國〉，1934 年 3 月 24 日、27 日）

（摘自《中國農業合作化運動史料》頁 124-5）

在勞動互助社方面，江西時期的運作組織，遠比不上延安時期之後的規模（見表 5-3 與表 5-6）。

表 5-3　江西地區的合作組織：1934

互助社					耕畜合作社		
地區	社數	人數	男	女	社數	股金	牛數
瑞　金		8,987			37	1,539.5	
興　國	318	15,615	6,757	8,858	66	1,466.0	102
西　江		23,774					

資料來源：《中國農業合作化史料》頁 137。

　　下面這個勞動互助社和耕田隊的例子，可供兩個時期的參照。這是紅區農民在個體經濟的基礎上，為調劑勞動力以便進行生產，所建立的勞動互助組織。加入這種勞動組織是自願的，必須是互利的：工數對除，少做了按工找算工錢給多做的。勞動互助社除社員互助外，還優待紅軍家屬，幫助孤老做工的只要吃飯，不要工錢。辦法如下。（江西興國長岡鄉）

　　優待紅屬

　　　　本鄉紅軍家屬，緊時，平均每家每月須幫助約二十五個工；平時，平均每家每月須幫助約十個工。群眾勞力多的多幫助，少的少幫助，無的不幫助，女人帶了小孩子的也少幫。大概緊時全家有勞動的須幫出十三四個工，一個勞動力須幫出六七個工，半個勞動力的幫一工兩工做輕便工作。……比如緊時甲家每月本應幫紅屬七工但只幫助五工，乙家應幫七工而幫了九工，則甲家應算給兩個工的工錢給乙家。

（摘自朱嗣德（1980）《民國 20 年至 30 年代中國農村經濟問題》頁 360-1）

　　以上是江西時期合作組織與運作的方式舉例，因為文獻較邊區時期少許多，暫時無法深論。至於其效率、農民的參與態度、政治的功用，留待第四節一併討論。

參、邊區時期：1935-45

　　本節旨在說明長征之後在西北與華北的三個邊區內，如何運用當地的資源，透過合作社組織，在和國民政府、日軍的對抗中求生存與發展。內分三小節，首先說明中共勢力的分佈區位，然後分析合作組織的結構，最後闡述其運作的方式。

一、地理區位分佈

　　中共轉往西北發展，恰好應了 1927 年清黨時，共產國際代表鮑羅廷的「西北學說」：他早就主張中共到西北建立根據地。1935年 11 月，中共軍進入陝北成立陝甘寧邊區政府，以延安為中心，劃入鄰近 26 縣為管轄區。當時的資源，依據〈陝甘寧邊區政府對邊區第一屆參議會的工作報告〉（1939）：邊區人口約有兩百萬人，識字率約 1%；可耕地面積，以延安等 18 縣統計，共有 4 千萬畝，已耕面積僅 9 百萬畝。❺

　　七七事變後，中共在抗日的口號下成立第 18 集團軍，積極募集青年前往陝北。1937 年 11 月太原失守政局混亂，共軍逐漸吞併

---

❺　陝甘寧邊區的歷史與邊區政府的內容，詳見郭華倫（1973）《中共史論》，第 33 章及其中之頁 444-5。

民軍壯大武力控制太行山區。同月，在聶榮臻將軍指揮下，成立晉察冀軍區司令部，統轄晉察冀三省邊陲地區：河北西部、山西東北部、察哈爾省西部總共約 40 餘縣，1940 年時擴大為 75 個縣。❻

原在贛南的項英部隊由國民政府改編（1940）後，以新四軍名號在京蕪地區游擊。其中一股進入蘇浙皖區，轉入蘇北，在日軍南進時趁機擴大，勢力遍及江淮。1941 年被國民政府軍擊破主力後轉入膠東，1941 年 7 月成立晉冀魯豫邊區（劉伯承），包括當時的冀南、太行和太岳，以及後來魯西 33 縣等廣大地區。❼

以上大致描繪 1935-45 年間中共活動的主要三個地區，其中以晉察冀區最重要，因為戰略地點重要人口最多，合作組織的活動較密集。

二、合作組織的結構

中共主力到邊區後先在陝甘寧區域活動，一貫的手法以發動激烈的社會運動（如查田、沒收地主的資產與設備）為主。在流蕩時期首要目標是建立「革命根據地」，要達到這個目標需要居民的支持與合作。所以在策略上就要在當地村落的基礎上重新組織，一方面把管轄區內的資源集中調配，應付戰爭的需要；另一方面要確實掌握轄區內的社會活動，保障根據地的生存安全與兵源的取得。

陝北地區的生活條件較困難，絕大多數是鄉區，民眾的知識與

---

❻　同上註第 35 章，頁 16-7、42。

❼　同上註頁 51，詳見 1948 年《中華年鑑》（上）頁 782-3，說明此項變動的過程。

生活水準較落後。經過長征的損傷，在軍力、政治力以及元氣上大
受挫折，在西北的前幾年沒有類似沒收土地等舉動。他們的首要目
標，在重新建軍、擴充黨力及根據地的範圍。

　　這方面的進展阻力似乎不存在，黨員總人數從 1937 年的 4 萬
人，增到 1938 年的 7 萬人（單就邊區而言），1941 年時是 80 萬人，
❽其中有部分是外地來參加抗日的。這麼多的新人口，湧進原本已
很不富裕的邊區，立刻引起糧食不足。利用合作社來解決部分問
題，是江西時期經驗的延伸。在此不擬討論這段時期，高層政治會
議討論合作效率的過程（略見表 5-1），❾直接轉入說明各種合作社
的功能。

　　表 5-4 是目前較佳的長時間資料，這只是陝甘寧邊區的數字，
其他地區尚無類似資料。開發中國家的合作組織，大都以信用業務
為主，消費合作社較不重要。中共正好相反，在社數和人數上都以
消費合作社最重要，原因是在顛沛時期先求糧食的供給與分配。另
一個用意，是在取代傳統的中間商人。在集體化的組織下，社員人
數近 20 萬也不會引人訝異。

　　另一項最重要的，是勞動力的合作。方式依各地區而異，必須
單獨詳述（見表 5-6），在此先略過，先說明表 5-4 中其他類型的合
作社。所謂的生產合作社，大致上是把農村婦女組織起來，在家務
之餘作紡織等小型生產。和從前不同的是，以前是由商人把這種工
作轉包給家庭，現在由集體經濟下的合作社來做。在工資、分紅、

---

❽　見 Schurmann (1966): *Ideology and Organization in Communist China*, p. 417.

❾　詳見《中國農業合作化史料》中的相關部分。

計點上有新制度，產品的生產方向，則要配合戰時的物資需求。其餘的運輸、醫療等合作社則相對次要，是服務性而非制度性地普及於民間大眾：運輸合作社大都是以獸力運鹽；住宿合作社則類似長途運輸過程中的旅站；信用合作社控制民間的金融交易系統。

我們大略知道邊區合作社的規模與數字，這些合作社大都屬於資源分配性的（如消費、運輸合作社）。以下把焦點集中在生產性的合作組織上。一方面，在組織上，這是邊區經濟的核心，它配合軍事、政治的活動，可以了解它在不同層次的影響。另一方面，在經濟上，這是最重要的生活方式，可藉此襯托出其他合作組織（如消費、運輸）的運作方式，以及整個經濟活動的網路如何構成。

表5-4　中共合作社的演進與規模：1937-44

	1937	1938	1939	1940	1941	1942	1943	1944
消費合作社	142	107	115	132	155	207	260	255
生產合作社	1	4	146					212
運輸合作社			1		17		119	302
住宿合作社								92
信用合作社								32
醫療合作社								23
農業合作社								7

	消費合作社社員	生產合作社社員	工業合作社社員	勞動互助社社員	公營企業社員
1937	57,847	70		20,000	270
1938	66,707	3,620			
1939	82,885	28,531			700

1940	123,279		298		1,000
1941	140,218				7,000
1942	143,721	73,000			3,991
1943	150,000		602	81,128	6,300
1944	182,878		1,591	160,000	

資料來源：Peter Schran (1976): *Guerrilla Economy: the Development of the Shensi-Kansu-Ninghsia Border Region*, State University of New York Press, pp. 71-2.

說明：Schran (1976) p. 22 的表格，分析同一時期中共消費合作社的營業內容與數額；Selden (1971) p. 256 以表格說明，陝甘寧邊區棉布生產合作社的產量與重要性，在此不擬細引。

三、集體生產模式

傳統的農業生產過程，因為季節性的關係，有限的生產資源（人力、獸力）會在農忙時擠用、在農閑時散置，造成結構性的失調。有長久歷史的農業體系，在不同地區產生不同形式，但原則相通的農業互助合作。在金融方面，各地有標會、搖會、輪會等儲蓄、互通、調劑民間金錢的融通系統。[10]在農業系統的調配方面，有撥工、搭套（河北）、調工（湖南）等方式。這種資源上的「合作」有幾個特點：(1)血緣性、地緣性強烈；(2)組織結構非常簡單，沒有明確條文可遵循；(3)大約在 5 家至 10 家的規模，因為規模一大人多物雜，爭紛易起。

---

[10]　詳見曹競輝（1980）《合會制度之研究》，臺北：聯經公司，第 2 章〈我國合會制度概述〉。

在邊區取得控制權後，最重要的就是持續農業生產，以維持邊區軍隊與民眾的生活。最簡便的方法，又能和社會主義集體化路線配合的，就是在各地傳統的農業互助基礎上重組，一方面擴大它的經濟功能，另一方面能配合軍需的供給，同時達到政治路線（組織民眾）的目的。

本章的主旨不在詳述以何種方式，重組哪些不同類型的農業互助社，這樣的細節分析已有既存的論文。❶我只想彰顯出這個系統的特質，所以和上節一樣只舉一個較代表性的例子，然後在表 5-5 中，原則性地比較傳統式的與中共式的農業生產互助組織。

以下這段摘述取自李侯森〈介紹晉察冀的勞動互助合作社〉（《解放日報》1945 年 3 月 12-14 日），收錄於史敬棠等（1957）編《中農業合作化運動史料》頁 414-25。把渲染性的文句刪掉後，還算是很具解說性的第一手資料。小標題是作者依內容編添。

背景：

抗戰以來，……人力、畜力、物力的掠奪破壞，是極端嚴重的。加以疫病的流行，水旱蝗災的影響，……就使得敵後農村中的勞動力大量地減少。……某些地區甚至減少到百分之十六以上；耕作牲口更減少到百分之四十至七十……；肥料減少到三分之一以至三分之二。……歷年雖經政府貸款

---

❶ 見 Leung, Kiche（梁其姿，1980）："La coopération agricole en China dans les bases communistes pendant la guerre anti-japonaise, 1937-1945"博士論文；以及 Claude Aubert, Cheng Ying, Leung Kiche (1983): "Entraide spontanée, entraide provoquée en China rurale: l'intervention communiste, 1943-1944"，*Annales ESC*, 1982:407-34.

救濟，但仍不能完全解決勞力缺乏的嚴重困難。

原則：

　　這種勞動互助合作社的發展過程，大體是以原來的撥工組織為基礎，內容上由農業互助到副業、運輸貿易等的撥工；時間上由一季節到長期的（由平時到戰時）撥工；單人單畜到幾戶間的家庭合作互助，再發展到一個村的勞動互助合作社。但也有經過深入動員，以村幹部為骨幹，一開始便組織成為勞動互助合作社的。

方法：

　　人力、畜力、實物、錢幣都可以等價換工和作股。……各種勞動力、畜力、實物與錢幣的折合率是公議的，不是長期固定，……大體按一個整男勞動力一天吃的米飯和當時工價合計，作為一股。……粗工能變細，細工能換粗工。女童工或別的技術工，可用其生產額等價頂工，……沒有人力的戶可以入錢或實物給合作社，按工資折合用工。勞力多的人，與其他人撥了工，也可支領工資或實物清工，和向合作社存工。

撥工的方式有下列幾種：

　　整撥零還。無勞力的先給有勞力的人家作輕工，將先換工，或者做粗工換細工。有的貧困農民向合作社借糧食吃，積欠到一個工，將來或替合作社作連鎖抵工，或給別人撥工。

優點：

這樣的撥工對各階層農民都很有利，同時也容易把婦女兒童

的輕勞動力及各樣副業都吸收到合作社來，同其他業務相結合。調工由合作社根據不同的活，不同的技術，和各組勞力的不足或有餘情況，有計畫地實行組與組、人與人的調劑……。調工的好處是可以很好組織勞動力，計畫使用，不誤農財，不浪費勞力。……開始時要多作解釋說明調工絕不是派工，今天調你一個，一定在明天或短時期內還你一個。**⓬**

以上「讓資料說話」後，在表 5-5 以原則性的方式，比較傳統農業的互助方式與中共方式的不同。表 5-5 內容已足夠明白，不在正文內另加解說。接著還是在宏觀的層次上，來看這種組織在控制區內的重要性。表 5-6 所透露的訊息大致可供推測說：在中共的勢力範圍內，在最有影響力的地區，大約有三分之一納入這套集體化的生產體系，勢力較弱的區域約有十分之一，可知中共的控制力不是那麼全面性。更進一步說，這種組織系統是意義上的重大性（中共日後集體經濟制度的前身），大於實質運作的功能（在戰區的經濟、軍事效果）。

表 5-5　傳統農業、互助組織與中共集體生產制的比較

比較要點	傳統農業互助組織	中共集體生產制度
動機	自發性的互利組織。	強制編組管理。
組織方式	親族性、地緣性。	社區性，非個人關係化。
規模大小	十家以下。	擴大從前規模，但在百家以下以便管理。

⓬ 另一項類似的文件，也具有相似的解說性，是晉綏邊區行政公署於 1944 年 12 月印行的〈晉綏邊區變工互助的發展形式——變工合作社〉，收錄於《中國農業合作化史料》頁 600-14。

公平性	較易私下商量互益條件。	交易方式制度化，較不易顧及細微的計算。
持續時間	農忙時期為主。	農忙時期為主要標的，農閑時也以組織性的方式經營副業。
生產要素	私有。	私有公用。
功能	純經濟性。	以政治、軍事目標為首要，以農業生產組織配合。

本表由作者編製。Claude Aubert et al. (1983:83)比較各種互助組織（如變工、紮工）的性質（如相互性、規模大小、親族關係等），很可以對照參考。

表 5-6　農業生產互助組織的重要性：1944-5

	(1)勞動人口總數	(2)組織起來的人數	(3)＝(2)／(1)
陝甘寧	338,760	81,128	24.0%
晉綏	391,845	146,550	37.4%
冀察冀（北岳）	5,676,940	562,704	9.8%
	1,000,000	200,000	20.0%
晉冀魯豫（太岳）	700,000	700,000	10%
山東			20%
華中（鹽阜區）		117,000	

資料來源：史敬棠（1957）編《中國農業合作化史料》頁 708。這項資料大致
　　　　　是根據 1944-5 年間《解放日報》編的，數字不完全可靠，但已是
　　　　　較佳的資料，解釋時不必太拘泥。

肆、效果評估

　　中共在發展初期一方面要應付窘困的環境，一方面要試行蘇聯
體系的集體化，所以有了「合作社」的制度。但這套合作組織，不
論在意念上、方法上，都和其他政權轄區下的合作制度不同（一左

一右）。本節旨在綜要地評估，中共這套合作組織的經濟效益、社
會（農民）反應，以及政治與軍事的功能。

一、經濟效益

以經濟學來衡量效益，至少需要有資本存量、勞動人口、生產
量三種數字。兵荒馬亂時期的邊區，無符合此種需求的文獻與數
字，❸只能退而求其次從原理上分析可能帶來的利益。

這種新型組織引進傳統社會後，會在生產型態與效率上產生影
響。較容易明瞭的是，原本靜態、小規模生產的社群，被外力強制
地把生產資源（人力、獸力、設備）重新任務編組。而生產成果卻不
能直接享用，必需透過公訂（或命令）的方式來分配。

這種方式的好處，是把原先零散、利用率不夠的資源，在較大
規模的運作下提升設備利用率。缺點是：我的生產投入，所得的益
處不一定由我享受；別人的努力我也可以分享，就產生「騎牆心
態」（free rider）：可以偷懶，結果導致生產效率降低。要避免這種
情形就要有人監督，而這又需要成本，所以總結果是好是壞很難推
測，❹這是經濟制度學爭論不已的命題。

---

❸ 在《中國農業合作化史料》與官方文獻中，可以找到零散的合作社資料，如
社員人數、牲口數、年終分紅額。這些資料有些宣傳意味太重，有些是太特
殊的例子無法一般化，更重要的是樣本數太少，不夠做基本的經濟分析。

❹ Justin Lin（林毅夫，1985）："Supervision, incentives, and the optimal scale of a
farm in a socialist economy", Working Paper, Economics Department, University
of Chicago。他在理論上分析監督成本與生產效率之間的問題，目前尚無實證
研究可支持集體生產制的必然優越性。

　　依當時的情況來看，在兵亂、生產秩序失調、產量低落的條件下，採取集體計劃制是合理的。但在經濟效益方面，一因生產要素很有限，是根本上的不足；二因技術水平並沒有改變，談不上因為生產組織形式的改變就會提高生產能量。較公平的說法是：社會資源與經濟成果重新分配的效果，遠大於純粹經濟利益的增加。集體化的主要優點，是在既定的生產技術與資源數量下，做更有效的運用與分配；但從文獻上得到的印象，當時似乎沒有達到這個目標。

二、社會效果

　　中共進入西北邊區時，由於傳統的農村組織中空，很快就掌握狀況。合作組織要把生產性的勞動力和軍事動員力結合，成為重新界定農村社會關係過程中不可忽視的組織。中共能迅速掌握農民的政治生活，這是個重要因素：盡可能把農民生活的所有層面，納入根據地的合作組織。這對農民是否帶來利益，是否受到歡迎？答案是否定的。

　　農民對改朝換代並無政治上的深層興趣，大都只求個人周遭福利不消極受損，對這些改革措施反應不熱烈，在歷史上是正常的。1943 年之前中共只是溫和地試探這些措施，原因是遇到消極地抵抗改革措施。農民認為互助制太複雜，耕作所得的分配方法不明確，太煩碎，集體制的生產太不自由，缺乏勤奮工作的誘因（缺乏激勵），興趣不大。農民的性格不願替「外人」（尤其是替紅軍眷屬）幹活，一有機會就盡可能逃避。中共指責農民自私，但要以高壓方式改變幾世紀以來的勞動與分配體制，有這種反應是必然的。

　　抵制的方法，通常採用非暴力的消極被動方式。比較激烈的則

集體怠工、惡待農具、挪用公款、宰殺公畜，導致資源浪費，**⑮**中
共在 1949 年後發表的文章中也承認這些現象。1943 年起加強集體
化的壓力，加派幹部到鄉村加強宣傳，由上級透過規章嚴格管制，
等於把合作組織完全政軍制度化，地方幹部須負全責。

合作組織內的勞動管制越來越嚴，每日必須集會討論工作進
度，政治學習也成為一部分。在這方面，農民的個體抵抗力很脆
弱。可見合作組織是非自願的，是集體化過程中的一種形式。1943
年以前的不成功，使中共更積極地以強制方式，把合作組織納入政
軍體系內。

從戰時的社會意義來看，合作組織有另一項功能：接納因戰爭
或天災而流散的難民，予以物質上的協助，幫助他們組成勞動互助
社，從事農業生產。這也是中共擴張軍事、社會力量的管道。接納
的總數量雖無可靠的統計，但根據零散的文獻，至少有兩萬人次的
難民納入合作系統。農村原有合作社的成員在安排下，會撥出耕
地、農具、種子協助新成員，或去開墾新耕地，這是正面的做法。
中共的合作運動以政治為主軸，經濟與社會目標是輔助性的。幹部
中很少知道合作社的理念為何，合作社的領導人，以幹部和勞動英
雄為主，幾乎以政軍目標為取向。

三、政治與軍事能力

中共在邊區的主要工作是求生存：對抗國民政府軍的追擊與日

---

⑮ Schurmann (1966), pp. 416-26 有非常好的分析。Jacques Guillermaz (1975):
Histoire du Parti communiste chinois, p. 212 有同樣的記載。

軍的內侵。在經濟利益有限、農民社群並不歡迎的情況下，合作組織唯一稱得上有利之點，是在政治與軍事上的效果。

　　軍政當局透過勞動互助社，控制地區內的社會與經濟活動，同時也掌握軍源（徵民兵），使軍事目標與農業生產結合，得以施行一元化的領導。合作組織是邊區政府動員人力、物資、傳達命令的好工具，集中農民作政治宣傳教育。中國歷史上這是第一次政治團體對廣泛的群眾，做這麼有系統的政治意識型態教育。例如 1940 年 8 月〈晉察冀邊區行政委員會指示〉第 20 點「在戰爭的對峙階段」中，明白地說：「合作事業是利用經濟關係來組織民眾的手段。」[16]

　　合作社的生產、消費等業務，基本上是配合軍事活動。舉一實例：中共的新四軍（原在江西活動，1940 年由國民政府收編，下轄四支隊，共約五千餘人，在京蕪地區活動），在中日戰前為了取得軍用物資，在上海、南京設置收購物資的機構（如圖 5-1 所示），每月購買量達廿萬元。中日戰後新四軍渡江北上，每日透過類似的「物資獲得窗口」，收購物品 40、50 萬元。[17]在這套體系中，合作社的功能是輔助性的，合作社數也不會很多（我沒有統計數字）。但可猜測的是，合作社要比其他的「窗口」（如徵稅所、貿易分局），更能深入物

---

[16]　田中恆次郎（1981）〈華北解放區の形成と抗日經濟政策──晉察冀邊區を中心として〉頁 561-2。收錄於淺田喬二（1981）編《日本帝國主義下の中國──中國佔領地經濟的研究》，日本：樂游書房。

[17]　風間秀人（1981）〈華北解放區の形成として抗日經濟──蘇北解放區中心として〉頁 598-9。收錄於上註淺田喬二（1981）編第 6 章。

資、糧食產地，也較不引人注意。⓲

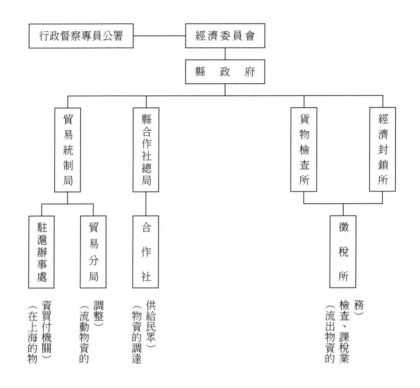

資料來源：〈敵の經濟特務戰概況〉頁 45（興亞院政務部《情報》第 70
號，1942 年 7 月 15 日）

圖 5-1　新四軍的物資流通機構

⓲ 有關中共此時期的農業合作政策評估，Leung（1980）第 10 章以及結論有明
細的分析。Wong（1971）分析傳統農村社會勞動力、獸力、農具之間，相互
協調合作的經濟與社會效果，很值得參考。

伍、總結

　　1920 至 1940 年代的中共合作社組織，可以歸納出幾項特徵。

　　(1)在邊區根據地推行合作運動的基本目的，是對抗國民政府、日本軍事的追擊。同時藉著這套體系來組織農村、控制地區的社會、經濟與政治活動。基本目標是在求根據地的自足與生存，主要的功能發揮在政治與軍事上，經濟效果相對地次要。

　　(2)推展這項運動的理念，是附著在社會主義式的土地改革與農業改革上。所採用的集體方式，類似蘇聯體系的作法：合作組織是達到社會主義的過程。從這點來看，中共的合作制度和中國其他地區以及西歐式，在理念上與運作上是很不同的途徑。

　　(3)從禁止富農參與合作社的規定來看（見附錄），中共把合作組織當做社會鬥爭的工具，想藉著合作組織來改變、重組傳統社會的形式，作為邁向「共產主義美好境界」的過程。農民自然漠然這套體制，但在政治壓力下也無法有效對抗。

　　(4)強制的結果，必然引起經營的無效率。政治性地安排合作社幹部，以及效率不高的行政體系，加上資金、設備的有限，經濟上的無效益是必然之事。

　　(5)合作運動是否有助於土改與農改的政策？依我的觀點，土改是激進的行動，沒收地主與富農的土地，並無所謂「平均地權」的層次。農業改革也談不上新生產技術的引進，而是在貧農之間做重分配，而非「加添性」的作為。我的資料雖然有限，但也沒有確切的證據可以反駁這個論點：並沒有從合作組織集體化的過程中，達到真正的農民革命，最多做到利用政治壓力，透過合作社組織重

組動員農村社會。合作制度只是工具，不是終極目標。

從 1980 年代末期回溯地看，從江西時期至人民公社時期，甚至到了 1980 年代初期，雖然每個時期都各自有進步的特點，但比起其他開發中國家的經濟成長，並無特別值得誇讚之處。中國除了政治上的動亂，基本困難還是經濟性的：人口過多（馬爾薩斯陷阱）、生產設備落後、生產技術停滯、集體生產制使得激勵的誘因降低（不願出全力工作）。這些問題在 1930-40 年代，並不是改變經濟組織型態（組織合作社），就會有顯著效果。

附錄：中共早期的合作社法

中華蘇維埃臨時中央政府關於合作社暫行組織條例的決議

第一條：根據蘇維埃的經濟政策正式宣佈合作社為發展蘇維埃的一個主要方式，是抵制資本家的剝削和怠工，保障工農勞苦群眾利益的有力武器。蘇維埃政府並在各方面（如賦稅、運輸、經濟、房屋等等方面）來幫助合作社之發展。

第二條：合作社須由工農勞動群眾集資組織的，富農、資本家及剝削者均無權組織和參加。其種類則限於下三種：㈠消費合作社——為便利工農群眾，賤價購買日常所用之必需品，以抵制投機商人之操縱。㈡生產合作社——製造各種工業日用品，以抵制資本家之怠工。㈢信用合作社——為便利工農群眾經濟週轉和借貸，以抵制私人的高利貸剝削。

第三條：消費、生產、信用合作社之社員不僅兼股東，並且是該社的直接消費者、生產者。不合此原則者不得稱為合作社。

第四條：消費、信用合作社之消費、借貸者，要以社員為主體。對於社員，除享受紅利外，還有應用低利借貸和廉價購買之特別權利。對於非社員之價目和利息，亦不能超過社會一般規定之上。

第五條：每個社員其入股的數目不能超過十股，每股金額不能超過五元，以防止少數人之操縱。

第六條：凡工農勞動群眾所組織之合作社，須先將章程、股東、社員人數和營業項目向當地蘇維埃政府報告，經審查登記

後，領取合作社證書，才能開始營業。

第七條：凡此條例未公佈前，各地所組織之合作社，須照第六條之
手續登記並領取證書。

第八條：凡不遵守此條例組織之合作社，蘇維埃政府得禁止之。同
時對於各種合作社，認為有違反此種條例行為時，蘇維埃
政府有隨時檢查和制止之權。

第九條：本條例自公佈之日起發生效力。

中央執行委員會

1931 年 12 月 27 日

資料來源：1933 年莫斯科蘇聯外國人出版社印行的《蘇維埃中國》頁 155-7
（全書共 227 頁）。中研院近史所微卷 mc765。

說明：(1)這是第一次全國蘇維埃代表大會（1931 年 2 月），人民委員會第三
回會議（12 月 7 日）訂的。當初只有消費、生產、信用三種，1932
年 8 月增添糧食合作社。

(2)1939 年 2 月 3 日公佈〈晉察冀邊區合作社暫行規定〉，見淺田喬二
（1981）編《日本帝國主義下の中國》頁 563 的記載，但尚未找到
該項條文。

附記

中共早期的合作社活動史料，近年來陸續有較完整的資料彙編
出版，但我一直未能參閱到，列出相關的資料出處以供參考。

1986 年 12 月《アジア經濟》（27 卷 12 期頁 66-75），刊載佐籐
宏〈抗日根據地に關する最近の資料概觀〉，其中介紹兩項文獻與
早期的合作社。

(1)陝甘寧邊區財政經濟史編寫組（1981 年）《抗日戰爭時期陝

甘寧邊區財經濟史料摘編》，陝西人民出版社，共九編。其中第 7 編是「互助合作」，共 556 頁。

　　(2)天津開南大學出版社（1984 年）《抗日戰爭時期晉察冀邊區財政經濟史資料選編》，共四編。其中第 3 編為「工商合作」，948 頁，和合作社相關的文件約占 20%。

第六章　日據東北的合作經濟 體系：1907-45

　　本章先從總體架構說明日本在東北 40 年的統制中，為什麼要運用合作經濟組織；然後配合個體資料，分析說明這套制度如何運作，及其經濟、社會、政治效果。第一節說明中、俄、日在東北的複雜爭戰過程，以及日本如何以殖民統治的方式經營東北（滿洲）。之後以總體統計資料，呈現東北的經濟面貌。第二節與第三節從較個體、基層的角度，析述消費合作與農業合作社的結構、變革、爭議。其中以農業合作社最為重要，因為這是統制東北經濟體系、控制農村部門的工具。第四節略述較次要的其他合作組織，目前資料有限，這一節較無具體的政策意義。第五節的總評估認為，合作制度在日據東北時期，並沒有發揮出如在日據臺灣或日本國內的效果。

壹、背景

一、歷史事件

　　中俄在東北之爭，自 17 世紀以來有「尼布楚條約」（1689）、「中俄璦琿條約」（1858）、「中俄天津條約」（1858）、「中俄北京條約」（1860）、「伊犂條約」（1881），失地共約 129 萬平方公里。1895 年甲午戰後的「馬關條約」，割讓遼東半島給日本。1896 年俄國與李鴻章簽署「中俄密約」，迫使日本歸還遼東半島，1900 年拳亂之際進占東北全境。日本於 1904 年發動對俄之戰，大敗俄人，簽署「朴資茅斯條約」（1905）。自此長春以南之鐵路讓與日本，哈爾濱到長春之間及其他幹線仍歸俄人。

　　從此日本取得長春以南的「南滿」，相對於俄人在長春以北至海參威為止的「北滿」，俄日兩國對分東北。國際間的干涉反而促使日俄簽訂兩次協約（1909、1910），以長春為界互不侵犯。日本自此益無顧忌，侵併朝鮮，向中國提出「21 條」，取得南滿的實際經營權。之後於 1931 年發動「918 事變」，翌年成立滿洲國，以「大同」紀元，1934 年又以「康德」為元年，至 1945 大戰結束。

　　日本經營南滿的核心機關是「南滿鐵路株式會社」，簡稱「滿鐵」。這個機構和東北的經濟計畫，以及本章的合作組織都有密切關係，有必要略述其功能與地位。日俄戰爭期間，日本見勝利在望，當時的參謀次長兒玉源太郎，聽取臺灣總督後藤新平的建言，擬仿英國東印度公司的方式經營戰後東北。後藤的草案即是有名的

「滿洲經營梗概」，主要精神是：「戰後經營的要訣在於陽為經營鐵路，陰為實行各種政治發展措施。」❶ 1906 年 6 月日本政府公佈滿鐵規程 22 條，自此成為經營滿州的中心機構，首任總裁即為後藤。❷

滿鐵成立後，經濟方面的措施是 1907 年 4 月成立「滿鐵調查部」，對東北情況實地深入了解，得到的調查及研究報告，提供絕對重要的材料（參見本章末「後記」）。以上是日本取得東北的經過，及其經營的核心機構。分析南滿的合作組織之前，先大略析述當時的經濟概況。

二、經濟狀況

表 6-1 略述幾項主要經濟指標。在「耕地面積」與「全東北的財富價值」兩項上，因為只有一年資料，無動態的變化意義。在「人口」項中，自 1906 年滿鐵成立後，日本移民（與韓國人）人數大增，尤其 1916 年（21 條件之翌年）至 1940 年間，人口倍增達四千萬，可見此地區的迅速增長。

「主要農作物指數」的資料過短，無法說明 1906-36 年間農業部門的成長率。但「工業產品價值指數」，可顯示出在 30 年間成

---

❶ 詳見黃福慶（1986）〈論後藤新平的滿州殖民政策〉，《中研院近代史研究所集刊》，15:380。

❷ 後藤事業最鼎盛的兩個階段，是治臺時期（1898-1906）與經營滿鐵時期（1906-8）。他的經營理論是「文事的措施，以備他日侵略之用」，「揭王道之名行霸道之實」，也即是所謂的「文備的武裝」：以滿鐵為名，拓展殖民政策，是一種移民、土地占有主義（見注❶頁 372、386-8）。

長近 20 倍（這是因為 1906 年時的基礎太小所致），物價也在一倍左右波動，尚稱穩定。要言之，日據東北 40 年間人口增加將近三倍，工業生產有長足發展，這些簡略的總體資料可提供初步的綜觀。❸

日本明治維新後，從西歐（尤其是德國）引入合作經濟制度，至 20 世紀初，在農業合作、信用合作等方面已略有成果。因此也想在東北的殖民統治中，和在臺灣、朝鮮一樣實施各式的合作組織，以控制物資的生產和金融活動。

表 6-1 東北的經濟概況：1895-1936

	人口（百萬）	耕地面積（公頃），1939		全東北的財富價值（1930）（千日圓）	
1895-1900	3	奉天	4,666,679（35%）	耕　地	4,264,018
1900	13	吉林	4,826,560（36%）	未耕地	446,007
1916	20	黑龍江	3,799,523（29%）	建築物	349,252
1930-1	31	合計	13,292,762（100%）	設　備	184,405
1939-40	40			家　禽	3,570
				家　畜	817,293
				牲　畜	8,592
				存　貨	50,000
				農業項目合計	6,123,137
				非農業項目合計	1,907,915
				總計	8,031,052

❸ 另有更詳細的個別資料，分述 1910-36 年間礦產、公共事業、各項製造業（如煙酒、紡織品、金屬、化學品）的數字，請參閱表 6-1 資料來源的頁 94。另見張成達編著《東北經濟》（臺北：中華文化出版事業委員會，1954）。

	主要農作物指數		物價指數	工業產品產出
	生產量	價值	（1926=100）	價值指數
1906			64.2	（1926=1000）
1908			53.3	（關東、南滿地區）
1910			56.7	9.9
1912			62.5	23.5
1914			50.6	21.7
1916			64.9	43.0
1918			109.5	67.1
1920			151.2	61.9
1922			105.1	65.5
1924			111.9	86.7
1926	100.0	100.0	100.0	100.0
1928	113.5	116.6	94.3	95.9
1930	123.9	128.1	74.5	107.5
1932	130.7	135.1	71.0	106.2
1934			83.2	123.7
1936			90.3	170.1

資料來源：Kungtu C. Sun (1969): *The Economic Development of Manchuria in the First Half of the Twentieth Century*, Harvard University Press, pp. 21, 31, 37, 39, 94-5.

　　要更明確了解合作組織的角色與功能，有必要略述東北的統制經濟性格。在「滿洲國經濟建設綱要」（1933 年 2 月 1 日由滿洲國政府頒布）的第二項「經濟建設的根本方針中」，明定「我國經濟建設中得加入必要的國家統制」、「重要經濟部門需加入國家的統制」，❹這項「綱要」已明顯表現殖民統治的特質。

---

❹　藤原泰（1942）《滿洲國統治經濟論》頁 393 以下的附錄〈滿洲國經濟建設綱要〉，與頁 44-9 的解說。

　　用現代的術語來說，「統制經濟」是「管制經濟」與「計劃經濟」的複合體。即是：南滿的地位附屬於日本，在帝國發展的設計下，滿州國的經濟在追求「質的效率」與「量的規模」。當地政府必須完全掌握所有資源（管制經濟），實施五年計畫（計劃經濟），以使這塊資源潛力豐盛、尚待有系統經營的地方急速現代化，達到「日滿一體的經濟建設」。

　　在這項統治的意念下，合作組織具有重大的意義，因為這是直接管制基層農業生產、金融信用、日用品配銷的單位，也負有政治宣傳、社會控制的連帶任務。這種統治性格下的東北合作經濟，和中國內地的合作組織在精神上相當不同。關內的合作制度，標明是承襲英國羅盧戴爾（Rochdale）式的消費合作，是德國雷發巽（Raiffeisen）式的農村信用合作制度，遵守國際合作聯盟（International Cooperative Alliance）的「合作原則」：民主管理、自由入退社、按交易額分紅。至於是否真的達到這個境界，那是另一回事，至少在形式和傳承上有體系可追尋。同時，1935 年由立法院頒布的「合作社法」，是各種組織的母法，合作社的法人資格也受民法保障與約束。

　　日本的合作經濟也是由西歐傳入，在國內有相當成就。但把這套制度引進東北後，就在行政當局嚴密的指導監督下，扮演統制經濟體的中介角色。以下諸節分析(1)消費合作組織，(2)農業合作組織，(3)其他類型的合作組織。最後綜論日據近 40 年之間（1907 年東三省改制，至 1945 年日本戰敗），合作制度的結構、功能與績效。

貳、消費合作組織

一、結構

先看表 6-2 的合作組織概況，再做進一步解釋。1938 年時，消費合作組織依屬性可分為：「特定機關」（8 個單位）、「同業購買」（3 個單位）、「一般消費」（3 個單位）、「直營配給」（12 個單位）這四類。

表 6-2　東北消費合作社概況：1938

	名稱	出資額（千圓）	社員人數	營業額（千圓）	剩餘金（千圓）
特定機關消費合作社	滿鐵社員消費組合	1,108.6	59,713	34,408.0	708.4
	關東局職員購買組合	224.7	8,783	3,545.6	117.4
	滿州國官吏消費組合	188.2	22,242	5,079.0	117.9
	小野田消費組合	6.0	202	100.1	3.9
	滿化社員消費組合	3.7	750	322.0	3.3
	滿州石油社員消費組合	-	500	139.8	
	滿拓社員消費組合	1.3	650	-	
	豆桿紙漿消費組合	-	200	-	
	小計	1,532.5	98,040	44,112.5	951.9
同業購買合作社	大連土木建築購買組合	16.8	658	150.0	1.0
	新京購買組合	35.0	27	300.0	12.0
	哈鐵獨身寮炊事人組合	3.5	7	108.0	1.2
	小計	55.3	692	658.0	14.2
一般消費合作社	彌榮村共勵組合	130.8	349	163.3	22.0
	海倫協和消費組合	2.5	500	-	
	遼中消費組合	1.0	263	-	
	小計	134.3	1,112	163.3	22.0

直營配給所	本溪湖煤鐵公司配給所	-	3,970	713.1	13.7
	福昌華公會設碧山莊物品配給所	-	25,000	1,300.1	-
	昭和製鋼所滿人食料品配給所	-	41,000	2,157.6	176.7
	鐵道總局大連工廠滿人廉賣所	-	2,400	31.0	0.5
	桂月購買會（金州內外棉）	-	120	42.3	0.3
	撫順炭礦工人組合賣店	-	14,619	2,078.8	15.2
	鐵道總局福祉生計所	-	71,882	9,820.0	-
	滿州炭礦配給所東光購買會（滿業）	-	42,000	2,200.0	-
	東光購買會（滿業）	5.0	861	-	-
	康德葦紙漿社宅賣店	-	478	-	-
	圖門官斫請負同業組合配給所	140.0	12,000	-	-
	滿州製絲、滿州軸承配給所	-	200	-	-
	小計	145.0	214,520	18,342.8	206.6
總計		1,867.1	309,374	62,676.9	1,193.9

資料來源：越智元治（1941）〈滿州の合作社〉，《東亞經濟研究年報》第 1 輯頁 310-1。菊澤謙二（1935）〈滿州國に於ける消費組合反對運動に就いて〉頁 75-6，列舉其他消費合作社的名稱，但無詳細資料。

　　以重要性來說，出資額方面以滿鐵最重要，占總計的 60%，這說明消費合作組織，通常是在公家機構的附屬下，主動辦理所屬員工消費品的供應與配給。該機構的員工自動成為社員，而不是自發地出資、獨立經營的西歐式消費合作社。滿鐵因為員工人數多，每人至少認領某些股數，做為年終分紅百分比的依據。在這種情形下，表 6-2 的「社員人數」和「營業額」等欄並無多大意義，只是提供大致的營業狀況。

　　從統制經濟的角度來看，有必要了解消費合作社如何扮演這個角色，以及發揮哪些功能。試以表 6-2 中規模最大的滿鐵為例。日本經營中東鐵路（東鐵）、滿州鐵路（滿鐵），因沿線雇傭人員眾多，居住場所不一定在都市內，日用品的供應常成問題。1907 年

試行集中採辦制，1910 年組織採辦所，1919 年正式成立消費合作社。因滿鐵的消費合作社最重要，故以此為代表。東鐵於 1935 年被北鐵收買解散，其他的消費合作社或因文獻較少，或因規模小，所知有限暫不詳論。

前面說滿鐵是後藤新平經營南滿「文備的武裝」核心機構。滿鐵的使命，是開發滿蒙的資源（農林礦業）、港灣整備、新都市的開發與經營、促進貿易及工商業。在嚴密的計畫、經費充裕、只准成功的要求下，附屬於滿鐵的消費合作社，成為日本及其殖民地內最重要也最成功的單位合作社，是很可以理解的。綜言之，滿鐵消合社（消費合作社之簡稱）的功能，及所引起的反對現象大致有三點。

(1)滿鐵員工需要固定的來源，供給所需的日常用品，在滿鐵沿線附設消合社最能發揮這種功能。因此在組織上、運費上、關稅上都有直接或間接補助，確保員工的基本需要。

(2)這種低成本的日常用品販賣網隨鐵路沿線佈置，大大威脅到日本零售業者的生存。因此引發數次激烈的「撤廢運動」，逼迫滿鐵消合社撤廢連鎖經銷網，讓各地區的單位社分別獨立，經營較小規模的獨立合作社。

(3)二次世界大戰爆發後，經濟狀況不穩。滿鐵員工及眷屬總人數六萬五千餘人，滿鐵消合社雖然改組數次，但對社員生計穩定有相當的貢獻。從業務上來說，滿鐵消合社是綜合性、是兼營的，除了日用品還有社員互助的制度，方法如下。本薪未滿百（日）元的員工強制加入，繳付一定數額的社員會費，以及同數額的互助會款充當基金。社員及家屬需住院救濟、扶助、弔慰時，給付一定的

數額。這對當時結核病仍是大患又遠離本土的員工，產生莫大的安定作用，這項制度於 1925 年施用於中國籍員工。

以下分析滿鐵消合社的營運結構與績效。1907 年 8 月，滿鐵開始調查沿線各地日用品的供應狀況，1911 年 12 月設立「調弁所」。一次大戰後（1918-9），沿線已有十多個類似消合社的組織，廉價供應日用品。1919 年 11 月成立「滿鐵消費組合」❺，合併收購前述各地的調弁所。1925 年 4 月獨立成為「自治機關」（仍附於滿鐵），名稱改為「滿鐵社員消費組合」。參加的社員須認股，每股 5 元，不得超過 10 股。藉著滿鐵控制大連自由港的有利條件，以及滿鐵本身運費的減免，社員享受到比市面低廉 15% 至 20% 的價格，也因而引起民間商人不滿。

目前只有 1924-33 年間該組織的營業狀況（表 6-3）。不論從社員人數、營業額、雇用人數、分配所數目，都可看出對滿鐵的依存關係。

---

❺ 據《東三省經濟實況攬要》（民國史料叢刊 10）頁 45、97 記載：「滿鐵沿線人員眾多，而居處又不限定城市，故於日用品之供應，時虞缺乏。滿鐵會社乃於光緒 33 年，試行集中採辦制。宣統 2 年組織採辦所，民八乃設消費合作社，由滿鐵會社派員管理之。民 14 脫離滿鐵獨立，由社員自行組織，現在購入額將及八百萬元，參加人數 25,000 人，連家屬人數計 70,000 人。」有關中東鐵路附屬的消費合作社：「該路消費合作社創於民國 8 年，加入之社員截至 15 年 3 月底止，計 6,655 人。資本計有㈠入股金 81,700 元，㈡基本金 63,100 元，㈢公積金 43,000 元，㈣東鐵借款 130,600 元。總社設於哈爾濱，支社遍設於沿線各站，火車附設商店共四輛。」

表 6-3　滿鐵消費組合營業狀況：1924-45

	社員人數	營業額 （千圓）	盈餘 （千圓）	雇用人數	分配所數
1924	21,997	7,662	280	331	44
1925	21,190	7,907	319	386	53
1926	21,950	8,057	343	386	59
1927	21,768	8,942	416	384	59
1928	22,951	9,096	448	433	63
1929	23,971	9,848	315	486	66
1930	24,306	9,352	213	516	65
1931	23,003	8,695	265	615	63
1932	24,407	10,974	543	643	62
1933	27,229	13,585	258	637	66

資料來源：滿史會編（1964）《滿州開發四十年史》下卷頁 727。
原始資料：《大連商工月報》第 234 號，1935 年 2 月號。
說明：供應項目包括白米、鹽、砂糖、醬油、味噌、薪炭、五穀、調味料、
　　　醬菜、罐頭、飲料、雜貨、鐘錶、相機、收音機，相當於現今的百貨
　　　店。現金購買依定價便宜 5%，定價比市價約便宜 20%。

二、反消組運動

　　單以表 6-3 的滿鐵來看，社員數約 2.5 萬人，眷屬人數至少有
三倍，涵蓋的範圍相當大，約占南滿日人總數的一半。❻類似機構
雖然規模小多了，但也有十多個（見表 6-2）。這類公家的消費合作
社有人多、成本低、接受補助的優勢，明顯威脅到相同業務的商
家，其中以日籍的中小商業者最為反對。

---

❻　菊澤謙三（1935）〈滿州國に於ける消費組合反對運動に就いて〉頁 77。

東北的日籍中小商業者（尤其是零售商），在市場上要和中國商人競爭。當時排斥日貨運動正盛，日籍商人的交易對象以日人為主。在這有限市場內，消費合作社占大組織的廉價優勢，引起日本商人發起反對消費組合運動（簡稱「反消組運動」），主要對象是滿鐵消費合作社。

反消組運動也顯示中小（零售）商的弱點。(1)經營成本比消費合作社高；(2)商家數的成長高於人口的成長；(3)銷售網路不夠經濟規模；(4)資金不夠雄厚，與金融信用機構的關係較薄弱；(5)傳統的商店管理較不效率；(6)受當地中國與日本商人排擠。

南滿地區各機構對成立消費合作社興趣高，也有歷史的因素。一次大戰結束時（1918），當地物價高漲，日用品昂貴，消費生活困苦，商人藉機獲得鉅利。各機構乃有補助性的措施（如資金融通、建築物與用具免費使用、關稅與運輸費的減免），對抗商人的高利。這種情形到物價平穩後，民間商業明顯處於不公平的競爭狀態。

第一次正式的「反消組運動」是 1920 年 1 月下旬，由鞍山的日籍零售商發動，滿州各地日商群起呼應，主要的攻擊對象是滿鐵。經過多次的請願、暴力行動、談判、妥協，所要求的條件是：(1)限制消費合作社的供應項目（例如只限於日常必需的白米、油、糖）；(2)滿鐵不再對所屬合作社給予特殊輔助（如資金融通、無償使用設備及場所、關稅及運費的減免）；(3)廢除折扣低價競爭。❼

---

❼ 滿州反對消費合作社的經過，有兩篇文章敘述分析甚詳：菊澤謙三（1935）〈滿州國に於ける消費組合反對運動に就いて〉，《東亞經濟研究》19 卷 2 輯頁 73-112。菊澤謙三（1935）〈滿州國官吏消費組合問題に關する協定事項批判〉，《東亞經濟研究》19 卷 3 輯頁 45-66。

但消合社是滿鐵的政策工具，不會因民間請求而立即改變。反消組運動愈演愈熾，要求解散滿鐵所屬消合社並禁止新設。1925年4月滿鐵變更消費組合的組織方式，廢止一切補助，改名為「滿鐵社員消費組合」，成為純由滿鐵人員自營的機構。

三、爭論

「反消組運動」提供一項值得討論的命題：從社會福利的觀點來看，是該讓滿鐵這樣的合作組織，以低廉優良品質的商品供應消費者，或是要考慮民間商業部門的生存，而妨礙消費者的利益（即「消費者剩餘」減少）？這個問題可從經濟和政治兩方面來看。

從經濟觀點而言：(1)能減少中間利潤使消費者的利益愈大愈好，滿鐵消費合作社在 1918 年左右物價高漲時，發揮這項功能，抵制商業部門的超額利潤。(2)消合社大規模經營能降低成本，減少不必要的資源浪費。(3)消合社的利潤在年終分紅時仍歸消費者。(4)民間商業部門追逐利潤，物價不穩時會助長物價上漲。

從實際政治面來看，在滿州的日商已歷經十數年的艱苦奮鬥，對外抵抗當地商人與貨品的競爭，對內供應南滿地區殖民人口的生活物資。而今滿鐵合作社挾其優勢，在條件完全不同的狀態下，嚴重危害商人的營業權與生存權。

從顧全大局的觀點，滿鐵當局在兩難的狀況下只好做出折衷決策：1925 年 4 月之後廢止一切對滿鐵消費合作社的補助，成為純社員自營的機構，改名為「滿鐵社員消費組合」，以平外界抗議。

參、農業合作制度

　　農業部門的經濟組織，是日本經營東北的主要目標。透過這樣的系統，可以同時控制農業金融、農業生產以及（特殊）產品的運銷。以下第一小節概說東北（尤其是南滿地區）的農業經濟概況，第二至第五小節說明農業合作組織的變革。

　　日本取得南滿後（1905），至 1945 年二次大戰結束前，農業合作制度分成四個階段。第一階段可稱為醞釀期：從成立滿州國（1932）起，至 1934 年亟思設立「公正的庶民金融機關」為止。第二階段是 1934 年 9 月金融合作社法頒佈，至 1937 年 6 月「農事合作社」成立的時期，稱為「金融合作社時期」。第三階段是「農事合作社」成立，與「金融合作社」並立的時期，直到 1940 年 4 月「興農合作社法」頒布為止。第四階段是 1940 年 4 月之後，到1945 年大戰結束為止的「興農合作社」時期。

一、農村經濟

　　表 6-4 是南滿地區 1937 年的農家債務概況。不論是地主或貧農階層，農家負債的比例都相當高。或許有些估算偏高，但狀況不佳則是事實。農家負債的用途，用在生活費以及償還舊債的比例，遠大於生產性的支出，顯現以債養債的惡性循環。

表6-4 農家負債額與用途：1937（南滿地區）

負債額

農家階層	負債額（A）	現金經常收入（B）	A／B（%）
大地主	531.56	58.48	908.96
中地主	183.63	76.36	240.48
小地主	133.17	43.39	306.98
富　農	841.92	857.49	95.04
中　農	687.93	294.98	233.21
貧　農	104.19	68.49	152.12
極貧農	90.44	53.55	168.89
雇　農	78.88	87.25	90.41
雜　農	43.21	59.03	73.20

負債用途（%）

農家階層	合計	經常生活費	臨時生活費	農耕費	農耕關係隨時支出	租稅公課	舊債返還	投資貸付	其他	不明	借入金
大地主	100.0	67.24	-	-	-	-	32.76	-	-	-	-
中地主	100.0	68.69	-	6.81	24.50	-	-	-	-	-	-
小地主	100.0	-	29.51	-	-	-	-	-	-	70.49	-
富　農	100.0	15.30	4.46	2.55	3.70	0.14	27.12	2.39	-	-	44.34
中　農	100.0	7.29	0.28	3.57	0.66	.34	30.02	0.11	48.01	0.06	9.66
貧　農	100.0	38.35	16.87	2.91	17.31	-	9.48	-	-	15.08	-
極貧農	100.0	32.34	14.95	13.48	37.69	-	0.89	-	0.27	0.39	-
雇　農	100.0	39.63	48.22	5.16	-	-	7.99	-	-	-	-
雜　農	100.0	88.95	.37	-	1.23	-	-	-	-	-	-
總平均	100.0	15.87	7.95	3.49	7.93	0.21	24.10	0.50	21.35	2.31	16.29

資料來源：滿史會編（1964）《滿州開發四十年史》上卷頁728。

表6-5　農家融資的來源與利息的負擔：1934-6

(一)借款來源（%）

	北滿	南滿
農家	58.70	55.34
當鋪	0.97	0.74
錢鋪	2.30	-
金貸業	0.52	11.43
商人	1.78	17.78
雜貨舖	1.39	0.84
糧棧	0.18	0.08
油房	0.03	-
雜業者	2.58	3.01
春耕貸款	27.03	0.04
金融合作社	-	0.11
金融組合	-	0.09
農商貸款	-	2.67
救濟貸付	-	0.03
煙草耕作	-	0.06
組臺貸付	-	1.63
不明	4.52	2.72
無職	-	3.02

(二)利息負擔

利率	農家相互	糧棧油房業	雜業	合計
無利息	245	32	21	298
年利 10%以下	11	5		16
年利 20%以下	9	2	2	13
年利 30%以下	64	8	10	82

年利 40%以下	57	37	9	103
年利 50%以下	3	26	3	32
年利 60%以下	-	13	-	13
年利 70%以下	2	-	-	2
年利 70%以上	-	1	-	1
未定	1	-		1
合計	392	124	45	561

資料來源：滿史會編（1964）《滿州開發四十年史》上卷頁 732-3。

　　農家向哪些人融通資金？所負擔的利息有多重？表 6-5 可看出：金融合作社創辦（1933）的初期，東北地區農家的貸款來源，以農戶之間的相互支援為主，從「金融合作社」和「金融組合」借來的比例很少，其他則以從商人和錢鋪（金貸業）為主。也就是說，有系統的農業金融組織，尚未能滿足大部分農家的金融需求，仍需靠傳統的體系運轉。❽

　　在利息負擔方面，表 6-5 的 561 個案例中，有 298 個情形（一半以上）是「無利息」，以農家之間的相互貸款占絕大多數（245）。這種以「人的信用」為基礎的傳統借貸，債務人須把家屋、土地管理權（即使用權）移轉或典押給債權人，並非完全的「信用借款」。若無法清償債務，仍會對債務人很不利。利息負擔方面，年利在 30% 及 40% 之間（82、103）的情形將近 33%，實在不輕。

---

❽　見參見井關孝雄（1932）〈滿蒙に於ける庶民金融機關〉，《東洋》7 月頁 95-103。二宮丁三（1936）《滿州國の庶民金融施設に就いて》，《東亞經濟研究》20 卷 4 號頁 63-86。

表 6-4 和表 6-5，大致描繪農民經濟的概況與傳統金融系統，以下說明合作金融制度引進的過程與效果。

二、醞釀時期：1905-34

傳統經濟活動難免有不正當的榨取，加上 1930 年世界經濟大恐慌的波及，又歷經政治局勢上的變動，東北確實處在不利的環境：農村金融紊亂，農民生計困難，「離村」傾向加大。

從安定農村的立場來看，最主要的工作是創設農業金融機構。低利貸款給農民，切斷傳統融資制度的高利貸（表 6-5），用以穩定生產（例如春耕貸款），使無法與城市銀行往來的中農與下農，減少手續上的煩瑣，以自己的農產物擔保即可。在這些原則下，就想到要把在日本實施多年，已略有成就的農業合作金融制度引入滿州。

1932 年（大同元年）8 月奉天省廳長會議決定，循日本合作制度的傳統設立金融合作社。向「中央政府」申請制訂特別法規，在瀋陽縣與復縣設立兩個試驗的金融合作社，分別於 1933 年 3 月及 5 月開立，奉天省公署資助三萬元基本金，以及一萬元開辦費。跟著在同年度中，在奉天（8 家）、吉林（2 家）、黑龍江（1 家）三省，開辦 11 家金融合作社。

政策目標上當地政府宣倡的是：增進農民生活福利、「農業設施整備」、改善信用制度、經濟「圓滑化」、取締不合規定的「庶民金融機關」。金融合作社成為公共政策的一環，合作社的指導權移往中央政府，計畫把合作組織遍設全滿州。權力的結構上，各省設金融合作總處，受省長監督，受財政部的政策指揮。1934 年 8 月，財政部內設「金融合作社連合總處」（後改為「金融合作社連合

會」）。從此地方合作社的業務權屬省長管轄，監督權屬中央的財
政部。

綜言之，在統治經濟的架構下，日本引入本國的合作組織，用
它來融通農村資金、穩定農村部門、控制農產品。經過多年的籌
設，在這段很長的醞釀期內，把基層融資機構和中央機構，連貫成
完整的有機體系。

三、金融合作時期：1934-7

1934 年（康德元年）9 月「金融合作社法」正式公佈，合作組織
正式具有法人資格。雖然該法宣稱，合作社是「以社員經濟之發達
為其金融目標的社團法人」，尊重「相互扶助的精神」，政府「極
力避免無用之干涉」。實際上，如前所述，中央統制的色彩相當濃
厚，因為這個法案仿自朝鮮的「金融組合法」，而朝鮮總督府的合
作金融政策具有相當的中央集權性格。❾

這項性格可從合作社的內部權力結構來看。依「金融合作社法
及同施行規則」的規定，金融合作社通常有社長、理事各一名，監
事兩名，評議員五名，必要時設副理事一名。社務方面全由理事決
定，在「日系理事主義」下，理事必為日本人，以加強與主管機構
間的「日系關係」。社長、監事、評議員可選用中國人，大部分是
地方有力人士；評議員多來自地主富農。這種政治權力色彩，更能
襯出官僚統治的性格。

---

❾　片桐裕子（1982）《滿州國の農村金融政策と中國農民の對應》，慶應義塾
　　大《法學研究》55 卷 4 期頁 52。

合作社的主要業務是：(1)貸款給社員；(2)收受社員存款；(3)收受社員以外來源的存款；(4)作為其他金融合作社、銀行等金融業者的業務代理。最重要的是第一項：作為貸款給社員的機構。

貸款的形式依時間長短、保證方式而異。一般以社員的信用度為主要依據，擔保品的有無成為審核主要項目。無擔保品的農民由五至十人相互連保。這種貸款方式，主要在確保款額的回收，但也因而把較貧困而有需要的農民排除了。借得到款的自然是地主和富農階層，中貧農利用金融合作社的比例偏低。

1935 年初時，金融合作社的貸款情形大致如下。無擔保貸款額至 200 元，有擔保則可貸到 500 元，月率 1.3% 至 1.8%（平均年息約 15%）。利息每年分四次付清，以現代的觀點來看負擔不輕。貸款的方式中，以擔保貸款為主（99.6%）。平均每項貸款額 157 元，每個社員平均貸了 114 元（因為有許多社員並未貸款）。

至於貸款的用途，表 6-6 顯示主要用在生產上，這和表 6-4 中一般農家的負債，用於非生產性方面很不相同。也許是因為那是金融合作社創辦初期，對貸款用途有較明確的限定。雖然金融合作社的利率不低，但與民間貸款來源相比（見表 6-5）仍然低了不少。這就製造投機的機會：信用度較高的地主和富農，從合作社貸到款後賺一手，轉借給無法貸得款項的中貧農戶。

表 6-6　初期金融合作社貸款之用途：1935 年 2 月

用途	口數	金額	百分比
傭役人夫費	4,392	641,749	33
牛馬購買	2,504	424,657	22

農耕土地購買	1,199	221,558	11
食糧購買	928	159,880	8
肥料購買	720	108,156	6
建物購入與修繕	396	70,430	3
舊債償還	225	54,360	3
商工資金	170	47,722	3
農具購買	260	46,882	2
土地改良	130	24,797	1
其他	903	150,847	8
計	11,800	1,951,038	100

資料來源：《滿州經濟年報》1935 年版。

　　主管機關並非不明瞭這種弊端，但在推廣合作社網於各地的政策下，若信用貸款給小農，又恐有限的資金，無法達到一縣一合作社的目標。所以只好靠地主富農階級為中介，以建立各地的合作社網為首要目標。當時積極擴充的情形可由表 6-7 看出：1934-7 年間各項成果激速成長，1937 年之後社數趨於平緩，但社員數、貸款額都倍數成長；部門別的百分比則大致穩定。

表 6-7　金融合作社概況：1933-9

	社數	（千人）	（萬圓）	主要部門別（萬圓）	
	社員數	貸付額		農業	商業
1933	2	1	12	-	-
1934	12	11	95	-	-
1935	52	63	567	406　(71%)	12　(2%)
1936	82	118	1,094	1,017　(93%)	44　(4%)
1937	103	194	2,514	2,352　(94%)	90　(4%)

| 1938 | 106 | 398 | 5,010 | 4,722 | (95%) | 2,223 | (4%) |
| 1939 | 125 | 1,305 | 11,121 | 10,271 | (92%) | 731 | (7%) |

資料來源：滿史會編（1964）《滿州開發四十年史》下卷頁689。另見二宮丁
　　　　三（1936）〈滿州國の庶民金融設施に就いて〉，《東亞經濟研
　　　　究》20卷4號頁83-4。越智元治（1941）〈滿州の合作社〉，
　　　　《東亞經濟年報》第1輯頁331。

　　綜觀1934-7年間，金融合作社的大力推廣時期有幾項特色。
(1)政策性地推廣每縣一至兩社，每縣人口若以十萬計，真正參加
合作社的人口比例甚低。社員之間接觸少，無合作精神可言。(2)
因而當商人或地主提出更大利益時，社員就不太顧及合作社的運
作。(3)地主富農利用合作社圖利，真正有需要的貧農被排擠，失
去「農村庶民金融機構」的實質意義。

　　表6-7可看出金融合作社的成長速度很快，但它在整個金融體
制內的地位如何呢？表6-8很明白指出，金融合作社在1937年
時，只占全部金融機構的一小部分：存款只占1.5%，貸款只占
1.9%，無重要性可言。

表6-8　滿州地區的金融概況：1937

地域	機關名	1937年1月末		
		機關數	存款	貸款
滿州國內（含附屬地）	滿州中央銀行	146行	205,104	192,259
	滿州興業銀行	37店	142,481	146,919
	各國普通銀行	37行	14,483	36,876
	日本系銀行	31店	28,766	58,633
	中華民國系銀行	27行	19,162	19,122

歐美系銀行	4 行	10,222	22,788
金融合作社	103 社	7,108	9,329
金融會	41 會	1,826	3,738
金融組合	14 組合	3,495	5,918
郵政儲金	173 所	3,050	-
郵便貯金	91 局所	30,723	-
小計	704	471,180	495,582

資料來源：滿鐵產業部編（1937）《滿州經濟年報》（下）頁363。

四、雙元並立時期：1937-40

　　金融合作社在性格上，屬於農村經濟救濟的庶民金融機構。一般認為這種組織的業務以貸款為主，功能太狹隘。1936 年 8 月正值「第二經濟建設要綱」制訂，翌年起實施「經濟建設五年計劃」。又逢中日戰起（七七事變），日本急欲統一計劃經濟發展，打算全面發展農業部門的流通，統制糧食與特產物。

　　七七事變後東北的農業政策跟著調整。「農業政策審議委員會」的記錄中，有關「農民團體之對策」部分其中一項為：「逐漸將農民組織化，編成農村共同組合（即合作社），而且與一般行政機構密切關聯，使行政與經濟相結合」。「為免除合作社陷入政治之危險，行政機構與合作之理事應使之為同一人，以求密切聯絡」。

　　根據這些決策，1937 年 7 月頒佈「農事合作社設立並助成之相關文件」，明訂「農事合作社」的組織與功能。❿從這些條文可以看出統制的性格，希望這種合作社能深入最基層的行政單位

❿　全文錄在 1937 年《滿州經濟年報》下，頁 507-11，見本章附錄 2。

（街、屯），合作社的行政人員與地方行政官員系統相結合。

「農事合作社」的功能較屬於農村經濟性，由全滿州中央統一機構負責，在縣、旗、市等設地方單位。除了信用業務，兼營購買、運銷、利用、農事改良及指導、福利設施，類似臺灣農會的功能。成立的社數：75 社（1937）、29 社（1938）、21 社（1939），合計 134 社。它的基本性質，是控制東北農業生產、農產物流通、分配的機構。雖然在形式上，「金融合作社」與「農業合作社」各自活動，但業務地區以農村為主，都以信用業務為首，重複摩擦的情形愈演愈烈。1940 年 4 月，滿州政府把這兩個系統合併為「興農合作社」。⓫

五、興農合作社時期：1940-5

興農合作社是戰時經濟統制下，執行農業政策的基層機構。它繼承金融合作社和農事合作社的基本功能，以「農民普遍網羅主義」為出發點。原則上各縣、各旗都設一個地方性的單位，其上為省級的「興農合作社連合會」，再上層為「興農合作社中央會」。縣、旗、市之下的部落或屯，則設「興農會」。這套體制由中央連貫到最基層的行政單位。

興農合作社法第一條明示：「本法的目的，是以農家互助的精神為基礎，圖農事之改良發達、增進農家之福利，以發展國家經濟為目標之社團。」顯示興農合作社是以農民為主要構成分子，終極

⓫ 大上末廣（1942）〈滿州國興農合作社の組織〉，《東亞經濟論叢》2 卷 2 輯頁 98-9。

目的在發展國家經濟，以「合理逐行農本國策」為目標。

　　這和自由結社的民主精神完全相違。只要是屬於行政區內的農民，就自動有資格成為社員，連最基本的「社員出資」也完全廢止，以方便下層農民加入。這更顯示中日戰爭後，在戰時動員體制的前提下，把行政區內的農民全數納入合作社體制內，在日系官僚指導下擔任經濟統制的基層任務。

　　具體地說，滿州產業開發的基本功能，是供應日本所需的基本資材，包括農產品、鋼鐵。興農合作社是在農產品（農業部門）這個環節之下，為提高農業生產力，以及控制農產品的流通與配給，所設立的機構，執行方式是由信用融資來著手。

　　表 6-9 提供 1940 年末（興農合作社成立之年），各地區興農合作社的狀況。一成立就有這樣的好成果，因為這是合併從前的金融合作社與農事合作社。這項資料只提供靜態的數字，不足以做動態結構性的詮釋。1941-5 年間的變動，目前也無較精確的時間序列資料。興農合作社扮演「配給」與「集貨」的角色。對農民而言，他們所需要的資金（生產上的與非生產上的）、農業生產的必需品（肥料、種籽），以及某些生活必需品，在農村運送網尚不健全的狀態下，合作社扮演「配給」的職能。

表 6-9　興農合作社分佈表：1940 年末

	社員數	對農業戶數百分比	農業會數	對屯數百分比
奉天	325,259	41.7	146	2.6
四平	203,480	57.0	515	18.0
吉林	201,009	33.0	532	7.0

龍江	120,178	78.0	451	10.0
熱河	104,998	14.0	291	4.0
濱江	94,828	21.0	1,276	8.0
錦州	350,979	56.0	896	24.0
安東	54,184	23.0	175	13.0
間島	55,605	57.0	490	78.0
三江	42,883	22.0	386	30.0
通化	34,000	17.0	72	24.0
牡丹江	25,666	64.0	160	43.0
黑河	3,689	58.0	12	10.0
東安	12,319	28.0	10	4.0
北安	117,860	39.0	1,319	18.0
興安東	13,006	47.0	—	—
興安西	7,280	7.7	33	2.8
興安南	33,083	27.0	3	0.1
興安北	400	34.0	15	79.0
合計	1,800,158	35.0	6,782	11.0

資料來源：越智元治（1941）〈滿州の合作社〉，《東亞經濟研究年報》第 1
輯頁 324。

較重要的，是興農合作社的中介角色。農產品的管制有兩套系統，一是 1938 年的「米穀管理法」和 1940 年的「糧穀管理法」，二是 1939 年的「特產物專管法」。這兩項統制性的執行，都和合作社有關。以「糧穀管理法」為例，統制的對象是主要糧穀 11 種（高粱、玉米、粟、大麥等），目的在調節供需、配給、維持適當價格。同時，糧穀的購入、販賣價格要經過「興農部大臣」認可，農民不得將糧穀賣給「糧穀會社」以外的人或機構。這個流程可從圖 6-1 明白看出。

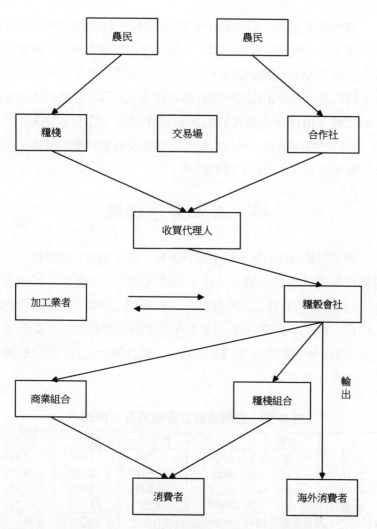

資料來源：滿史會編（1964）《滿州開發四十年史》上卷頁 897。

圖 6-1　糧穀流通機構

　　透過這套體系，日本政府直接掌握農民的經濟活動與物質流程。這也給某些高級官僚、軍部人員、資本家帶來圖利的機會，尤其是當地商人出面籌設糧棧，日本方面出資或以其他方式分享「專利」的利益。合作組織本來是以農業資金、原料、產品的流通現代化為目標，但在東北變質成為統制經濟下的一環，成為農產物收購、配給的統制機構。再加上給予某些階層有利可圖的機會，興農合作社竟成為「半封建的榨取機構」。

肆、其他合作組織

　　除了消費合作系統和農業合作系統，東北也有些規模較小，但遍佈民間的「庶民金融」系統，例如民間的「合會」（各地名稱不同）。此外，也有居住在東北朝鮮人的民間金融體系：[12]隨著朝鮮人移民人數益多組織混雜，1936 年在朝鮮總督府的指導監督下，組成一個全滿州的聯合團體，名稱「金融會聯合會」，歷年的演進狀況如表 6-10 所示：

表 6-10　金融會聯合會概況表：1936-9

年	會數	會員數	出資金	預金	貸出金
1936	29	62,114	747	1,629	4,186
1937	35	48,007	931	2,120	4,878
1938	38	86,723	1,046	3,075	7,743
1939	39	106,377	1,227	5,793	11,222

資料來源：越智元治（1941）〈滿州の合作社〉，《東亞經濟研究年報》第 1 輯頁 327。

---

[12]　見馮和法（1935）編《中國農村經濟資料》頁 1054-6。

另外有一套系統，是 1928 年 10 月由大連等幾個都市的日本中小商工業者，依同年 5 月頒布的「關東州及南滿鐵道附近屬地金融組合及同施行規則」，組織「都市金融組合」。到了 1940 年依「商工金融合作社法」，改名為「商工金融合作社」。此外有一套「開拓協同組合」的系統，依 1927 年的「海外移住組合法」成立，是為了日本移民的居住、生活上之必需品、共同設施、生產品、資金需求所組織的合作社。以上三套體系資料有限，文獻記載少，統計資料不齊全。以統治經濟的架構來看，這些屬於較次要的合作組織。❸

伍、評估

可以從經濟、社會、政治三方面，來評估合作組織的績效。經濟方面，第三節一開始就說明農村的經濟困境與約制條件，我沒有足夠的統計資料做明確數值評估，但可以大致做下列的推理。

日本建滿州國後在統制經濟的架構下：(1)消費合作社只對大機構的員工提供生活上的方便。(2)農業合作社在 1934（金融合作社成立）至 1945 年大戰結束的十年間，如第三節所分述，更換了三種體制。(3)其他的合作組織形式（如第四節所述）並無重要性。

加上表 6-8 的資料，我們幾乎可以明言，這套合作制度在整個東北的經濟體制中，只是全盤統制經濟中的小環節（見圖 6-1）。把這套合作體制孤立起來看似乎有某些重要性，但放在全盤經濟體系

---

❸ 見越智元治（1941）〈滿州の合作社〉，《東亞經濟研究年報》第 1 輯頁 327-42，有較詳細說明。

中則相對地渺小，這也是其他地區合作制度的通性。目前的文獻也沒看到農民或一般民眾，對合作社的經濟效果做有利的證詞（滿鐵的消費合作社例外）。

政治方面，合作社和行政機構緊密結合，中央統制的色彩濃厚。在政治性的推動下，採取全縣農民皆加入的「網羅主義」，絕大多數流於形式化，而非真正的農民合作組織。綜觀日本在東北的合作制度，基本上是殖民政權透過這種地方性的經濟單位，實行農村統制、物資分配、推銷日貨的中介機構。作物必須依合作社規定的價格出售，合作社所售的貨品農民也得照價購買。在農民眼中，合作社是政治意義大於經濟意義的組織。

社會方面，從農民的反應就可以窺見一斑。二次大戰後，國民政府接收東北時，合作機構也是接收的對象，並訓練幹部接收、清理，以興農合作社為主要對象。理由是鑒於該合作社「體系甚為完整，業務亦頗充實，對於農業生產力之增殖，農產物價格之統制，以及農業金融之調劑，均有良好之成就。」❹所以在東北行營經濟委員會下設置東北合作業務局，作為東北各縣合作社之總管理機構。引用一段話當作總結：「我也被拉進去擔任一個角色，但不久我就退出來了。那個管理局就是『原封不動』的使用舊日的合作社，向農民以官價收買棉花與大豆出口，主事的人賺了不少的錢。聞此，我也像東北農民那樣『恨透了合作社』。」❺

---

❹ 《社會工作通訊月刊》2 卷 10 期，1946 年 10 月 15 日南京出版，引自黨史會編《革命文獻》第 99 輯頁 98-99。

❺ 楊懋春（1954）〈論農民合作社〉，《學術季刊》2 卷 4 期頁 93。

附錄

附錄6-1：日據東北合作經濟制度的相關法令

附表 6-1　日據東北合作經濟制度的相關法令：1932-43

	名稱	業務別	說明
1932	中央銀行法（6月）	總體金融體系	滿州國成立，以「大同」紀元。
1934	金融合作社法（9月）	農村信用	由滿州國理財司銀行科頒佈。
1936	無盡業法（9月）	民間互助會	
1937	農事合作社設立要領（7月）	農業合作	條文詳見 1938 年《滿州經濟年報》頁507-11，及本章附錄6-2。
1940	興農合作社法（3月）	信用合作	強制主要農產品透過規定的管道
1943	興農金庫法（7月）	農業信用	運銷。

說明：(1)整理自滿史會編（1964）《滿州開發四十年史》下卷頁 818-24。
　　　(2)此表係作者依現有資料編製。

附錄6-2：農事合作社設立與助成之相關文件

說明：

　　日據東北時期幾項主要的合作經濟法規，已於附錄 6-1 中大致列舉，但仍未能齊備。其中最具經濟重要性的，是「興農合作社法」（1940 年 2 月）。但目前資料欠缺，在此把興農合作社前身「農事合作社」的法令條文譯出，以了解基本取向。原件名為「農事合作社の設立並に助成に關する件」（1937 年），內分「縣農事合作社設立要領」（9 條）與「縣農事合作社助成要綱」（8 條）。茲譯

出前項中的九條全文，已足以說明其精神、結構與運作。下列條文譯自滿鐵產業部（1937）編的《滿州經濟年報》頁 507-8（昭和 12 年、康德4年）。

康德四年七月三十日公佈產業部訓令第三三號
本令系對各省長發佈（興安各省除外）

依國家計畫從事農業之開發，以圖政府統制下農業者福利之增進，及生產品配給之暢順；並與一般行政機構保持緊密聯繫，使地方發達，逐漸將農產者組織化，乃設立農事合作社。農事合作社相關法規之制訂，因期限緊迫，茲先以別紙甲號合作社設立要領頒行，以示獎勵合作社制度普及之方針，應依下列各項規定之旨趣努力為之。另頒別紙乙號助成綱領，以助成設立。另已將本年度助成金交付各縣，以加速合作社之成立。申請成立合作社時，即將助成金交付。此令。

別紙甲號
縣農事合作社設立要領
第一　農事合作社（以縣合作社稱之）之目的
　　　以開發農業，促進產業者之福利，及生產品配給之暢順為目的。
第二　縣合作社之地區
　　　縣合作社之地區，原則上依縣之區域為地區。
第三　縣合作社之構成
　　　㈠構成員　縣合作社之構成員（以合作員稱之），原則上為縣

內農業者。

縣內之農業者得加入縣合作社，以實行合作社組
織（「實行合作社相關事項」另行通知）。

（二）經　費　縣合作社得對合作員徵收一定款項之經費（合作
社費）。

另，因應縣合作社事業之狀況及實情，除了徵收
社費的制度外，可酌情並用出資制度。

第四　縣合作社之事業

（一）縣合作社執行下列事項

（甲）農產物（包括林產物、畜產物、水產物及其加工品）之搬運、
調製、加工及販賣。

（乙）農業倉庫之經營。

（丙）農產物交易廠之經營。

（戊）各種利用設備之設置。

（己）必要物品之購入、加工、生產物配給。

（庚）收受存款及融通資金。

（辛）其他為達到合作社目的之必要設施。

縣合作社依政府之命令，對社員之生產與配給，做相關之
指導統制。

縣合作社在合作員本人無法利用社內設施時，可由他人利
用社內設施。

（二）縣合作社以前項各種事業之綜合經營，及主要農產物之綜
合處理為目標，並應順應地方實情及實勢之發展，以確實
掌握合作事業及農產物為營運之主要目標。

第五　縣合作社之執行人員

縣合作社之執行人員由官方選派下列人員

董 事 長　一名

副董事長　一名

董　　事　若干名（其中一名為專務董事，一名為參與董事）

監　　事　若干名

縣合作社之執行機構可與行政機構有人的聯繫。

第六　合作員之義務

縣合作社之合作員得依規定款項分擔縣合作費。

縣合作社財產足以償付債務時，由構成員依最近年度之合作社費繳交比例，分擔損失。

縣合作社對合作員之信用貸款，由社員五至十人負連帶償還責任。

第七　縣合作社之設立

縣合作社設立時，由設立者依規定條款並作成記載其他必要事項之文件，由縣長從省長處取得許可。

省長准許縣合作社設立時，須直接向產業部大臣報告。

第八　縣合作社之監督

縣合作社為政府之主要基本方針，由各省負指導統制之責。

第九　縣合作社與其他既存農業團體之關係

縣農會於縣合作社設立時解散之。

棉花、煙草及其他既存合作組織，逐漸改組統合於縣合作社機構之內。

金融合作社與農事合作社之金融機能關係，應予適當之調整。

評論：

(1)頒布此項「要領」的訓令中，已明白顯示這是由政府推動（支付助成金），配合農業部門的開發與物品的配給，統制色彩濃厚。

(2)第三條規定農業從業者都需加入，已無自由進退的民主精神。

(3)第四條第一項最後，明白規定合作社受政府指導統制。

(4)第五條明訂合作社之執行人員主要由官方選派。

(5)第六條第三項規定社員連保負連帶償付責任。

(6)第七、八條規定縣合作社與省、中央之隸屬關係，屬於中央管制而非地方自主。

(7)縣合作社成立後，其他類似機構一律解散。但原先存在的金融合作社仍繼續經營，造成雙元並立，直至 1940 年 4 月，由興農合作社取代兩者的功能。

後　記

　　從日俄戰爭（1904）起，至第二次世界大戰結束（1948）的 40 年間，日本對東北的經營下過相當功夫，留下許多原始文件，「滿鐵調查部」的貢獻甚偉。《アジア經濟》自 1982 年起至 1984 年 3 月止，做過 24 次「特別連載：滿鐵調查關係者に聞く」。1985 年 4 月號起又接著做此系列的連載，透露許多前所未聞的訊息與文件。加上從其他資料來源所提供的書目，讓我深深覺得，目前在臺灣能運用的資料實在太有限。本章註解中所引用的文獻，只是很小的部分集合。在此僅能對東北的合作經濟制度，提供概貌與基本性格的描述，對經濟史學界而言這只是研究的起點。

第七章　日據時期臺灣的合作經濟制度：1914-45

　　承續清朝在臺灣的建設，日本在半世紀的殖民經營中（1895-1945），對基層結構（教育、交通、戶政）有長期的大量投資，經濟上也有持續明顯的進步。我們的課題是研究日據期間，屬於民間經濟部門的合作組織：是在哪些背景條件下出現的？（第一節）有哪些主要的業務，發展過程為何？（第二節）它的經濟社會與政治效果為何？（第三節）最後提出全盤評價，並說明戰後這套體系的變革（第四節）。

壹、經濟背景

　　1894 年因朝鮮問題而引起的甲午戰爭很快就結束了，1895 年簽訂的馬關條約割讓臺灣及澎湖群島給日本。克服某些地區性的抵抗後，日本在明清墾殖的基礎上積極開發臺灣。

　　19 世紀末日本進口糖的數量，超過全國總進口額的 10%，僅次於棉花和米。馬關條約所得的大量賠款，正好可用來開發國內糖業。但投資北海道的甜菜糖並不成功，因而轉移目標，想開發當時

產業不豐但已向日本輸出蔗糖的南臺灣。

　　日本據臺初期為了軍事行動與基本建設，已向帝國政府要求很多津貼。國會議員甚表不滿，認為得到臺灣島並不合算，曾打算賣回給中國或法國。臺灣糖業的發展潛力，使得帝國議員認為臺灣自有其有用之處，才由殖民政府急切地發展起來。❶五十年的殖民經濟中，臺灣供給殖民母國基本農產品（糖、米），❷同時也自殖民國進口工業產品。

表 7-1　臺灣的經濟結構：1912-51（%）

	農業	工業	礦業	林業	漁業
1912	50.8	45.5	2.5	0.1	1.1
1921	46.3	46.5	2.4	2.5	2.3
1931	38.6	54.5	2.5	2.0	2.4
1939	36.6	53.1	4.0	2.7	3.6
1951	45.1	44.1	2.1	3.0	5.7

資料來源：摘自 Wu（1971:24）。

　　這是典型農工兩部門並存的雙元發展模式，臺灣在這雙元經濟中扮演農業部門，提供原料與農業剩餘（資金）給工業部門（日本）。為了從新近取得的農業部門（臺灣）榨取更多資源，第一步就是提高它的生產力（見表 7-1）。這取決於兩項社會與經濟的因素：

---

❶　林景源（1981）《臺灣工業化之研究》頁 8。

❷　如 Reynolds (1983): "The spread of economic growth to the third world: 1985-1980", *Journal of Economic Literature*, 21:941-80 所言：「日本傾力把臺灣島變為本國的飯碗。」

勞動力的品質以及生產運銷網。殖民政府由本國引入新的硬體（生產設備），也積極建設島內的軟體設施（如國民教育）。

表 7-2　1945 年之前的臺灣經濟成就

	1911-20	1921-30	1931-40	1941-50
1 實質淨生產（農業部門）	100	130	185	
2 生產力（農業部門）	100	130	165	
3 就業（成長率）	1.14%	1.32%	2.17%	
4 平均每戶種植面積（公頃）	2.04	1.95	2.00	
5 人口增加率	1.31%	2.40%	2.75%	2.28%
6 教育程度（小學以上）		29.2%	41.5%	65.8%
		(1922)	(1935)	(1944)

資料來源：1-4 摘自 Wu（1971 表 2.2, 2.4, 2.5）；5 摘自李登輝（1976 表 9, 10）；6 摘自林景源（1981 表 A-34）。

說明：1-2 兩項以 1911-20 年為基期（100）。

　　由表 7-2 的第 6 項，可看出教育普及的程度與速度。教育是成本昂貴的投資，但日後證明這是有遠利的政策。臺灣自 1920 年代起，已有現代化的金融系統：有 5 家現代銀行及 50 家以上分行，農村信用合作社的總數在三、四百。鐵路在西部已有相當的功能；灌溉與電力在殖民期間也有相當的基礎。這和在非洲、拉丁美洲，或其他地區的半掠奪性殖民顯著不同。這是因為在政治上臺灣已列入日本版圖，由於沒有豐富的自然資源，只好用密集長期的投資來開發。

　　在這些積極的開發措施下，臺灣由傳統的農民經濟，進展成具有雛型工業的地區。勞動力的品質、公用事業網路、組織（控制）

良好的社會基礎結構也都建立起來，這些對 1945 年以後的經濟成長是重要因素。半世紀的殖民成果可以簡述如下。(1)有個雛形的工業部門，以農產品加工業為主，以及少數的化學、金屬製造業（參見林景源 1981 第 1 章的統計）。(2)建立公用事業、生產、運輸、金融、社會控制等網路。(3)勞工品質與生產力已大幅改善。簡言之，邁向工業化的準備工作已經大致完成。

貳、特質與發展

一、特質

臺灣的合作體系是隨日本殖民來的，屬於「單管直接傳入」。❸也就是說，沒有經過像中國大陸的思想啟蒙、民間傳播的合作運動，而是把日本的「產業組合法」（1900 年公佈），在 1913 年直接移用於臺灣。臺灣的合作制度一開始就有法律基礎，組織上和制度上都是從日本移植，但又和日據東北的情形不同。雖然經營臺灣的主要人物，和東北開發計劃的主持人都是後藤新平，❹但有下列不同點。

(1)政治上，臺灣已納入日本版圖，東北的情勢則較複雜，有在北滿的俄國勢力以及當地的中國勢力。在東北成立的是「滿洲

---

❸ 這個名詞借自林寶樹（1986）〈臺灣合作史上之地緣與人脈〉，《合作經濟》9 期頁 24。

❹ 後藤新平的治臺時期是 1898-1906，經營滿鐵的時期是 1906-8。

國」，和臺灣的情形大異。

　　(2)經濟上，臺灣是日本的新開發部門，功能是支援日本的工業部門。而東北則一直是在經濟統制的性質下，為了統治戰時農產物資與調節農村資金，把合作社當作經濟統制的中介機構。臺灣的合作社則是在經濟開發的前提下，在農業部門內成為綜合性的資金融通、產品運銷機構；在城市部門內調節都市金融、補充公營金融體制的不足。雖然都是在日本的管制下，但臺灣和東北的合作體制，精神上與氣氛上都很不相同。

　　(3)社會上，東北的合作社管理監督人員都是日系，當地人純是應命行為，認同感很低。臺灣雖然也是以日系為首，但為了讓本地人的政治活動有個出處，日本也可藉著合作社間接控制基層的經濟、社會、政治活動，所以就讓地方人士以合作社為中心，從事各種活動：在城市以信用合作社為中心，在農村以農會、農田水利會為中心。光復後至今地方政治勢力的人脈關係，和日據時期的合作體制有密切的傳承。

二、發展過程

　　本小節討論三項主題：(1)合作體制的法令架構；(2)主管機構的變遷；(3)長期的變動趨勢。

㈠法令沿革

　　1900 年日本公佈「產業組合法」（見本章附錄 1，類似中國的合作社法），但臺灣的地位是殖民地，日本法律不能直接施用臺灣，而是以「命令」的方式頒行適用臺灣的法令。

　　1911 年之前，金融機構只有臺灣銀行以及四、五家商業銀

行。平民金融機構非常有限，需透過傳統的金融互助組織，如合會、搖會、標會，或甚至向高利貸業者週轉。❺臺北信用組合1911 年成立，最初會員約有 50 多人，多不明白這種組織的性質，抱猜疑態度。1913 年 2 月日本打算把合作事業引入臺灣，除了「產業組合法」中「產業組合聯合會及產業組合中央會」的規定（第 76 至 92 條），不適用於臺灣（因為臺灣是「地區」，不必有「中央會」），其餘一概適用日本的「產業組合法」。❻

　　雖然臺灣和日本合作制度的「母法」相同，但同年（1913 年）日本政府又另以律令第二號公佈「臺灣產業組合規則」（共三條，見本章附錄 2），用以區別本國與殖民地。這可從兩個角度來看：合作社內部管理與政府行政體系。

　　內部管理方面：(1)理監事的選舉與解任，需經當地知事或廳長認可接受（第三條），這和日本的自主管理（經合作社內總會決議即可選任或解職）大不相同（「產業組合法」第四章管理第 25 至 28 條）。(2)社員對合作社的認股數，需經臺灣總督府認可後才可超過 30 股（第二條），目的是在防止殖民地的個人經濟力量擴張。日本則在特別許可後，可由 30 股改為 50 股（「產業組合法」）。在行政體系上，「臺灣產業組合法規則」第一條，把「敕令」、「主務大臣」、

---

❺　光復前臺灣金融部門的結構，參閱周憲文（1980）《臺灣經濟史》，第 6 篇第 14 章〈銀行〉。

❻　詳見本章附錄一、二的條文。臺灣產業研究會（1934）編纂的《產業組合と農村經濟の研究》，在附錄中收集「臺灣產業關係法規」（頁 263-98），內有「產業組合法」、「組合規則」、「施行規則」等多種，以及相關的農會規則，大概是基礎合作社法令，可惜只收錄到 1934 年。

「郡長」等名稱，改為適用於殖民地的「臺灣總督府令」、「臺灣總督府」、「郡守」，並無多大的實質意義。

綜言之，臺灣合作社的主要「大法」是：(1)完全借用日本的「產業組合法」（共 105 條），但刪除第九章「中央會與聯合會」。(2)同年（1913）以律令第二號公佈的「臺灣產業組合法規則」（共三條），是界定臺灣與日本合作事業規則的區別，到 1944 年為止共經過六次修改。(3)同年也公佈「臺灣產業組合規則施行細則」共 32 條，詳細界定上述的施行細節；此項細則到 1942 年 1 月為止修正過八次。

在業務性的法令方面，有「市街地信用組合法」（1943 年公佈，1944 年施行於臺灣）、有「臺灣農業會令」（1943）、有「臺灣產業金庫令」（1943）及其「施行規則」（1944）。此外都是行政性的辦理規則。以上所述可用表 7-3 來綜觀。

表 7-3　臺灣合作社法令的結構與變遷：1913-44

法令名稱	頒佈日期	條數	性質	修改次數	說明
產業組合法	1900（日本） 1913（臺灣）	105 88	母法		把第九章（第76至92條）的「聯合國與中央會」刪除後，施用於臺灣。
臺灣產業組合規則	1913	3	地方法	6	除了日本的「產業組合法」，特為臺灣地區設置的合作社「母法」。
臺灣產業組合規則施行細則	1913	32	施行細則	8	規定合作組織的業務性質與管理方式。
市街地信用組合法	1943		信用合作社法		1944 年施用於臺灣，同年公佈施行規則。

臺灣農業會令	1943		農會法		1944 年元月施行。
臺灣產業金庫令			合作金庫法		1944 年施行，並公佈施行規則。

資料來源：參考下列資料整理製作。

　　　　(1)臺灣產業研究會編纂（1934）《產業組合と農村經濟の研究》，附錄〈臺灣產業關係法規〉頁 263-384。

　　　　(2)中國合作事業協會編（1957）《臺灣省合作年鑑》頁 107-12。

說明：這個表只包括主要的法令及其宗旨，較次要的業務性法規，如「農業倉庫法」等則未列入，詳見上述資料來源(1)中的〈臺灣產業關係法規〉。另，有些法令的頒布日期、條款、修改次數，尚未找到詳細的資料。

㈡行政機構的組織變革

　　雖然 1913 年就已頒布「產業組合法」及相關的法令（見表 7-3），民間已有 20 家合作組織，但在政府行政方面，只有總督府財務局金融課訂有「關於金融之組合事項」，是最高主管機構。其餘則在地方設 12 個廳，由庶務課主管。由表 7-4 可大致推測，當時的業務量有限，重要性不高。直到 1945 年光復，總督府及地方機構管理合作事業的單位，經過六次變動（參照表 7-4）。

表 7-4　臺灣合作經濟組織主管機構的變革：1913-45

年代	總督府	州（縣）	廳（縣）
1913 年 2 月至 1919 年 5 月	(1)財務局金融課主管「關於金融之組合事項」。 (2)財務局主計科主管「關於農會、埤圳組	1919 年起，臺灣的行政組織調整為臺北、臺中、臺南、高雄等五州，州下置郡或市；以及臺東、花蓮港二廳，	全臺各地設有 12 個廳，由庶務課掌管「金融事項」。

	合及其他公共國體之歲計監督事項」。	廳下有支廳。	
1919 年 6 月至 1924 年 11 月	(1)內務局：州、市街庄組合。 (2)財務局：與 1919 年之前相同。 (3)殖產局：商工信用組合與農會、畜牛保健組合。	(1)內務部勸業課。 (2)州以下之郡與市，由庶務課主管合作事業。	同上
1924 年 12 月至 1942 年	(1)內務局（地方課）：州、市街庄組合。 (2)其餘同前。	同上	同上
1942 年至 1944 年 1 月	同上	(1)內務部（地方課）：市街庄及其他公共團體之監督。 (2)產業部下分商工水產、農林、土地改良課，各掌不同業務別的合作事業。	同上
1944 年 2 月至 1945 年大戰結束	(1)總督官手（地方監察課）：各種公共團體事務及經濟。 (2)財務局與農商局各掌不同業務別之合作社。	(1)總務部（總務課）：同上述之內務部地方課。 (2)產業部的職責同前。	同上

資料來源：整理自中國合作事業協會編（1957）《臺灣省合作年鑑》頁 112-5。

說明：這是方便綜觀比較的簡表，用以說明行政機構的變化過程。

㈢長期變動趨勢

現在以表 7-5、7-6、7-7 來說明，1913-40 年間的長期結構變動趨勢。表 7-5 把合作社分成三大類：(1)農村信用及兼營合作社；(2)事業合作社（如購買、運銷）；(3)城市信用合作社。

表 7-5　三類合作社的結構與績效：1913-40

	(一)社數				(二)社員人數			(三)出資總額		
	(1)	(2)	(3)	合計	(1)	(2)	(3)	(1)	(2)	(3)
1913	15	3		18	2,353	407		935,760	10,580	
1914	38	7		45	4,804	1,217		1,435,342	19,925	
1915	54	12		66	21,924	2,132		2,354,450	32,150	
1916	70	14		84	28,109	2,541		2,902,550	60,767	
1917	109	17		126	44,626	2,517		4,401,902	51,228	
1918	149	19	5	173	62,853	6,098	1,479	5,377,813	144,478	678,400
1919	183	27	6	216	83,544	5,335	2,437	7,446,711	182,389	1,173,750
1920	206	37	8	251	99,446	13,129	3,741	9,546,686	461,657	1,576,080
1921	216	39	9	264	104,927	10,778	4,562	9,759,101	477,019	2,003,970
1922	234	44	12	290	113,342	10,988	6,269	9,926,211	658,644	2,382,420
1923	242	49	17	308	118,449	11,013	9,642	9,534,550	689,219	2,692,010
1924	251	53	19	323	127,352	13,310	10,373	9,012,477	761,874	2,868,130
1925	267	53	19	339	145,796	5,842	10,071	9,566,245	659,829	2,839,725
1926	274	58	21	353	158,067	18,214	11,416	9,691,514	766,841	2,896,630
1927	294	62	21	377	176,233	18,960	12,581	10,304,402	918,717	2,914,860
1928	299	67	21	387	197,378	21,514	14,135	11,370,857	1,138,599	2,962,950
1929	306	71	21	398	209,768	22,921	15,017	12,016,434	1,346,192	2,992,240
1930	311	75	21	407	218,347	22,962	14,939	12,224,077	1,378,545	2,957,380
1931	317	79	21	417	223,595	21,322	15,152	12,458,593	1,535,593	2,900,730
1932	333	75	22	430	231,972	19,972	16,475	12,229,360	1,524,876	2,916,450

1933	343	72	22	437	254,140	20,559	17,512	12,510,537	1,387,947	3,072,375
1934	359	65	22	446	276,834	20,225	18,475	12,643,517	1,390,501	3,087,975
1935	375	65	22	462	301,968	20,769	19,385	13,530,229	1,443,103	3,106,205
1936	390	62	22	474	328,484	22,847	20,595	14,037,996	1,469,830	3,270,940
1937	401	58	22	481	351,180	17,463	21,229	14,243,976	1,323,675	3,426,325
1938	408	60	21	489	409,168	18,168	21,288	15,548,003	702,319	3,515,190
1939	417	55	22	494	475,239	19,468	26,224	17,620,864	628,251	3,889,115
1940	419	57	25	501	555,235	21,718	32,864	18,856,097	676,353	4,335,520

	(四)平均每社員出資額 =(三)/(二)			(五)剩餘金(元)			(六)獲利率 =(五)/(三) (%)		
	(1)	(2)	(3)	(1)	(2)	(3)	(1)	(2)	(3)
1913	398	26		28,124	1,968		3.0	18.6	
1914	299	16		139,572	6,779		9.7	31.0	
1915	107	15		208,653	15,222		8.8	47.3	
1916	103	24		316,983	16,817		10.9	27.7	
1917	99	20		454,590	17,727		10.3	12.3	
1918	86	24	459	639,985	2,110	86,563	11.9	1.5	12.8
1919	89	34	482	986,467	-6,300	143,562	13.2	-3.5	12.2
1920	95	35	421	1,838,106	18,561	214,038	14.5	4.0	13.6
1921	93	44	439	1,316,322	66,991	294,710	13.5	14.0	14.7
1922	88	60	380	1,348,475	71,946	354,610	13.6	10.9	14.9
1923	80	63	279	1,304,337	145,751	377,276	13.7	21.1	14.0
1924	71	57	276	1,334,003	182,258	445,465	14.8	23.9	15.5
1925	66	42	282	1,471,993	73,282	482,736	15.4	11.1	17.0
1926	61	42	254	1,671,605	112,348	586,560	17.2	14.7	20.2
1927	58	48	232	1,809,115	106,564	558,919	17.6	11.6	19.1
1928	58	53	210	2,023,462	115,432	614,269	17.8	10.1	20.7
1929	57	59	199	2,147,984	103,090	632,182	17.9	7.7	21.1
1930	56	60	198	1,977,099	122,874	661,253	16.2	8.9	22.4

1931	56	72	191	1,727,444	117,406	578,527	13.9	7.6	19.9
1932	53	76	177	1,826,644	151,155	573,016	14.9	9.9	14.6
1933	49	68	175	1,611,217	196,897	472,701	12.9	14.2	15.4
1934	45	69	167	1,793,753	231,836	564,544	14.2	16.7	18.3
1935	44	69	160	1,881,957	220,686	578,767	14.1	15.3	19.6
1936	43	64	159	2,140,699	233,175	558,911	15.2	15.9	17.1
1937	41	76	163	2,204,058	211,783	634,002	15.5	16.0	18.5
1938	38	38	165	2,397,248	256,264	641,011	15.4	36.5	18.2
1939	37	32	148	2,554,413	226,072	690,193	14.5	36.0	17.7
1940	34	31	132	2,655,354	177,103	800,696	14.1	26.2	18.5

資料來源：整理計算自臺灣督府（1942）《第二十八次臺灣產業組合要覽》，昭和
15 年度頁 5-7。

說明：(1)代表農村信用及兼營合作社。

(2)代表事業合作社（如運銷、購買）。

(3)代表街地信用合作社。

　　臺灣經濟以農業為主，所以農村信用及兼營〔運銷（農產品）、
購買（肥料）〕的合作社最早開始。在政府的推動下急速成長，由
1913 年的 15 社在五年內增至一百多社，1940 年已有 419 社，以社
數密度而言甚至高於日本（見表 7-7）。第二類是純事業合作社，最
多時達 79 社（1931），這是特定營業的組織，包括販買、購買、利
用三大類。第三類是城市的信用合作社（市街地），如今日臺北的
各信用合作社。因為只限於大城市的信用業務，所以社數一直未超
過 25 社。這些合作社的詳細名稱與地點，在表 7-5 的資料來源（頁
33-65），有明細的業務資料可查。

　　表 7-5 的社員人數和社數大致呈等比的趨勢，只需舉幾個例
子。農村信用合作社的平均規模，1913 年時是 157 人，事業合作
社是 136 人，城市信用合作社是 296 人（1918 年）。到了 1940 年，

這個數字分別是：1,325 人、381 人、1,314 人。這些數字顯示：隨著體制的發展，合作社的平均規模也跟著擴張。

相反地，值得重視的是第㈣項「平均每位社員的出資額」，以及第㈥項：「各社的平均獲利率」。在此只談第㈣項，第㈥項留在第三節討論。很清楚的趨勢是：信用合作社的平均出資額長期大幅下跌。農村信用合作社由 1913 年的 398 元，跌到 1940 年 34 元；市街地（城市）信用合作社，則由 459 元減到 132 元。詳細原因不明，但可猜測是：隨著業務的擴充而大量吸收新社員，只要認領基本股數就可以加入，所以把平均出資額大幅（長期）拉低了。

第二類的「事業合作社」，因為社員有確實必要才會加入，所以平均出資額沒有長期遞減的趨勢。以事業為中心的這類合作社，最高平均出資額只有 76 元（1932），比其他兩種信用合作社低很多。這另有原因：因為某些如「青果同業組合」❼這類合作社的規模大、社員人數多，加入時只需繳交基本費用，待運銷過程結束後再分配利潤，所以平均出資額不高。

表 7-6　臺灣各地區合作社的結構與經營績效：1940

地區別	社數 (1)	社員人數 (2)	出資總額 (3)	剩餘金(元) (4)	獲利率(%) (5) = (4)/(3)
臺北 農村信用兼營合作社	87	79,992	4,618,854	487,859	10.5
臺北 事業合作社	10	5,673	208,480	43,752	20.9

❼　有兩篇文獻討論這個題材。黃松源、黃朝陽（1986）〈日據時期臺蕉外銷開拓的研究〉，《合作經濟》8 期頁 18-28；陳鳳慶（1985）〈日據時期之臺灣青果運銷合作組織〉，《合作經濟》7 期頁 80-91。

	市街地信用合作社	9	11,570	1,777,790	319,134	17.9
	合計	106	97,253	6,605,124	850,745	12.9
新竹	農村信用兼營合作社	61	76,503	1,890,070	242,562	12.8
	事業合作社	4	1,149	15,146	9,979	65.8
	市街地信用合作社	2	3,461	570,685	62,510	10.9
	合計	67	81,113	2,475,901	315,051	12.7
臺中	農村信用兼營合作社	79	132,398	4,483,715	632,472	14.1
	事業合作社	13	5,233	181,327	41,340	22.8
	市街地信用合作社	4	5,198	552,400	76,535	13.8
	合計	96	142,829	5,217,442	750,347	14.4
臺南	農村信用兼營合作社	88	165,415	4,249,014	628,604	14.8
	事業合作社	14	7,117	180,216	78,329	43.4
	市街地信用合作社	6	5,603	1,094,940	181,264	16.5
	合計	108	178,135	5,524,164	888,197	16.1
高雄	農村信用兼營合作社	64	85,766	2,223,143	526,150	20.1
	事業合作社	4	1,602	52,710	1,582	3.0
	市街地信用合作社	3	6,631	264,845	142,004	53.6
	合計	71	93,399	2,550,464	669,736	26.2
臺東	農村信用兼營合作社	9	2,841	177,060	20,229	1.4
	事業合作社	4	565	25,740	11,812	7.0
	市街地信用合作社	-	-	-	-	-
	合計	13	3,406	202,800	22,041	10.8
花蓮港	農村信用兼營合作社	23	9,820	668,510	88,347	13.2
	事業合作社	8	979	12,740	309	2.4
	市街地信用合作社	1	401	74,860	19,249	25.7
	合計	32	11,200	756,110	107,905	14.3
澎湖	農村信用兼營合作社	8	2,500	145,731	29,131	26.8
	事業合作社	-	-	-	-	-
	市街地信用合作社	-	-	-	-	-
	合計	32	2,500	145,731	29,131	19.9
全	農村信用兼營合作社	419	555,235	18,856,098	2,655,354	14.1

臺	事業合作社	57	21,718	676,353	177,103	26.2
灣	市街地信用合作社	25	32,864	4,335,520	800,669	18.5
合 計	合計	501	609,817	23,867,970	3,633,153	15.2

資料來源：同表 7-5 頁 3。

　　表 7-6 告訴我們合作社的地理分佈。社數和社員人數上，以西部的幾個大城市為主（臺北、臺中、臺南），東部和離島地區相對不重要。至於其他的項目（如剩餘金、出資額），在地區的分類下並無多大實質意義。表 7-7 大致比較臺灣和日本的狀況，顯示對兩個地區的合作社同樣盡力推行。

表 7-7　臺灣與日本的合作社比較：1939

	臺灣	日本
合作社數	494	15,232
市、村數	280	11,122
合作社數 / 市、村數	176.4%	136.9%
社員人數	520,931	7,194,225
總戶數	1,007,624	13,592,188
社員人數 / 總戶數	51.6%	52.9%

資料來源：同表 7-5 頁 7。

參、效果評估

一、經濟績效

　　臺灣在 1895（馬關條約）至 1945 年（光復）間的經濟發展，以及總體經濟（如人口、農工業生產指數、進出口）的資料，在 Samuel Ho（1978）、李登輝（1976）、林景源（1981）中，可以找到相當滿意的解說。但在個體（如工、商、金融）的部門仍缺少完整的研究，一因統計數字蒐集較難，二因經濟學界較少人投入歷史性的研究。幸好有臺灣總督府每年出版的《臺灣產業組合要覽》❽可供參考。

　　從表 7-6 最後一項「全臺灣合計」的數字大致可看出：(1)1940 年時全臺有 501 家各式的合作社；(2)有 60 多萬社員（這些數字比東北及大陸的統計數字有實質意義，不是「人頭」編報的）；(3)獲利率全臺平均約 15%，尚稱合理。

　　再來看同表中各地的結構：(1)合作社的分佈集中在臺北、臺中、臺南、高雄幾大地區，東部與澎湖地區相對地很次要。(2)這種情形在「社員人數」、「出資總額」上，也有相同的趨勢。(3)在獲利能力方面只用一年的資料並不夠，尤其新竹的「事業合作社」獲利率（65.8%），與高雄的「市街地信用合作社」（53.6%），

---

❽　臺灣總督府每年出版《臺灣產業組合要覽》，並附〈農業倉庫概況〉。1942年出版 1940 年度（第 28 次）的統計資料共 69 頁，內容表格相當詳盡。有區域縣市資料，也有依業務別區分的統計，也有營業狀況，詳細得令人訝異，唯數字與實際狀況的差別則較難判斷。依我接觸的中南美、非洲、第三世界資料，尚未見到如戰前臺灣合作事業這麼完整的文獻。

也許是因為出資額較低而顯出獲利率高。或有其他原因導致偏高，整體說來各地各種合作社的獲利率，大致在 10% 至 20% 之間，還算合理。

看完這個「橫斷面」（1904）的資料，再看「長時間序列」（1913-40）的獲利資料（表 7-5）。1919 年的「事業合作社」，是惟一虧損的例子（-3.5%），其餘全有盈餘。我們可以說合作社的經營績效相當不錯，除了早期（1913-5）的不穩定，很少偏高或偏低（大多在 10%-20%之間）。

二、社會的反對

偶有社會反對合作社的情況，原因無非民間工商業者的生計，受到消費合作社低價競爭，或農產品運銷合作社與產品經銷商競爭。這種反對浪潮在日本屢屢發生，也延傳到東北與臺灣。最基本的原因，是合作社在法律保護下可以免除部分稅捐，又擁有大量基本社員，經營規模夠大成本低，小工商業者因而大受威脅。

以東北為例，南滿鐵路附設的「滿鐵消合社」（消費合作社），靠著滿鐵的大量員工為基本社員，滿鐵又在運費上、組織上、關稅上予以補貼或優待，又隨鐵路網所至之地廣設經銷網，物品因而比外面便宜 20%。這就大大威脅東北的日本小工商業者，引發好幾次「撤廢運動」，逼迫滿鐵廢撤經銷網路，廢止一切補助。這個運動從 1920 年 1 月堅持到 1925 年 4 月，滿鐵終於屈服，將消合社改為純為員工自營的機構，不再予以任何補助（見第六章第二節）。

類似的例子在日本也有。在初期推展時，以農村信用業務為主要目標，基本功能是提供低利可貸長期資金，對抗傳統的民間高利

貸款，因而引起既得利益者尖銳對立。隨著合作事業的推廣，從信用業務擴至購買、運銷合作，又引起地方肥料商、米穀商的反對與阻撓。日本的「反產運動」（反對產業組合運動，即反合作社運動），是在全國商工會議所的支援下，由地方商工會議發動。可以看到幾個例子：

「昭和四年（1929），長期商工會議所召開的北本州商工會議所聯合會，以『請取締購買組合違法行為』之決議，向日本商工會議所提出。」同年，「全國肥料組合會、沼津、靜岡、濱松商工會議所，向日本商工會議所提出，『把肥料取締法也施用於產業組合』，『並取締產業組合』之投機商業行為。」這類的報導在《反產運動年報》屢見不鮮，❾尤其是 1930 年左右，正值世界經濟大恐慌，中小工商業者生存困難，對合作社更反感。

這些行動引起合作界反擊，依目前所見的文獻看來，是界內的知識分子發言較多。他們的基本觀點是：(1)經濟恐慌時期工商業者生存困難，很值得同情，但他們的敵人不是合作組織這個制度，而在於工商業者的經營效率，比不上百貨公司以及其他機構。(2)合作社受政府保護在稅制上享有優待，在行政上與經費上得到政府補助，若不如此，原已衰弱的農村經濟或許會更加速崩壞。

以下的臺灣例子，基本上和日本情形類似。1924 年臺南市的高島嶺三郎，邀集室內商工業者向州知事陳情，要求撤廢臺南市州

---

❾　在日本與臺灣發生的「反產運動」，參見千石興太郎著（1933）《日本農村合作運動》，孫鑑秋譯（1936），中國合作研究學社出版，頁 247-54；臺灣產業研究會編纂（1934）《產業組合と農村經濟の研究》頁 136-50；《反產運動と商工業者問題》，編者不詳，1935 年頁 1-23、78-81。

購買組合。這是臺灣首次有這種請願，引起相當的反響，甚至理髮業與餐飲業者也加入連署。在有限的資料內，事情的經過與結果尚不詳。1928 年在屏東市召開的第 12 屆全島實業大會，通過議案向總督陳情提出：「對市街地購買合作社壓迫民業採取對策及建議」。這項反對運動已提高至全島、總督府的層次，從純經濟問題轉化為政治問題，最後的結果尚無文獻可徵引。

1930 年的經濟恐慌，臺灣的中小工商業者也受到波及，加上前述日本「反產運動」的刺激，1934 年 3 月臺南有數百位零售業者，群集發起「臺南州購買組合撤廢運動」。同年 9 月高雄也有類似的舉動；9 月 7、8 日在新竹、斗六也有同樣的提案，可見這是波及全臺的經濟事件。摘譯兩篇請願文字以窺原因。

市街地購買組合撤廢之議向當局請願（臺北實業會提出）

臺灣的市街地購買組合逐年發展之結果，商品數量漸增，社員人數日多，營業額也驚人地上升，顯示出堂堂購買合作社王國之威容。但也逐漸直接間接威脅到中小商工業者，市井怨嗟之聲不絕於耳，甚至家業不保，生存基礎有危殆之虞。

回顧市街地購買組合成立時，經濟景氣良好，而今情況已異。在時代不同的競爭要求下，以致物價低落，市況不振，利少而生活複雜，小賣商店經費日益困難（中略）。其中以當局獎勵購買組合的關係最為重大，為避免內臺商工業者之怨，期望撤廢購買組合。

購買組合撤廢提議（斗六實業會提出）

近來購賣組合發達，而市況沉頹，對一般商人之打擊與

　　　　對經濟界之惡劣影響甚大。而購買組合又免擔負納稅之義
　　　　務，從經濟和國家的觀點來看，斷然看不出其存在之必要。
　　　　故建議當局能撤廢購買組合。

　　這兩項申訴都以原則性的理由，而無具體的數字或經濟論點。
真正的理由，是購買合作社的價格大約比市價低三成，包括依法免
稅和進貨量多的折扣，以及政府的鼓勵和行政上的支持。經濟衰退
期間消費者群起加入，更使中小零售商生存困難。

　　雖無正式文獻可考，但可推測日本政府不會因而下令撤廢合作
組織，因為這是全面性的經濟政策。在本國在臺灣都一樣，不會因
工商業暫時有困難請願，就修改長期的政策。這些屬於民間的抗
議，並無顯著效果。對我們有意義的課題是：開發中國家倡導某項
經濟政策時，難免要付出犧牲其他部門利益的代價。

三、政治作用

　　日據時期的人民在各方面都受到差別待遇，行政體系內自然不
用說，在學術界內大多往自然科學尤其是醫學發展，社會學科並不
歡迎臺灣學生。經濟方面，大企業也由政府與財閥主導，本地人只
能在民間小企業發展。日本政府想要皇民化的同時，又不願交出部
分政治權力，合作社就成了很好的緩衝機構：讓當地的秀異分子有
機會滿足政治欲求，殖民政府也可在控制合作社的同時掌握地方勢
力。

　　目前尚無可靠的資料，可以說明當時主要合作組織內的權力分
配。但從片段的資料可看到，例如 1912 年「產業組合中央會」主
辦的「監督者養成受講生」名單中，清一色是日籍人士。同年成立

的「臺灣產業組合協會」，評議員名單完全是日本人，❿可見合作
經濟體制中本地人的地位必然居次。我們尚無臺灣人士在這個領域
活動的資料，但可從光復後政壇人士的出身，看出地方政治勢力和
合作組織之間的密切關係。

　　1954 年 5 月 2 日，臺灣第二屆縣市長及省議員選舉揭曉。第
一次選舉中，有臺南市前市合作社聯合社理事主席楊請當選臺南市
市長，基隆市第一住宅公用合作社監事主席張振生當選省議員。第
二次選舉結果，有高雄青果合作社專員陳新安、屏東信用合作社理
事林石城、臺中豐原信用合作社理事主席陳水潭、宜蘭合作金庫支
庫經理甘阿炎，均當選該縣縣長。嘉義縣西區合作社理事主席劉傳
來、苗栗縣聯合社理事主席劉闊才、苗栗縣洋竹合作社理事主席黃
運全、新竹市第三信用合作理事主席許金德、省合作聯合理事主席
郭雨新、省合作金庫總經理林世南、合作金庫高雄支庫經理劉朝
四、花蓮青果合作社理事主席林永樑、臺北市第四倉庫合作理事主
席陳萬、臺北市第二倉庫合作社理事陳和錦等，均當選市議員。

　　1955 年 1 月 16 日，臺灣 11 縣市選舉議會議長。合作界人士
當選的有：臺中市張啟仲（議長）、劉火旺（副議長）、臺南市辛文
炳（議長）、基隆市蔡火砲（議長）、楊阿壽（副議長）、臺北縣謝文
程（議長）、澎湖縣莊東（議長）等多人。⓫

　　還可以從註⓫的零散資料裡，看出政經界重要人士與合作界的
關係：

---

❿　澀谷平四郎（1934）《臺灣產業組合史》頁 73-6、97-8。
⓫　中國合作事業協會（1957）《臺灣省合作年鑑》頁 575-8。

(1)「民國 35 年 5 月 1 日民政處處長周一鶚辭兼臺灣省合作金庫理事長，遺缺由副處長謝東閔兼任」（頁 561，謝東閔日後曾任副總統）。

(2)「民國 43 年 3 月 8 日省合作社聯合社舉行第四次常年大會，選舉郭雨新為理事主席」（頁 568，郭雨新為宜蘭政界名人）。

(3)「民國 41 年 3 月 6 日省合作金庫舉行第五屆股東大會，選出……蔡萬春、林金鐘為社股監事」（頁 570，蔡萬春是臺北十信與國泰企業集團主要人物）。

(4)「44 年秋成立合作事業輔導委員會，聘請李連春、尹樹生、謝東閔……諸氏為委員」（頁 325，李連春曾任糧食局長）。

(5)「臺灣省合作社聯合社 37 年 6 月 28 日成立，監事主席周百鍊」（頁 597，周曾任臺北市長，現任監察委員）。

(6)「臺灣省合作社聯合社 36 年 1 月 25 日成立，理事主席周百鍊」（同上）。

(7)「苗栗縣合作社聯合社 41 年 4 月 18 日成立，理事主席劉闊才」（頁 600，劉闊才曾任立法院院長）。

不必多引類似的例子，就可看出 1950、60 年代的財政金融界，以及高階層政界人物，直接或間接與合作界有密切關係。究其環境因素，是因為日據時期，本地人因在官方系統受到不平等的排擠，合作界剛好可以提供地方政經活動的需要。這種「優點」為何在日據東北、華北看不到？這種想法是有的，但日本對東北與華北的控制程度遠不及臺灣。臺灣較無直接對日本政府威脅的力量，所以較易實施。日本對臺灣的社會控制力（如戶口、基本教育），也較有掌握力。

肆、戰後的變革

　　1945 年 8 月日本宣布無條件投降，國民政府於 11 月頒布「收
復區光復區合作組織整理辦法」，令各省市遵行。光復後又另設
「臺灣行政長官公署」，不適用中央頒布的法令，卻又未頒布有關
合作組織的處理辦法，所以這個部門的接收相當紊亂，原本井然有
序的合作組織，陷入莫衷一是的困境。❶直到翌年 10 月以長官公
署的名義，訂頒「臺灣省原合作組織財產整理辦法」，才有法令的
依據。

　　接著是改組與整理。基本目的是要把日據時期，依日本「產業
組合法」組設的合作組織，改為屬於中國「合作社法」的架構。其
中最重要的，是廢除日治政府不准部分人士參加合作社的禁令，改
為只要合乎社員資格者一律可加入。這段過程相當混亂複雜，尤其
當時許多制度完全更換，所屬單位也因行政體制而變更。我認為這
是形式改變的意義，大於實質內容的增長，對合作體系的幫助非常
有限，或甚至有反效果。

表 7-8　光復後改組合作事業概況：1946 年底

性質別	社數	社員數	已繳股金額（舊臺幣元）
甲、兼營	325	596,461（人）	35,131,821
(一)聯合社	15	292（社）	1,617,323
(二)單位社	310	569,401（人）	33,514,489

---

❶　陳岩松（1983）《中華合作事業發展史》第 19、20 章。

1 鄉鎮社	276	546,800（人）	30,112,145
2 區社	29	45,701（人）	3,157,000
3 村里社	5	3,900（人）	227,344
乙、專營社	146	106,777（人）	12,736,293
(一)聯合社	3	23（社）	95,500
(二)單位社	143	106,777（人）	12,693,793
1 信用	54	59,807（人）	8,747,019
2 利用	8	1,942（人）	370,351
3 公用	3	716（人）	137,040
4 生產	56	38,847（人）	2,454,461
5 運銷	1	227（人）	24,050
6 消費	20	5,216（人）	583,472
7 勞動	1	40（人）	367,000
總計	471	315（社） 703,178（人）	47,868,114 元

資料來源：陳岩松（1983）《中華合作事業發展史》上冊頁 378-9。

說明：本表的用意不在說明數字，而在對照戰後屬於國民政府的臺灣合作經濟體系，與日據時期的劃分法不同（參對表 7-5）。

對照表 7-8 與表 7-5，大致可得到的印象是：(1)戰後多了聯合社的編制，戰前這個層次在「臺灣產業組合規則」第一條中已被刪除（見附錄 2）。(2)合作社的分類已由表 7-3 的三大類，依中國的合作社法擴為七類。(3)社員人數明顯增加，股金因已換成舊臺幣計算，較難判斷實際數值。

1950 至 1980 年代的臺灣合作事業，性質上已與日據時期迥異，需另有專文或專書分析。

附錄

附錄 *7-1*：產業組合法

說明：這是日本政府 1900 年（明治 33 年）3 月 6 日頒布的「合作社法」，1913 年 2 月刪除第 76 至 92 條（「聯合會及中央會」）的相關條文後，全部施用於臺灣。全部條文十章（及附則）共 105 條，因篇幅所限，在此僅譯出第一章總則部分共 6 條，以窺其基本精神（請參見表 7-3）。資料來源：臺灣產業研究會編纂（1934）《產業組合と農村經濟の研究》，附錄一、二。

第一章　總　則

第一條：本法所採之產業組合（譯案：以下皆改為「合作社」），是以組合員（譯案：以下皆改為「社員」）之產業或其經濟之發達為宗旨，依下列目的而設立之社團法人稱之。

一、社員產業所必須之資金的貸付，以及貯藏之方便（信用合作社）。

二、社員生產物之加工或工物之販賣（運銷合作社）。

三、產業或經濟上必要物品之購買與加工，或加工生產後售與社員（購買合作社）。

四、社員在產業或經濟上有必要時，對設備之利用（利用合作社）。（以下解說略）

第二條：合作社之組織分為無限責任、有限責任、保證責任三種。

> 無限責任合作社，在合作社財產不足以清償債務時，合作
> 社全體須負連帶清償責任。有限責任合作社之全體社員，
> 依其出資額度負擔債務。保證責任合作社之財務不足清償
> 債務時，社員全體須在其出資額以外，一定限度之金額內
> 負擔債務。

第三條：合作社之住所以其主要事務所之所在地為所在地。

第四條：合作社的名稱中，須以文字載明其組織與目的。非合作組
　　　　織不得在其名稱中，使用合作社等文字。

第五條：合作社本法之規定外，準用商法及商法施行中有關商人之
　　　　規定。

第六條：合作社之所得稅、營業收益稅及營業稅不予課徵。

第六條之二：依命令規定合作社之住宅建設、住宅用地之購入與取
　　　　　　得，或合作社與社員若有住宅或其用地所有權移轉時，得
　　　　　　課徵地方稅。

第六條之三：本法中所謂之地方長官，在區域為道府縣，超越區域
　　　　　　者，則交付主務大臣處理。前項之規定，可依主務大臣之
　　　　　　職責，以命令委任地方長官執行。

評論：雖然在條文上未必條條相對應，但精神上我們可以觀察到，
　　　　中國政府於 1934 年公佈的合作社法，很受日本產業組合法
　　　　的影響，例如第二條的三種責任區分，與第六條的免稅規
　　　　定，幾乎完全相同。

附錄 7-2：臺灣產業組合規則

說明：1913 年（大正 2 年）公佈臺灣適用日本「產業組合法」的同
　　　年，為了區別臺灣合作社的特殊性，日本政府以律令第二號
　　　發佈「臺灣產業說明規則」三條，在此譯出全部條文，請參
　　　照本章第二節及表 7-3 的說明。

臺灣產業組合規則（大正 2 年律令第二號）

第一條：除產業組合中，有關產業組合及產業組合中央會之規定
　　　　外，一律依照產業組合法之規定。但同法中之剌令，改為
　　　　臺灣總督府令；主務大臣改為臺灣總督；北海道廳、支廳
　　　　長改為郡守、區裁判所。出張所改為地方法院支部；市町
　　　　村改為市、街庄或區。

第二條：社員之出資額，在特殊情況下，可在臺灣總督認可後，認
　　　　領三十股以上。

第三條：理事與監事之選任及解任，須經知事或廳長之認可與接
　　　　受。

附則：本令法於大正 2 年 3 月 1 日起施行。

參考書目

說明

　　近代中國合作經濟運動的文獻，實在多得令人驚訝，性質上以描述和記錄性的為主，調查報告和解析性的較次。由於地理上的限制，我沒能運用幾個史料重地，如哈佛燕京圖書館，史丹佛大學的胡佛研究所，東京大學的東洋文庫；我的資料來源，以巴黎和臺北的幾個資料中心為主。在七年的撰寫與修改期間，這個領域內較具代表性的史料我大概掌握了 80% 左右。以下先介紹一般性的資料來源。

　　(1)較完整的綜合性、跨國、跨館文獻題解索引，是 W.G. Skinner (1973) ed.: *Modern Chinese Society*《近代中國社會研究》三冊，收錄 1644-1972 年間的漢學研究文獻，Stanford 大學出版，各圖書館都可查閱到。內分漢文、英文、其他語文三冊，從各冊的索引可查到「合作」和「cooperatives」項，相當完整方便。

　　(2)京都大學人文科學研究所附屬東洋學文獻中心，每年出版《東洋學文獻類目》，收錄許多新的單篇研究或專著，可補充上述資料自 1973 年以後未收入的新文獻。

　　(3)臺北傳記文學出版社影印的《中國農業論文索引》中英文兩冊，收錄 1897 至 1931 年間出版的 312 種雜誌，包括中文索引部

分 3 萬條，西文 6 千餘條，其中有許多早期農村合作組織的文獻。

(4)以上資料大致涵蓋研究萌芽時期（第二章），華北（第三章）、中共早期（第五章）的合作組織。日據臺灣時期方面，國家圖書館臺灣分館的《日文臺灣資料目錄》、臺灣大學的《中日韓文期刊目錄》收錄甚詳，但常有「有卡無書」的情形。

(5)國民政府方面的資料，臺北市國父紀念館內的孫逸仙博士圖書館，以及與其相支援的國民黨黨史會，圖書資料豐富。依此而編的《革命文獻》第 84-87 輯，以「合作運動」為題收集 4 冊原始資料，相當方便查索，也很重要。

(6)日據東北時期的資料，除了前述的幾項來源，尚有趙中孚主編（1984）《近代東北區域研究資料目錄》（國家圖書館漢學研究資料及服務中心出版），但合作經濟的部分並不夠多。

(7)在專業期刊方面，北京圖書館（1961）《全國中文期刊聯合目錄》中，有 1833-1949 年間的中文期刊，單在「合作」一項就有 48 種，對出版的卷期記錄甚詳。臺灣各圖書館所藏有關合作經濟的期刊，可以在國家圖書館出版的《中華民國中文期刊聯合目錄》查到。

中日文部分

二宮丁三（1936）〈滿州國の庶民金融施設に就て〉，《東亞經濟研究》，20(4):63-86。

三秋（1936）〈農本局的性質與前途〉，《中國經濟論文集》，上海：生活書店，頁 169-79。

千石興太郎（1933）〈日本農村合作運動〉，孫鑑秋譯（1936），中國合作學社出版。

千家駒（1935）編《中國農村經濟論文集》（天津《益世報》農村週刊論文選），中華書局。

大上末廣（1942）〈滿州國興農合作社の組織〉，《東亞經濟論叢》，2(2): 94-115。

山村喬（1937）〈關東州同業組合令と消費組合〉，《社會政策時報》，204: 67-75。

中山文化教育館（1945）編集《合作研究集》，重慶：中華書局。

中村隆英（1983）《戰時日本の華北經濟支配》，山川出版社。

中國文化建設協會（1937）編集《十年來之中國》，香港：龍門書店影印，改名為《抗戰前十年之中國》。

中國合作事業協會（1977）編印《中國合作導師薛仙舟先生百年誕辰紀念特刊》。

中國合作事業協會（臺灣省分會）（1957）編《中華民國臺灣省合作年鑑》。

《中國經濟年鑑》，1936年，第3編第18章〈合作〉。

《中國農村》南京／桂林：中國農村經濟研究會（歷年各期）。

中國國民黨中央黨部國民經濟計畫委員會（1937）主編《十年來之中國經濟建設》，南京：中央黨部。臺北：中國國民黨中央黨史會（1976）影印。

中國國民黨黨史委員會（1980）輯《革命文獻》，第84-87輯〈合作運動〉。

中國華洋義賑救災總會叢刊（甲種37號）《民國21年度賑務報告書》。

中國經濟情報社（1936）編《中國經濟論集》，上海：生活書店。

尹樹生（1951）〈我國合作事業功過論〉，《合作經濟月刊》，1(7):226-32。

尹樹生（1952）〈我國合作的回顧與前瞻〉，《中國經濟》，17:9-12。

尹樹生（1953）〈中國的合作運動〉，《農林學報》，臺灣省立農學院（臺中中興大學）2(7):247-87。

尹樹生（1955）〈中國合作運動的特質〉，《主義與國策》，53:10-3。

尹樹生（1977）〈合作經濟制度論叢〉，臺北：文笙書局。

井關孝雄（1932）〈滿蒙に於ける庶民金融機關〉，《東洋》，35年7月號

頁 95-103。

方顯廷（1938）編《中國經濟研究》，南開大學經濟研究所叢書，長沙：商務印書館。

方顯廷（1941）〈中國之合作運動〉，收錄於方顯廷編《戰時中國經濟研究》，長沙：商務印書館，頁 413-32。

日本國際問題研究所中國部會編（1970-5）《中國共產黨資料集》十冊，東京：勁草書房。

片桐裕子（1982）〈滿州國の農村金融政策と中國農民の對應〉，（慶應義塾大）《法學研究》，55(4):47-74。

片桐裕子（1983）〈滿州國の合作社政策〉，《アジア經濟》，24(1):47-59。

王子建（1935）〈中國棉花運銷合作運動〉，收錄於千家駒編《中國農村論文集》，頁 147-62。

王武科（1936）《中國之農賑》，上海：商務印書館。

王武科（1942）《戰時合作事業》，重慶：正中書局。

王樹槐（1984）〈棉業統制委員會的工作成效：1933-1939〉，中研院近史所編《抗戰前十年國家建設史研討會論文集》，下冊頁 713-47。

《四聯總處重要文獻彙編》（1939），臺北：學海出版社影印（1970）。

古梅（1936）《中國農村經濟問題》，上海：中華書局。

史敬棠等（1957）編《中國農業合作化運動史料》二冊，三聯書店。

田中恆次郎（1981）〈華北解放區の形成と抗日經濟政策──晉察冀邊區を中心として」，收錄於淺田喬二（1981）編《日本帝國主義下の中國──中國占領地經濟の研究》，日本：樂游書房。

石井俊之（1937）〈支那に於ける經濟復興運動──協同組合＝合作社運動を中心として──〉，《滿鐵調查月報》，17(7):67-112（上）；(8):67-104（中）；(9):77-116（下）。

伊東勇夫（1960）《現代日本協同組合論》，東京：御茶の水書房。

伍玉璋（1933）〈中華民國合作法論〉，《合作月刊》，5(3):3-15；(4):12-22；(5):27-33；(6):10-8。

朱斯煌（1947）編《民國經濟史》，上海：銀行學會。臺北：學海出版社影印。

朱嗣德（1980）《民國 20 至 30 年代中國農村經濟問題》，中國地政研究所印行。

朱劍農（1948）《農村經濟》，上海：中華書局。

何漢威（1980）《光緒初年華北的大旱災》，香港：中文大學出版社。

吳承禧（1935a）〈中國銀行業的農業金融〉，《社會科學雜誌》，6(2):464-510。

吳承禧（1935b）〈合作在中國今日農村金融中的地位〉，收錄於千家駒編《中國農村經濟論文集》，頁 110-17。

吳承禧（1935c）〈中國各地的農民借貸〉，收錄於千家駒編《中國農村經濟論文集》，頁 163-81。

吳承禧（1935d）〈中國的農業銀行〉，收錄於千家駒編《中國農村經濟論文集》，頁 182-92。

吳承禧（1935e）〈浙江省合作社之質的考察〉，收錄於千家駒編《中國農村經濟論文集》，頁 336-50。

吳寶華（1938）〈中國之農業合作〉，收錄於方顯廷編《中國經濟研究》，頁 433-50。

巫寶三（1934）〈華洋義賑救災總會辦理河北省農村信用合作社放款之考察〉，《社會科學雜誌》，5(1)。

李一清（1949）〈太行合作會議總結〉，收錄於薛暮橋（1949）《怎樣辦合作社》，頁 41-66。

李仁柳（1950）〈舊社會農業合作社的性質和作用的批判〉，《新中華》8 月 16 日。

李登輝（1976）《臺灣農工部門間之資本流通》，臺北：臺銀臺灣研究叢刊第 106 種。

李紫翔（1935）〈資金集中都市與資金回到農村〉，收錄於千家駒編《中國農村經濟論文集》，頁 96-109。

李錫勛（1951a）〈消費合作之過去與未來〉，《合作經濟》，8 月頁 37-9。

李錫勛（1951b）〈各國獎勵合作事業措施的比較研究〉，《合作經濟》，11 月頁 22-4。

李錫勛（1952a）〈中國合作學社史話〉，《合作經濟》，8 月頁 15-7。

李錫勛（1952b）〈中國國民黨與合作教育〉，《合作經濟》，10 月頁 20-2。

李錫勛（1953）〈中國國民黨歷屆全國代表大會暨中央監委員會議有關合作事業決議案〉，《合作經濟》，元月頁 19-23。

李錫勛（1980）《合作社法概論》，臺北：三民書局。

沈雲龍主編《近代中國史料叢刊》，臺北：文海出版社影印（民國經世文編 492 集）。

沈雷春（1938）編《中國金融年鑑》，上海。

狄超白（1937）〈對目前合作運動之評價〉，《中國農村》，3(2):37-48。

《東亞經濟年報》（1914）〈東亞共榮圈の推進號〉，東京：改造社版。

周憲文（1980）《臺灣經濟史》，臺北：開明書店。

孟憲章（1951）《中國近代經濟史教程》，上海：中華書局。

林和成（1947）〈民元來我國之農業金融〉，收錄於朱斯煌編《民國經濟史》，頁 107-14。

林景源（1981）《臺灣工業化之研究》，臺北：臺灣銀行臺灣研究叢刊第 117 種。

林嵘（1943）編述《中國合作大事記》（民國紀元前起至民國 31 年底止），重慶：社會部合作事業管理局。

林寶樹（1986）〈臺灣合作史上之地緣與人脈〉，《合作經濟》，9:24-30。

金輪海（1937）《中國農村經濟研究》，上海：中華書局。

長井岩太郎（1934）〈臺灣に於ける小農金融〉，《臺灣經濟論叢》，2:151-72。

胡昌齡（1931）〈合作組織與技術指導下之光福蠶業〉，《合作月刊》，3(56):6-12。

風間秀人（1981）〈華中解放區の形成と抗日經濟——蘇北解放區中心とし

て〉，收錄於淺田喬二（1981）編《日本帝國主義下の中國──中國
占領地經濟的研究》，日本：樂游書房，頁 59-89。

候哲棻（1931a）〈合作社實施上的困難及其對策〉，《合作月刊》，3(5):3-
7。

候哲棻（1931b）〈國內合作事業調查報告：山東省〉，《合作月刊》，3(9):
9-19。

唐仁儒（1973）〈合作學院史話〉，《合作界》，9(2):62-7。

孫炳焱（1985）〈合作社法立法的史要和精神：樓桐孫教授談合作社法成立
經緯〉，《合作經濟》，6:47-51。

孫毓棠、汪敬虞（1957）編〈中國近代工業史資料〉，上海：科學出版社，
下冊。

孫曉村、張錫昌（1947）〈民元來我國之農村經濟〉，收錄於朱斯煌編《中
國經濟史》，頁 357-61。

孫耀華（1942）〈我國農貸事業之檢討與改進〉，《中國農村》，8(7):12-5。

宮城孝治（1940）《產業組合讀本》，東京：千倉書房。

徐晴嵐（1986）〈中國農村合作運動之回顧：民國二〇年代農村合作運動紀
實〉，《合作經濟》，9:1-23。

秦亦文（1954）〈我國合作運動路線之檢討〉，《合作界》，14:6-9。

秦亦文（1955）〈重建大陸合作事業幾個問題〉，《合作界》，16-17 期。

翁之鏞（1956）《中國經濟問題探源》，臺北：正中書局。

袁賢能、馬師曾（1944）〈我國農村之復興與合作運動〉，《中國學報》，
2(1):9-26。

高廷梓（1937）《中國經濟建設》，上海：商務印書館。

高純淑（1982）〈華洋義賑會與民初合作運動〉，臺北：政大歷史研究所碩
士論文。

張成達編著（1954）〈東北經濟〉(一)，臺北：中華文化出版事業委員會。

張明貴（1983）《費邊社會主義思想》，臺北：聯經出版公司。

張法祖（1941）〈工業合作與農村經濟〉，《中國農村》，7(8):7-10。

張逵（1951）〈我國合作金融制度的過去與未來〉，《中國經濟》，11:40-3。

張逵（1953）〈我國合作金融制度發展史論〉，《合作界》，5 月號頁 9-13。

張逵（雲飛）（1954）〈我國合作金融制度發展史實〉，《合作界》，14:27-31；15:39-44。

張逵（雲飛）（1962）〈從事合作 30 年〉，《合作界》，44:45-7。

張德綷（1947）《農業合作》，上海：商務印書館。

張錫昌（1940）〈抗戰三年來的合作事業〉，《中國農村》，6(10):24-8。

張鏡予（1938）《中國農村信用合作運動》，上海：商務印書館。

曹伯一（1984）〈中共江西時期農村土地鬥爭的政治意義〉，中研院近史所《抗戰前十年國家建設史研討會論文集》，頁 901-19。

梁思達（1938）〈南昌縣合作事業之檢討〉，收錄於方顯廷編《中國經濟史》，頁 510-27。

梅原寅之助（1942）〈臺灣使命の重大性と產業組合規則の大改正〉，《臺灣經濟論叢》，10:232-46。

郭敏學（1955）〈中國金融制度之史的檢討〉，《中國經濟》，52:45-8。

郭華倫（1973）《中共史論》4 冊，臺北：政治大學國際關係研究所／東亞研究所。

陳仲明（1931a）輯〈合作史料：北京大學消費公社成立紀要及社章〉，《合作月刊》，3(6):13-8。

陳仲明（1931b）〈國內合作事業調查報告〉，《合作月刊》，3(1-9)。

陳仲明（1947）〈民元來我國之合作運動〉，收錄於朱斯煌編《中國經濟史》，頁 345-55。

陳光遠（1935）〈山西發行「村信用合作卷」的真象與我見〉，收錄於千家駒編《中國農村經濟論文集》，頁 118-26。

陳秀卿（1986）〈華北農村信用合作運動：1919-1937〉，臺北：師範大學歷史研究所碩士論文。

陳岩松（1933）〈江蘇省合作事業之檢討〉，《合作月刊》，5(1-2):65-8。

陳岩松（1974）〈我國合作事業之發展及其應循之途徑〉，《合作界》，
　　12(1)，收錄於陳岩松（1976）頁 119-33。

陳岩松（1976）《合作事業論叢》，臺北：中國合作事業協會。

陳岩松（1983）《中國合作事業發展史》，臺北：商務印書館，上下冊。

陳果夫（1937）〈十年來的中國合作運動〉，收錄於《抗戰前十年之中國》
　　（《十年來之中國》），香港：龍門書店影印（1965）。

陳真等（1957）編《中國近代工業史資料》，北京：三聯書店，上冊。

陳暉（1935）〈中國信用合作社的考察〉，《中國農村》，1(8):1-12。

陳禎（1987）〈日據時期臺灣合作金融制度的演變〉，《合作經濟》，12:2-
　　9。

陳鳳慶（1985）〈日據時期之臺灣青果運銷合作組織〉，《合作經濟》，7:80-
　　91。

陳鏡（1930）〈濟南市合作運動一瞥〉，《合作月刊》，3(9):20-3。

章有義等（1975）編《中國近代農業史資料》，北京：三聯書店。

彭蓮棠（1948）《中國農業合作化之研究》，上海：中華書局。

彭澤益（1957）《中國近代手工業史資料》，北京：三聯書局。

湯俊湘（1957）〈我國合作金融制度改造芻議〉，《合作界》，23:29-33。

湯俊湘（1976）《合作經濟論叢》，臺北：文笙書局。

菊澤謙二（1935a）〈滿州國に於ける消費組合反對運動に就いて〉，《東亞
　　經濟研究》，19(2):73-112。

菊澤謙二（1935b）〈滿州國官吏消費組合問題に關する協定事項批判〉，
　　《東亞經濟研究》，19(3):45-66。

越智元治（1941）〈滿州の合作社〉，《東亞經濟研究年報》，1:305-43。

馮和法（1935）編《中國農村經濟資料》，上海：黎明書局。臺北華世書局
　　影印（兩冊）。

馮和法（1936）編《中國農村經濟論》，上海：黎明書局。

馮南江（1935）〈中國今日的農村合作運動〉，《中國農村》，19:11-6。

黃松源、黃朝陽（1986）〈日據時期臺蕉外銷開拓的研究〉，《合作經濟》，

8:18-28。

黃福慶（1986）〈論後藤新平的滿州殖民政策〉，中研院《近代史研究所集刊》，15:371-402。

黃肇興（1938a）〈今後之中國合作運動〉，收錄於方顯廷編《中國經濟研究》，頁452-64。

黃肇興（1938b）〈中國合作事業推進機關之鳥瞰〉，收錄於方顯廷編《中國經濟研究》，頁484-96。

楊申（1952）〈農村信用合作的回顧與前瞻〉，《合作界》，4-5:10-3。

楊懋春（1954）〈論農民合作社〉，《學術季刊》，2(4):84-95。

楊灝（1960）〈我國合作事業發展之回顧〉，《合作界》，37:8-12。

葉謙吉（1938）〈中國棉花運銷合作的組織問題〉，收錄於方顯廷編《中國經濟研究》，頁528-37。

葉謙吉（1941）〈我國合作金庫制度的檢討〉，收錄於方顯廷編《戰時中國經濟研究》，頁46-63。

賈乃真（1946）〈社會部東北特派員辦事處工作紀要〉，《社會工作通訊月刊》，3(10)，收錄於《革命文獻》第99輯頁92-9。

賈士毅（1954）《民國財政經濟問題今昔觀》，臺北：正中書局。

壽勉成（1937）《中國之合作事業》，重慶：獨立出版社。

壽勉成（1939）〈改進我國合作金融制度意見書〉，收錄於《四聯總處重要文獻彙編》，頁265-71。

壽勉成（1941）《中國合作經濟問題》，南京：正中書局。

壽勉成（1947a）《中國合作經濟政策研究》，南京：中國合作事業協會。

壽勉成（1947b）〈我國合作金庫之沿革與將來〉，收錄於朱斯煌編《民國經濟史》，頁17-22。

壽勉成、鄭博厚（1937）編著《中國合作運動史》，重慶：正中書局。

滿史會編（1964）《滿州開發四十年史》，東京：滿史會，上卷、下卷、補卷。

滿鐵產業部編（1937）《滿州經濟年報》。

臺灣產業研究會編（1934）《產業組合と農村經濟の研究》。

臺灣銀行調查課（1931）《臺灣に於ける中小金融に就て》。

臺灣總督府（1942）《第二十八次臺灣產業組合要覽》，昭和 15 年度。

趙岡、陳鐘毅（1977）《中國棉業史》，臺北：聯經。

樓桐孫《樓桐孫先生言論集》，臺北：中國合作事業協會。

《蔣總統合作訓範集》，臺北：（文化大學）中華學術院合作研究所（1968）。

鄧雲特（1978）《中國救荒史》，臺北：商務印書館，臺三版。

魯正知（1951b）（魯鎮湘）〈我國工業合作事業的回顧與前瞻〉，《中國經
　　濟》，11:34-6。

魯鎮湘（1951a）〈我國推行合作事業的檢討與今後應有的措施〉，《中國經
　　濟》，11:25-8。

魯鎮湘（1959）〈我國合作教育的檢討與展望〉，《合作界》，31:50-4。

駱耕漠（1936a）〈信用合作事業與中國農村金融〉，《中國農村論文集》，
　　上海：生活書店，第一冊頁 117-36。

駱耕漠（1936b）〈中國農產運銷底新趨勢〉，《中國農村論文集》，上海：
　　生活書店，第二冊頁 146-67。

澀谷平四郎（1934）《臺灣產業組合史》，產業組合時報社。

薛暮橋（1949）〈山東合作事業的回顧與瞻望〉，收錄於《中國農村論文集》，
　　頁 25-39。

薛暮橋（1949）等《怎樣辦合作社》，香港：新中國書局。

羅青山（1941）〈論中國合作金融發展的正軌〉，《中國農村》，7(8):5-6。

羅俊（1938）〈戰時的農村金融問題〉，《中國農村》，5(8-9):2-8。

藤原泰（1942）《滿州國統制經濟論：滿州國に於ける統制經濟の採用、變
　　展、成果》，日本評論社。

嚴中平（1958）等編《中國近代經濟史統計資料選輯》，上海：科學出版社。

鐘ヶ江信光（1936）〈北支に於ける植棉事業の瞥見〉，《東亞經濟研究》，
　　20(2):95-113。

西文部分

Alley, R. (1939): *Chinese Industrial Cooperatives, General Report*, Hong Kong.

Aubert, Cl., Cheng Ying, Leung Kiche (1982): "Entraide spontanée, entraide provoquée en Chine rural: l'intervention communiste (1943-44)", *Annales ESC*, mai-juin: 407-34.

Barnett, R.W. (1940): "China's industrial cooperatives on trial", *Far Eastern Survey*, 28:51-6.

Bianco, Lucien (1968): "Les paysans et révolution: Chine 1919-1949", *Politique étrangère*, 2:117-41.

BIT (Bureau international du travail): *Annuaire international des organisations coopératives*. 1929, 1933, 1936, 1939.

BIT (1954): *Le movement coopératif et les problèmes actuels*, Montréal, 2 vols.

Buck, J.L. (1930): *Chinese Farm Economy: A Study of 2866 Farms in Seventeen Localities and Seven Provinces in China*, University of Nanking and Institute of Pacific Relation.

Buck, J.L. (1980): *Three Essays on Chinese Farm Economy* (Farm Ownership and Tenancy in China: An Agricultural Survey of Szechwan Province; Some Basic Agricultural Problems of China), New York: Garland Publishing (reprint of works published in 1933-1947).

Campbell, W.K.H. (1938a): "Cooperation in China", *Yearbook of Agricultural Cooperation*. London: The Plunkett Foundation, pp. 463-72.

Campbell, W.K.H. (1938b)，劉毓璜譯〈考察浙江合作事業後之印象〉，收錄於方顯廷編《中國經濟研究》，頁 497-509。

Chang, J.K. (1969): *Industrial Development in Pre-Communist China: A Quantitative Analysis*, Chicago: Aldine Publishing.

Chen, Han-seng (1937): "Cooperatives as a Panacea for China's ills", *Far Eastern Survey*, pp. 71-7.

Chen, Kuo-fu (1947): *The Chinese Cooperative Movement*, Nanking: China

Cooperator's Union.

Cheng, Ling-chuang (1938): "The Kiaotsi Railway Consumers' Cooperative Society: A case study", 《燕京學報》1(1):87-106.

Chesneaux, J. (1962): *Le mouvement ouvrier chinois de 1919 à 1927*, Paris: Mouton.

Chesneaux, J. (1976): *Le movement paysan chinois, 1840-1949*, Paris: Editions du Seuil.

Chiang, Shang-yi (1931): "Les coopératives de credit agricole en Chine", Nancy: Impr. Centre de l'Est, Doctoral dissertation, Faculté de Droit, Université de Nancy.

China Handbook, 1937-1944 (A Comprehensive Survey of Major Development in China in Seven Years of War), Chongqing: Chinese Ministry of Information.

China International Famine Relief Commission (1930): *Herr Raiffeisen Among Chinese Farmers: Experiences Gained in Rural Cooperative Credit in a North China Province Since 1922*, Series B, No. 37.

Chinn, D.L. (1980): "Diligence and laziness in Chinese agricultural production teams", *Journal of Development Economics*, 7:331-34.

Chow, G.C. 鄒至莊 (1985): *The Chinese Economy*, New York: Harper & Row. 《中國經濟》，香港中文大學（1987）。

Desroche, H. (1964): *Coopération et développement: mouvements coopératifs et du développement*, Paris: PUF.

Desroche, H. (1976): *Le projet coopératif*. Paris: Les Editions Ouvrières.

Dittrich, S.R. and Raymond Myers (1971): "Resource allocation in traditional agriculture: Repubican China, 1937-1940", *Journal of Political Economy*, 79(4):887-96.

Djang, Y.S. 章元善 (1937): "The Cooperative movement", in *The Chinese Yearbook*, 3:807-12.

Dzung, Kyi-ung 陳繼恩(1944): "The Chinese Industrial Cooperative Movement",

PhD dissertation, Princeton University. Ann Arbor University microfilm publication No. 2940.

Engelborghs-Bertels, M. (1974): *La Chine rurale des villages aux communes populaires*, Bruxelles: Edition de l'Université de Bruxelles.

Fairfax-Cholmeleu, E. (1945): "Chinese Cooperatives in the Northwest", *Far Eastern Survey*, pp. 195-97.

Far Eastern Survey, Fortnightly Research Service, 1932-1949. Reprinted by Kraus Reprint, New York, 1967.

Gide, Charles (1922): *La Cooperation*，樓桐孫譯（1925）《協作》，商務印書館，臺北文化大學中華學術合作研究所重印（1972）。

Guillermaz, Jacques (1975): *Histoire du parti communiste chinois*, Paris: Payot, 2 vols.

Ho, Franklin (1936): "Rural economic reconstruction in China", *Nankai Social and Economic Quarterly*, 9(2).

Ho, S. (1978): *Economic Development of Taiwan, 1869-1970*, Yale University Press.

Hsiao, Tso-liang (1969): *The Land Revolution in China: 1930-1934, A Study of Documents*, University of Washington Press.

Hus, King-yi (1980): *Political Mobilization and Economic Extraction: Chinese Communist Agrarian Policies during the Kiangsi Period*, New York: Garland Publishing.

International Cooperative Association (ICA, 1966): *The Role of Cooperation in Social and Economic Development*, London: ICA. Proceedings of Regional Conference, Tokyo, 19-26 April, 1964.

Kawano, S. (1977): "Implementation of the industrial cooperative system in the Meiji era", *The Developing Economies*, December, pp. 462-86.

Ku Nung (1937): "Silk filature and silkworm cooperatives in Wusih", in Tawney (1938) ed.: *Agrarian China*, Shanghai: Kelley and Walsh, pp. 184-88.

Lassere, Georges (1927): *Des obstacles au développement du mouvement coopératif*, Paris: Sirey.

Lassere, Georges (1977): *Les entreprises coopératives*, Paris: PUF. Collection: Que sais-je? No. 821.

Leung, Kiche (1980): "La coopération agricole en Chine dans les bases communistes pendant la guerre anti-japonaise (1937-1945)", Thèse pour le doctorat de troisième cycle, Ecole des Hautes en Sciences Sociales (Paris).

Li, Lillian (2007): *Fighting Famine in North China: State, Market, and Environmental Decline, 1690s-1990s*, Stanford University Press. 賴建誠 (2008)〈李明珠論華北饑荒〉,《中央研究院近代史研究所集刊》, 60:169-76。

Li, Lincoln (1975): *The Japanese Army in North China: Problems of Political and Economic Control*, Oxford University Press.

Lin, J. 林毅夫 (1985): "Supervision, incentives, and the optimal scale of a farm in a socialist economy", Working Paper, Economics Department, University of Chicago.

Lindsay, M. (1970): "The taxation system of the Shansi-Chahar-Hopei border region, 1938-1945", *The China Quarterly*, 12:1-15.

Liu, K.P. (1941): "Industrial Cooperatives", *The Chinese Yearbook*, 1940-1941, pp. 767-75.

Mallory, W. (1931): "Rural cooperatives credit in China: a record of seven years of experimentation", *Quarterly Journal of Economics*, 45(3):484-98.

Marchisio, M. (1967): "Réforme agraire et organisations coopératives en Chine de 1927 à 1952", *Archives Internationales de Sociologie de la Cooperation*, jui.-déc, pp. 138-93.

Nathan, Andrew (1965): *A History of the China International Famine Relief Commission*, Harvard University Press.

Perkins, D. W. (1975) ed.: *China's Modern Economy in Historical Perspective*,

Stanford University Press.

Pruitt, I. (1945): "Six years of Indusco", *Far Eastern Survey*, pp. 48-55.

Raiffeisen, F.W. (1986): *Die Darlehnsakassen-Vereine*, 第 8 版，日譯本《信用組合》，家の光協會出版（1971）。

Report of the National Flood Relief Commission, 1931-1932, Shanghai: The Government of the Republic of China（國民政府賑務委員會）。

Ruskin, Carl (1987): *China's Political Economy: the Quest for Development Since 1949*, Oxford University Press.

Schran, P. (1975): "On the Yenan Origin of Current Economic Policies", in Perkins (1975) ed., pp.179-302.

Selden, Mark (1971): *The Yenan Way in Revolutionary China*, Harvard University Press.

Steinherr, Alfred (1978): "La théorie économique de l'autogestion: un aperçu général", *Annales de l'économie publique, coopératives et collective*, pp. 85-107.

Strickland, C.F. (1936): *Rural Finance and Cooperation*, Nanking: Publication of the Cooperative Commission, National Economic Council.

Strickland, C.F. (1938)，谷源田譯〈中國合作事業意見書〉，收錄於方顯廷編《中國經濟研究》，頁 456-71。

Strickland, C.F. (1938b)，陳漢譯〈為中國各省當局之辦理合作事業者進一言〉，收錄於方顯廷編《中國經濟研究》，頁 472-83。

Sun, Kungtu (1969): *The Economic Development of Manchuria in the First Half of Twentieth Century*, Harvard University Press.

Tamagna, F.M. (1942): *Banking and Finances in China*, New York: Institute of Pacific Relations.

Tawney, Richard (1938) ed.: *Agrarian China*, Shanghai: Kelley and Walsh.

Tayler, J.B. (1937): "Potentialities of the cooperative movement in China", *Chinese Social & Political Science Review*, 21(1):1-33.

Taylor, G. (1939): *Japanese Sponsored Regime in North China*, NY: Institute of Pacific Relation (Garland Publishing Reprint, 1980).

The China Yearbook, 1912-1939, Tientsin.

Ting, L.G. (1936): "China's cotton industry", *Nankai Social and Economic Quarterly*, 9(2):424-8.

Townsend, P. (1949): "Chinese industrial cooperatives in the liberates area", *The China Weekly Review*, June, pp. 17-8.

Wang Li-jen (1937): "Three months as a director of cooperative", in Tawney (1938) ed.: *Agrarian China*, Shanghai: Kelley and Walsh, pp. 211-6

Wang, Chin-hsin (1936): "The cooperative movement", *The Chinese Yearbook*, 1935-1936, pp. 878-99.

Wiens, T. (1973): "Microeconomies of peasant economy: China, 1920-1940", PhD. thesis, Harvard University.

Wong, J. (1971): "Peasant economic behavior: the case of traditional agricultural cooperation in China", *The Developing Economies*, 9:332-49.

Wright, M. (1951): "The Chinese peasant and communism", *Pacific Affairs*, 24(3):256-65.

Wu, R.I. (1971): "The strategy of economic development: a case of Taiwan". PhD. thesis, Louvain: Vander.

後　記

　　後記是讓作者自白的理想場所。對這項專題研究我下了很多螞蟻式的工夫，得到很勞動密集型的產品。在研究方法上，這本著作還是傳統的爬梳史料、整理文獻、解釋現象、比較異同，沒有方法論或史觀上的新見解，更談不上層次或境界。

　　全稿初成後，除了兩位評審人的詳細修改意見，也從其他地方得到一些指正。所評者多為章節安排、文句、校誤方面，沒有對觀點或架構方面的評論，很希望出版後能得到這方面的指點。

　　這項研究所處理的題材，觸及現代史上幾個很複雜的政治區域。我對北洋政府、國民政府、日據時期臺灣的合作經濟較有心得；對華北、日據東北地區則較怯縮。對中共部分，有許多已知的新資料未能接觸到，我只是很勉強地把手邊資料整理出來。只要想到許多研究那時期的專家，以及他們深厚的作品，我就有裸立於眾的感覺。

　　英國名史學家 R.G. Collingwood（1889-1943）有一段名言：「剪刀漿糊式的歷史學者研究時代，他們嘗試從有限的事件中收集最多的證據，期望能從中得到某些東西，但結果都是枉然。科學式的歷史學者研究問題，他們會提出問題。如果他們是優秀的歷史學者，他們就會以自己的方式，去解答自己所提出的問題。」（見黃宣範

譯：《歷史的理念》，頁 283。）依照他的說法，我是懷著科學的心靈，但左右手卻又拿著一把剪刀和一瓶漿糊。

1982 年 6 月，我以這項研究的一部分當作博士論文提交，四位口試委員基本上認為尚可，給的分數也還過得去。其中一位的評語至今仍隨時在身邊響起，他說：「處理得有點乾澀（sec）！」我當時認為是用法文表達難免詞不達意，現在用自己的語文擴充改寫後，才知道真正的問題不在於文字的障礙，那只是表面的藉口。相對於法國知識界思想的豐富性與柔軟度，我的作品只是機械化直線型呈現。乾澀？是的！

1984 年夏在西班牙巴塞隆納參觀畢卡索故居博物館，他畢生作品之豐富與變化多姿，令人嘆為觀止。印象尤深者，是他在 15 歲時已將傳統的寫實繪畫表現得很完整，才能不斷地超越自己。稿前自省，自知庸矣！有詩為證（《鄭板橋集》）：

小儒之文何所長　　抄經摘史餖飣強
玩其詞筆皆赫爍　　尋其義味無毫芒

Michel Foucault 在《詞與物》（*Les mots et les choses*）中，說明西洋人文科學進展的幾個階段。他列出古典時期的幾個特色是：(1)比較、(2)秩序、(3)找出基本特徵。我這項研究的手法，完全符合這些特性；我雖然未能突破，終究明瞭自己的限度。

從 1970 年進中興大學合作經濟學系起，我在這個領域內正好摸索了廿年。有人可以畢生投入某個題材做縱深研究，但也很容易因而心智疲勞，視野更易狹窄化。對合作經濟史的研究，我這一棒算是跑完了。在這個領域內可以接續的題材很多，新資料也一再地出現，可是我必須退出這條跑道了。

　　書稿在 1987 年暑假奮力完成（35 歲），壓力之大記憶猶新。從完稿、送審到粗樣在手，已將近三年了。其中的審核、簽約，尤其是排印過程，比預料遲慢太多。公家機構的行事效率，實在沒有市場競爭性。

1990 年 8 月校後

國家圖書館出版品預行編目資料

近代中國的合作經濟運動：1912-1949
賴建誠著. – 初版. – 臺北市：臺灣學生，2011.04
面；公分

ISBN 978-957-15-1520-5 (平裝)

1. 合作經濟　2. 經濟史　3. 中國

559.092　　　　　　　　　　　　　100004344

近代中國的合作經濟運動：1912-1949

著　作　者：賴　　　建　　　誠
出　版　者：臺 灣 學 生 書 局 有 限 公 司
發　行　人：楊　　　雲　　　龍
發　行　所：臺 灣 學 生 書 局 有 限 公 司
　　　　　　臺北市和平東路一段七十五巷十一號
　　　　　　郵 政 劃 撥 帳 號：00024668
　　　　　　電　話：（02）23928185
　　　　　　傳　眞：（02）23928105
　　　　　　E-mail：student.book@msa.hinet.net
　　　　　　http：//www.studentbooks.com.tw
本 書 局 登
記 證 字 號：行政院新聞局局版北市業字第玖捌壹號
印　刷　所：長 欣 印 刷 企 業 社
　　　　　　中和市永和路三六三巷四二號
　　　　　　電　話：（02）22268853

定價：平裝新臺幣三八〇元

西 元 二 〇 一 一 年 四 月 初 版

55901

ISBN 978-957-15-1520-5 (平裝)

臺灣 學生書局 出版
史學叢刊